U0524845

# 数字赋能现代化产业体系建设

夏杰长 著

中国社会科学出版社

图书在版编目（CIP）数据

数字赋能现代化产业体系建设 / 夏杰长著. -- 北京：中国社会科学出版社，2024.7. -- ISBN 978-7-5227-4021-8

Ⅰ.F121.3-39

中国国家版本馆CIP数据核字第2024N8A624号

| 出 版 人 | 赵剑英 |
|---|---|
| 责任编辑 | 周　佳 |
| 责任校对 | 胡新芳 |
| 责任印制 | 李寡寡 |

| 出　　版 | 中国社会科学出版社 |
|---|---|
| 社　　址 | 北京鼓楼西大街甲158号 |
| 邮　　编 | 100720 |
| 网　　址 | http://www.csspw.cn |
| 发 行 部 | 010-84083685 |
| 门 市 部 | 010-84029450 |
| 经　　销 | 新华书店及其他书店 |

| 印　　刷 | 北京君升印刷有限公司 |
|---|---|
| 装　　订 | 廊坊市广阳区广增装订厂 |
| 版　　次 | 2024年7月第1版 |
| 印　　次 | 2024年7月第1次印刷 |

| 开　　本 | 710×1000　1/16 |
|---|---|
| 印　　张 | 17.25 |
| 插　　页 | 2 |
| 字　　数 | 258千字 |
| 定　　价 | 89.00元 |

凡购买中国社会科学出版社图书，如有质量问题请与本社营销中心联系调换
电话：010-84083683
版权所有　侵权必究

# 序　言

  2023年5月5日，习近平总书记主持召开二十届中央财经委员会第一次会议，强调了加快建设现代化产业体系的重要性，指出现代化产业体系是现代化国家的物质技术基础，必须把发展经济的着力点放在实体经济上。习近平总书记站在统筹中华民族伟大复兴战略全局和世界百年未有之大变局的高度强调了实体经济的核心地位，并着重强调了数字技术和实体经济融合的重要性，为构建现代化产业体系指明了方向，为高质量建设现代化产业体系提供了根本遵循。

  数字经济是新时代经济高质量发展的强大引擎，加快发展数字经济、促进数字经济和实体经济深度融合，是助推现代化产业体系建设的重要力量。数字经济可以为实体经济提供新技术、新模式、新业态、新机遇，提高实体经济的效率和质量；实体经济可以为数字经济提供新需求、新场景、新市场，推动数字经济的创新、应用、扩展、升级。数字经济和实体经济的深度融合可以实现产业的数字化、网络化、智能化、绿色化，促进产业转型升级和创新升级，助力构建现代化产业体系。

  当前，中国现代化产业体系建设正在高质量推进，数字赋能已成为现代产业高质量发展的最重要动力之一。尤其是，数字经济和实体经济的深度融合极大地激励了各类市场主体在创新驱动、就业促进和国际竞争中扮演先导角色。在此背景下，深入研究数字赋能推动现代化产业体系建设，有助于我们精准把握全球产业变革与重组的历史性机遇，开拓现代化体系建设的新疆域，抢占产业发展的新高地，从而为中国式现代化建设筑牢坚实的物质技术基础。我推出《数字赋能现代化产业体系建设》这部著作，以期对这个重要的理论和实践议题做比较系统的研究，也是对自己这些年在该领域的研究做一个归纳总结，希望学界和业界的专家多提宝贵意见，帮助我不断提高该领域的理论和政策研究水平。

本书的落脚点是现代产业高质量发展和建设现代化产业体系。我们正迎来数字经济大发展的时代，数字技术对各行各业的影响日益深刻，数字赋能必然是实现这一目标的重要途径。基于这样的认识，本书以数字赋能对现代产业高质量发展和现代化产业体系建设的影响以及政策措施为主线展开研究。全书设计了十一章，具体安排如下。

第一章现代化产业体系的内涵特征与基础条件。本章在界定现代化产业体系的基本内涵和主要特征之后，阐释了数字赋能现代产业高质量发展的新动能，分析了中国建设现代化产业体系的基础条件和制约因素，提出了以数字"两化"协同互促推进现代化产业体系建设的重要遵循。

第二章数字经济与现代产业发展的新趋势。中国数字化发展全面发力，数字技术创新日新月异，数实融合在广度和深度上持续拓展，数字经济高质量发展和建设现代化体系已成为新时代的重要战略方向。本章深入探讨了数字经济高质量发展在推动经济社会变革中的新趋势，从而为高水平推进现代化产业体系建设提供更好的支撑。作为新时代的发展理念，现代化产业体系建设体现以创新驱动为核心动力、以绿色低碳为发展导向、以开放合作为重要途径、以民生改善为发展目标、以新质生产力为内在要求的新趋势。

第三章数字经济重构资源配置与现代产业。本章侧重研究数字经济资源配置的现实冲击，进行数字经济资源配置的理论重构，并基于劳动、产业和政府治理三个应用场景的发展变化来剖析其对现代产业高质量发展的深刻影响，提出了相应的政策建议。

第四章创新驱动产业升级。创新，是现代产业高质量发展的重要动能。人才，则是现代产业高质量发展的根本支撑。实证研究表明，引进海外科技人才在实现创新驱动和促进产业升级中有着不可替代的作用。我们正在构建高水平开放型经济体制，要以更加开放的态度加快引进与数字经济时代需要相适应的海外科技人才，为现代化产业体系建设增添力量。

第五章数字经济驱动产业结构转型升级。本章重点分析了发展数字经济在提高经济发展质量、解决经济发展不平衡、实现创新驱动战略和加速产业向中高端迈进的积极作用，实证检验了数字经济和要素市场化对产业结构转型升级的积极影响，提出了以发展数字经济和推进要素市场化来推动产业结构转型升级的政策措施。

第六章以数字产业集群推动现代产业高质量发展。数字产业集群是数实融合的重要载体，是数字经济时代建设现代化产业体系的重要支撑。本章分析了数字产业集群与现代产业高质量发展内在机理，阐释了数字产业集群创新网络的形成逻辑和主要模式，探索了以数字产业集群创新发展推动现代产业转型升级的政策措施。

第七章数字赋能现代农业高质量发展。农业是国民经济的基础产业，也是社会稳定的"压舱石"。本章在对现代农业高质量发展内涵特征界定分析之后，重点阐释了数字化赋能农业高质量发展的作用机理，提出了数字技术促进农业优质高效发展的主要路径和政策措施。

第八章数字赋能制造业高质量发展。制造业是实体经济的核心支柱，也是建设现代化产业体系和推进经济高质量发展的关键支撑。数字经济和实体经济深度融合是大势所趋，以数字赋能制造业高质量发展，是建设制造业强国和构建现代化产业体系的必然选择在。本章在界定现代制造业高质量发展内涵特征基础上，剖析了数字赋能制造业高质量发展的作用机理，提出了数字赋能制造业高质量发展的主要路径。

第九章数字赋能服务业高质量发展。服务业高质量发展和高水平开放，在经济社会发展和现代化产业体系建设中的地位日益凸显。长期以来，服务业被认为低效率部门，但数字技术在服务业领域的广泛应用正在改变这一传统认知。本章对数字赋能服务业高质量发展的作用机理、制约因素和实施路径做了翔实研究。

第十章数字赋能养老服务业高水平均衡。数字经济在推动养老服务业方面大有作为。本章分析了数字经济对养老服务业发展的影响、剖析了养老服务业发展数字化转型面临的困境，提出了数字经济助力养老服务业高水平均衡和高质量发展的主要路径。

第十一章数字赋能文旅产业高质量发展。文化和旅游正成为城乡居民消费的"刚需"，在现代产业体系建设中有着独特的作用，对稳增长、扩内需、促就业和惠民生的贡献与日俱增。本章侧重探讨数字赋能文旅产业发展的作用机理，以及数字技术在形成和壮大文旅产业方面的重要作用，提出了数字赋能文旅产业高质量发展的实践路径。

现代化产业体系建设研究，涉及面很广，必须选择一个独特的视角，才能做深入系统的理论和政策研究。我们正迎来数字经济大发展的时代，我这几年在数字经济和产业发展等方面的文献、数据和学术研究有一定的积累，对"数字赋能现代化产业体系建设"这个主题有了初步心得，于是鼓起勇气执笔写作这部书稿，但由于手头的科研任务比较繁重，期间还承担了不少管理工作，断断续续花了近四年的时间才完成本书稿的写作。我深知，自己对数字经济和现代化产业体系的研究还只是初步的，在理论和政策层面都有很大提升空间。唯有继续努力，不断厚植理论素养和增加经济实践的感悟力，才能做一个合格的学者，拿出更高质量的学术研究成果。

夏杰长

2024年7月23日

# 目 录

**第一章 现代化产业体系的内涵特征与基础条件** …………… （1）
    第一节 现代化产业体系的内涵特征 ………………… （2）
    第二节 数字技术：现代化产业体系的新动能 ………… （6）
    第三节 现代产业体系建设的基础与约束 …………… （10）
    第四节 数字"两化"协同互促与现代化产业体系 …… （20）

**第二章 数字经济与现代产业发展的新趋势** ……………… （25）
    第一节 数实融合发展的新趋势 ……………………… （25）
    第二节 现代产业发展的新趋势 ……………………… （38）

**第三章 数字经济重构资源配置与现代产业** ……………… （50）
    第一节 研究背景 ……………………………………… （50）
    第二节 数字经济背景下的劳动场景 ………………… （55）
    第三节 数字经济背景下的产业场景 ………………… （60）
    第四节 数字经济背景下的政府治理场景 …………… （64）
    第五节 结论与政策启示 ……………………………… （67）

**第四章 创新驱动产业升级** ………………………………… （69）
    第一节 研究背景 ……………………………………… （69）

第二节　理论机制与研究假说 …………………………………（74）
　　第三节　模型构建与变量说明 …………………………………（77）
　　第四节　实证检验及结果分析 …………………………………（80）
　　第五节　结论与政策启示 ………………………………………（92）

**第五章　数字经济驱动产业结构转型升级** ………………………（95）
　　第一节　研究背景 ………………………………………………（96）
　　第二节　理论机制与研究假说 …………………………………（100）
　　第三节　模型构建与变量说明 …………………………………（102）
　　第四节　实证检验及结果分析 …………………………………（105）
　　第五节　结论与政策建议 ………………………………………（117）

**第六章　以数字产业集群推动现代产业高质量发展** ……………（120）
　　第一节　研究进展 ………………………………………………（120）
　　第二节　数字产业集群推动现代产业高质量发展的
　　　　　　内在机理 ………………………………………………（126）
　　第三节　数字产业集群创新网络的形成机制 …………………（130）
　　第四节　数字产业集群创新网络的发展模式 …………………（137）
　　第五节　以数字产业集群推进现代产业高质量发展的
　　　　　　政策建议 ………………………………………………（141）

**第七章　数字赋能现代农业高质量发展** …………………………（145）
　　第一节　现代农业高质量发展的内涵特征 ……………………（145）
　　第二节　数字赋能现代农业高质量发展的作用机理 …………（149）
　　第三节　数字赋能现代农业高质量的主要路径 ………………（154）

**第八章　数字赋能制造业高质量发展** ……………………………（163）
　　第一节　制造业高质量发展的内涵特征 ………………………（163）
　　第二节　筑牢以制造业为核心的实体经济 ……………………（165）

第三节　数字赋能制造业高质量发展的作用机理……………（172）
　　第四节　数字赋能制造业高质量发展的主要路径……………（176）

**第九章　数字赋能服务业高质量发展**………………………………（182）
　　第一节　研究进展………………………………………………（182）
　　第二节　数字赋能服务业高质量发展的作用机理……………（186）
　　第三节　数字赋能服务业高质量发展的主要路径……………（194）

**第十章　数字赋能养老服务业高水平均衡**…………………………（202）
　　第一节　研究进展………………………………………………（202）
　　第二节　中国养老服务业的供需特征…………………………（207）
　　第三节　数字经济助力养老服务业高水平均衡………………（215）
　　第四节　养老服务业数字化转型的挑战与对策………………（222）

**第十一章　数字赋能文旅产业高质量发展**…………………………（227）
　　第一节　数字引领文旅产业高质量发展的价值内涵…………（228）
　　第二节　数字技术促进文旅融合发展…………………………（240）
　　第三节　数字引领文旅产业高质量发展的实践路径…………（242）

**主要参考文献**…………………………………………………………（246）

**后　记**…………………………………………………………………（267）

# 第一章　现代化产业体系的内涵特征与基础条件

改革开放40多年来，特别是党的十八大以来，中国现代产业迅速发展，现代化产业体系成就斐然，极大地推动国民经济综合实力的持续提升和社会全面进步。以实体经济为支撑的现代化产业体系是推动经济高质量发展的关键力量，是构建现代化经济体系和新发展格局的重要基础，是把握全球大国竞争主动权和有利地位的关键力量。党的二十大报告指出，实现高质量发展是中国式现代化的本质要求，建设现代化产业体系是实现中国高质量发展的主要途径。[①] 2023年5月，二十届中央财经委员会第一次会议进一步明确"加快建设以实体经济为支撑的现代化产业体系"的重点目标和战略任务。[②] 因此，如何从理论上深刻阐释"现代化产业体系"的内涵特征和时代意义，分析归纳中国现代化产业体系的现实基础和主要优势，精准锚定建设过程中面临的约束性条件和发展挑战，并基于此明确推进现代化产业体系建设的时代要求，从而为推进中国式现代化奠定坚实的物质技术基础，有着极为重要的理论价值

---

① 习近平：《高举中国特色社会主义伟大旗帜　为全面建设社会主义现代化国家而团结奋斗》，《人民日报》2022年10月26日。
② 郭锦辉：《加快建设以实体经济为支撑的现代化产业体系》，《中国经济时报》2023年5月8日。

和现实意义。

## 第一节　现代化产业体系的内涵特征

### 一　现代化产业体系的内涵界定

深刻认识和精准定位"现代化产业体系"的基本内涵，必须把握"现代化"和"产业体系"两大基本范畴。

#### （一）现代化

作为早期概念"舶来品"，"现代化"（modernization）的源流溯探和概念解析在不同学科领域间观点不一、各有侧重。但从本质上看，"现代化"可以被理解为面向未来全球发展趋势、特定阶段条件下追求世界前沿水平和动态最优化的演化模式与转型过程。因此，"现代化"的具体含义和内容指向是与时俱进、不断发展的，反映具体阶段背景下国家社会建设的发展特征、目标任务和时代要求。

目前，中国学术界盛行的是"三阶段"论，即中国现代化进程可以划分为三大阶段：一是清朝末年（1840—1911 年）的现代化起步；二是民国时期（1912—1949 年）的局部现代化；三是中华人民共和国成立以来（1949 年至今）的全面现代化。[1] 结合本章的研究范畴、分析对象和时代背景，中国产业体系的"现代化"指的是中华人民共和国成立以来的"全面现代化"背景下，从马克思主义中国化"两个相结合"和中国特色社会主义现代化实践经验中总结概括、不断升华的原创性概念。[2] 在当前阶段的分析框架背景下，中国产业体系的"现代化"具体指的是适应中国人口规模巨大、中国社会主要矛盾转化为

---

[1]　何传启：《中国现代化进程的阶段划分与模式演进》，《人民论坛》2021 年第 24 期。
[2]　李永杰、陈世宇：《"中国式现代化"概念的渊源考释与话语创新》，《福建师范大学学报》（哲学社会科学版）2023 年第 1 期。

"人民日益增长的美好生活需要和不平衡不充分的发展之间的矛盾",以及长期处于社会主义初级阶段的基本国情,以"全体人民共同富裕""物质文明和精神文明相协调""人与自然和谐共生""走和平发展道路"为目标导向,所采取的阶段性效能最优化的发展模式。

(二) 产业体系

"产业体系"是"产业结构"的概念延伸和内涵深化。"产业结构"侧重描述第一、第二和第三产业,以及其覆盖的细分产业之间的结构特征和比例分布。"产业体系"的概念则在此基础上更聚焦于不同产业互联互通、支撑融合所构成的"链条"形态,着重阐释各产业部门间存在的互补共生、相互依赖、持续延展的网络关系。因此,"产业体系"可以被诠释为相互关联、支撑和依存的多类产业部门衔接构成的经济系统。

根据上述定义,"产业体系"概念暗含下述三项关键特征。一是产业内容的多样性和广阔性。一个或两个产业部门几乎不可能形成真正的产业体系,产业体系有效避免单个部门或者少数生产环节连接的单一性和脆弱性,多环相扣的产业链条实现产业发展的红利共享和对幼稚产业关键时期的扶持蓄力。二是产业结构的系统性和关联性。产业体系意味着组成要素不可避免地包含不同功能、层次和内容的产业部门,并且要实现它们之间的相互联系、相互促进和相互融合发展。某一部门中的封闭式循环、完全局限于地区内部的产业链条等经济形态,并不属于"产业体系"的概念范畴,也是难以长期存在和实现长远发展的。三是产业要素的流动性和安全性。产业部门间的通道链接是生产要素流动的媒介载体,完整、自主和稳定的产业体系防止因部分端口受损或连接断裂而导致的系统性崩溃,有效保障资本、人才、技术、信息数据等要素快速高效和自由安全地流动输送,进一步促进增强经济要素的协同发力和合理配置,加速实现各端点产业部门的效率优化和结构升级,共同赋能产业体系的现代化建设。

## 二 现代化产业体系的主要特征

中国式现代化征程上，现代产业高质量发展的目标之一就是构建支撑经济高质量发展的现代化产业体系。"产业体系"是"产业结构"的概念延伸和内涵深化，"产业结构"侧重描述三次产业的比例分布，"产业体系"则着重阐释各产业部门间存在的互补共生、相互依赖、持续延展的网络关系。现代化产业体系是由包括现代农业、现代工业和现代服务业在内的各类现代产业构成的产业体系，是适应中国式现代化需要的现代产业体系。习近平总书记高度重视现代化产业体系建设，明确要求打造自主可控、安全可靠、竞争力强的现代化产业体系。二十届中央财经委员会第一次会议提出，"加快建设以实体经济为支撑的现代化产业体系，关系我们在未来发展和国际竞争中赢得战略主动"，"推进产业智能化、绿色化、融合化，建设具有完整性、先进性、安全性的现代化产业体系"。

现代化产业体系应当把握完整性、先进性、安全性、协调性和包容性五个方面的基本特性。[①] 一是完整性。现代化产业体系的完整性是指各类产业门类齐全、产业链条完整、产品品种丰富完备、零部件配套能力强的基本特性。二是先进性。现代化产业体系的先进性是指产业体系中的各类产业技术水平处于前沿状态的基本特性，要求产业大量采用先进的技术、工艺、设备和管理方法，符合新一轮科技革命和产业变革趋势，总体呈现高端化、数字化、智能化、绿色化的现代新兴技术特征。三是安全性。现代化产业体系的安全性是在统筹产业发展和产业安全、统筹开放发展和经济安全的前提下，保证产业体系自主可控和安全可靠的基本特性。四是协调性。现代化产业体系的协调性是指在产业结构演化过程中，各类生产要素有机组合、各类企业高度协同、各产业之间有

---

① 陈梦根、张可：《新质生产力与现代化产业体系建设》，《改革》2024 年第 6 期。

效配合、产业链条各环节有序承转、实现区域合理布局的产业体系运行状态特性。五是包容性。现代化产业体系的包容性是指，产业体系内现代产业发展的成果更多、更公平地惠及全体人民。

### 三 "数实融合"塑造了产业体系的现代化特征

数字经济与实体经济融合发展是构建现代产业体系的关键措施。以物联网、云计算、区块链、大数据、人工智能以及工业互联网技术为代表的新一代数字技术，是世界新技术革命中的核心和引领技术。数字经济与实体经济融合发展以保障现代化产业体系构建，受到党中央高度重视。党的二十大报告明确指出，"加快发展数字经济，促进数字经济和实体经济深度融合，打造具有国际竞争力的数字产业集群"，以建设现代化产业体系。中国共产党第二十届中央委员会第三次全体会议通过的《中共中央关于进一步全面深化改革　推进中国式现代化的决定》也提出，"健全促进实体经济和数字经济深度融合制度"，"加快构建促进数字经济发展体制机制，完善促进数字产业化和产业数字化政策体系"等。中国信息通信研究院的数据显示，2023年，美国、中国、德国、日本、韩国5个国家数字经济总量超过33万亿美元，同比增长超过8%；数字经济占GDP的比重为60%，较2019年提升约8个百分点；产业数字化占数字经济的比重为86.8%，较2019年提升1.3个百分点，产业数字化占比持续提升，数字经济与实体经济融合持续加深。数字经济全面融入全球和中国社会发展各领域、全过程，发展速度之快、辐射范围之广、影响程度之深，前所未有，在经济业态和经济生活中扮演了重要角色。数字经济不仅在推动中国经济增长上具有重要作用，数字经济通过与实体经济的深度融合，完善资源要素配置，实现产业发展效率变革、动力变革，是中国现代化产业体系构建过程中的关键力量。

数字经济与实体经济的深度融合塑造产业体系现代化特征，主要表现如下。一是完整性。中国是世界上产业门类最为完备的国家，但总体表现为"大而不强"的基本现状，发挥数字技术对产业发展的放大、叠加、倍增效应，提升产业竞争力，增强产业体系完整性。二是先进性。数字经济可以通过智能装备创新和强化共性技术供给两个层面来助力产业体系智能化；① 数字衍生产品边际成本为零的特性显著加速了科技成果的转化，优化了各生产要素之间的资源配置效率，推动了绿色技术创新步伐；数字经济赋能产业体系智能化与绿色化发展，提高产业体系先进性。三是安全性。数字经济通过减弱了链条上经济可行性和技术可达性的制约因素，通过弥补创新动力、技术突破增强对关键环节的把控力，通过便捷知识流、技术流、信息流、物流、资金流的整合，以及现代信息网络和信息通信技术带来的产业链的集群优势，从而促进产业链循环畅通、强化产业链关键环节的控制力、提升产业链韧性、增强产业链弹性，进而提升产业体系的安全性。② 四是协调性。现代化信息网络与数据要素作为关键载体，促进了不同产业间深层次的价值互动，有效打破了传统产业边界的束缚，实现产业体系内部融合化发展，增强产业体系内部协调性。五是包容性。数字经济与实体经济深度融合的过程，不仅是数字技术在不同行业、不同地区、不同群体中广泛应用的过程，也是城乡之间、社会不同人群之间数字鸿沟得以削减的过程，显著降低数字赋能的现代化产业体系对就业与收入分配的冲击，使数字经济红利更好惠及大众，提升现代化产业体系的包容性。

## 第二节 数字技术：现代化产业体系的新动能

创新是现代产业高质量发展和现代化产业体系有效构建的最大动能，

---

① 原磊、王山：《数字经济助力现代化产业体系建设》，《当代经济研究》2023年第12期。
② 陈晓东、常皓亮：《数字经济可以增强产业链安全吗？——基于世界投入产出表的研究》，《经济体制改革》2023年第3期。

但其原动力是以数字技术为代表的科技创新。无论是促进传统产业转型升级，还是培育战略性新兴产业，前瞻布局数字经济与实体经济融合发展，都离不开数字技术等科技创新的支撑引领。只有充分运用好科技创新第一生产力，才能牵引和撬动产业创新，解决经济发展面临的有效需求不足和部分行业供需不匹配等问题，进而引领现代化产业体系建设。

## 一 数字技术是现代化产业协同发展的强大动力

（一）国内市场规模是现代产业协同发展的强大支撑

人口规模巨大是中国式现代化的特点之一。巨大的人口规模提供了巨大的市场规模优势，为中国数字经济和实体经济发展创造了广阔的市场条件。我们正在致力于推动数字经济与实体经济深度融合发展，为此制定了许多政策实施意见。这些政策意见要落地见效，必须有广阔的应用场景。而巨大的人口规模、市场规模和比较完整的产业体系，最有利于创造数实融合的应用场景，推动数字技术在相关产业的渗透和应用，推动现代产业协同发展和产业现代化进程。

（二）大中小企业协同创新是现代产业协同发展的必要条件

中国巨大的市场规模形成了中国多元化的企业形态，为大中小企业协同创新提供有利条件。在现代化产业体系中，大型企业具备灵活运用数字技术的能力，从而实现规模宏大且高效率的生产。大型企业拥有先进的技术基础设施和丰富的数据资源，可以通过数字化技术来优化生产流程、提高生产效率，同时降低成本。通过数字化转型，大型企业能够实现生产过程的自动化和智能化，更快地响应市场需求，提高产品质量和交付速度，从而保持竞争优势并适应不断变化的市场环境。相对而言，中小企业数字化转型的资金、信息和技术面临的挑战较大，也缺乏对数字化转型的清晰认识和明确目标，进而影响了其积极性和动力。因此，在现代化产业体系的建设中，需重协调构建大中小企业数字化产业生态，通过为中小企业提供技术、资源和融资等方面的支持，头部数字平台和大型企业能够促进其数字化转型的顺利进行，推动整个产业生态的升级和发展。这种协同合作，既有助于提高中小企业的竞争力，也有利于促进产业链上下游的协同创新，从而推动现代化产业体系更高水平协同发展。

**二 数字赋能是现代产业创新发展的催化剂**

数字产业化、产业数字化与要素价值化共同构成了推动现代化产业创新的重要因素，也构成了数实融合发展的整体框架。数实融合不仅是一种发展策略，更是推动现代产业创新发展的"催化剂"。

**（一）产业数字化是提升企业效率的关键引擎**

如果说数字产业化为数实融合发展打造了坚实基础，那么产业数字化则是当前阶段数实融合发展的重点。产业数字化作为推动实体经济转型升级的关键力量，不仅强调利用数字技术优化实体企业经营管理活动，更是为解决企业发展中的难题提供了新路径。数字化强大的功能体现在，整合多维数据以洞察市场趋势、优化流程结构以提升运营效率、提高生产效率以增强竞争力、激发产品创新以满足消费者多样化需求，以及转型商业模式以适应数字化时代的变革。当前，数字化转型已成为各产业的共同追求，并取得了一系列令人瞩目的成果。比如，建立多层次的工业互联网作为数字化转型的核心路径，正发挥着越来越重要的作用。工业互联网通过数字化管理提升运营效率、智能化制造增强生产能力、网络化协同促进产业协作、平台化设计创新服务模式、服务化延伸拓展产业链价值，不断推动数实融合应用的深化与拓展。

**（二）数据要素价值化助力传统产业数字化转型和创新发展**

数据要素推动了技术、资本、劳动力、土地等传统生产要素发生深刻变革与优化重组，也驱动着传统产业的数字化转型，不断深化数字经济的发展。一是在要素价值化的理念下，数字技术的应用使得各种生产要素更为高效、智能地发挥作用。通过提高各要素的价值，社会可以更好地分享和分配经济成果,实现更加均衡和可持续的发展。二是在数实融合进程中,一个健全的数据要素市场是确保数据价值得以充分展现的关键。然而,随着市场的逐步发展,数据合规性问题日益凸显,因此,对数据要素实施合规性管理的迫切性不容忽视。三是数据资产化的难题已取得了显著突破,通过引入先进的数据定价算法成功解决了数据要素在流通交易过程中的收益分配问题。数据资产作为反映企业经营状况的有力证据,为中小微企业的信贷融资提供了有力支持。因此,数据价值化正逐步向资源化、资产化、资本化方向深化。通过优化资源配置,现代化产业体系不仅能够确保资源的有效利用,还能实现更加公正的资源分配。

### 三 数实融合技术创新:现代产业抵御外部风险的强大支撑

数实融合技术创新有助于提升产业的市场适应能力,增强产业应对外部风险和挑战的能力。一是数实融合技术创新能够推动企业自主开发原创性产品、形成原创性技术。针对部分发达国家单边或联盟形式发起的技术制裁与技术断供等极端情况,具备技术创新能力的企业能够以本土技术供给或产品供给实现产能替代或自我备份,即以满足生产使用价值为目标,面向本土产业链实现自我供给,避免产业链整体性瘫痪或损毁。二是以数实融合技术创新为内核能够强化企业自主创新能力建设。数实融合技术创新强化企业参与或主导的前沿基础研究,驱动企业形成科学的创新范式,有助于企业在涉及现代化产业体系竞争中的关键核心技术领域具备自主创新能力,构建具有强创新能力的现代化产业体系。三是立足数实融合技术创新有助于加快产业体系形成以创新为牵引的产业链"链主"企业。产业链"链主"企业要求特定企业在整个产业链中具备较强的牵引与治理能力,以数实融合技术创新为内核驱动产业链"链主"企业,以强大的技术创新能力赋能以及融合产业链内其他组织成员,进而能够在面临产业打压或技术封锁的环境下,以"链主"企业的自主创新能力牵引产业创新生态再造，最终构建以"链主"企业为牵引的安全型现代化产业体系。

## 第三节　现代产业体系建设的基础与约束

### 一　现代化产业体系建设的基础条件

中华人民共和国成立以来，经历七十余年的砥砺前行和艰苦奋斗，已经积累巩固和培植形成有助于构建强大现代化产业体系的国内基础与优势条件，当前国内外环境中的部分因素也为中国现代化产业体系建设提供强劲动力和全新势能。

（一）规模庞大和门类齐全的产业生态：现代化产业体系构建的扎实基础

1. 农业基础地位巩固，发展态势稳中向好

第一，乡村建设成绩斐然，脱贫攻坚战赢得全面胜利。目前，中国实现9899万农村贫困人口全部脱贫，832个贫困县全部摘帽，12.8万个贫困村全部出列。① 2022年，脱贫县农村居民人均可支配收入和脱贫人口人均纯收入同比分别增长7.5%和14.3%，超过全国农村居民人均可支配收入增速的约1.2个和8个百分点，② 政府、高等院校、企业、行业协会和民间机构的"组团式"帮扶有效夯实与巩固强化脱贫成果。第二，中国农业增加值不断提升，粮食产量稳步增长，农业机械化和数智化水平持续提高。2003—2022年，中国粮食产量由45263.7万吨增长至68652.8万吨，年均增长超过2.2%，水稻、小麦、玉米、花生、棉花和蔬菜产量

---

① 《抓紧抓好巩固拓展脱贫攻坚成果　促进脱贫群众生活更上一层楼》，《人民日报》2022年3月15日。
② 顾仲阳：《推动拓展脱贫攻坚成果同乡村振兴有效衔接高质量发展》，《人民日报》2023年7月4日。

持续走高，年增长率分别达到 8.4%、2.0%、4.8%、1.3%、0.6% 和 2.7%。截至 2022 年，中国农林牧渔业增加值已经接近 9.3 万亿元，超越印度、美国、印度尼西亚、巴西等世界农业大国。同时，中国人均粮食占有量约 480 千克，远高于 400 千克的国际粮食安全线，中国超过 50% 的粮食库存消费比也远在 17% 的国际粮食安全警戒线之上。第三，农业机械装备普及率逐渐上升，农业信息化和数智化趋势下订单农业、农村电商、视频直播、冷链物流等农业领域新业态蓬勃涌现、方兴未艾。截至 2021 年，全国农作物耕种收综合机械化率超过 71%，其中小麦、玉米、水稻三大粮食作物耕种收综合机械化率分别达到 97%、90%、84%。全国范围内的温室、大棚、中小棚等农业设施数量达 2800 多万个，设施农业占地面积 3800 多万亩，100 余万农户销售农产品采用线上网络渠道，实现农民增收创收和农业提质增效。①

2. 工业体系日益完善，加速迈向制造强国

中华人民共和国成立以来，中国积极探索和坚持形成中国特色的新型工业化发展道路。自 2010 年跃居世界第一制造业大国之后，中国工业经济规模长期保持在全球首位，并且基本建成门类齐全、独立完整的现代工业体系。其最突出的表现是，中国目前已经拥有 41 个工业大类、207 个工业中类、666 个工业小类，成为全世界唯一拥有联合国产业分类中所有工业门类的国家。② 2012—2022 年，制造业增加值由接近 17.0 万亿元增长到 33.5 多万亿元，年均增长速度接近 7.9%，在全球范围内所占比重始终位居世界第一。2022 年，中国共计有 65 家制造业企业成为世界前 500 强企业，"专精特新"中小企业超过 7 万家，新能源汽车和光伏产量全球领先，并且已经培育 45 个国家级先进制

---

① 《农业发展成就显著 乡村美丽宜业宜居——党的十八大以来经济社会发展成就系列报告之二》，2022 年 9 月 15 日，中国政府网，https://www.gov.cn/xinwen/2022-09/15/content_5709899.htm。

② 刘坤：《我国成拥有全部工业门类的第一制造业大国》，《光明日报》2019 年 9 月 21 日。

造业集群。①

3. 服务业加快转型升级，持续赋能产业延链增值

中国服务业快速高质发展，并对其他产业延链增值的能力不断增强。具体表现在：第一，优质高效的现代化服务业新体系发展壮大。2013—2023年，中国服务业增加值由27.8万亿元上升到68.8万亿元，年均增长率超过9.5%。自2015年以来，国内服务业增加值占GDP的比重稳定保持在50.0%以上，直至2020年其占比的年均增速已经突破1.4%，同广大发达经济体和服务业经济主导的部分发展中经济体的差距有所缩减。第二，持续推进建设、巩固和强化以生产性服务业为支柱的现代服务业产业集群，着力支持促进教育、医疗等公共性服务行业的降本增效和效益普惠，重视提高健康、幼儿养护、养老、旅游和体育等领域生活性服务业高品质、精细化与多样化发展。第三，服务业逐渐成为紧密衔接、高效提升和促进完善产业链各环节部门的重要力量，服务业部门加速同先进制造业、现代农业等融合渗透，推动各行业生产供给的柔性化、个性化和高端化发展。一是中国农业产业化服务体系逐步健全，金融、科技、物流、培训、产品质量监管等领域的农服务行业深度赋能农民增产创收和农业可持续健康发展。二是依托工业互联网平台和5G、大数据、云计算、区块链等技术手段，制造业服务化和服务型制造实现长足发展，通过采用落实定制化和精准化的生产策略，有效提高制造业产品附加值和产出水平。②

（二）高速发展和广泛普惠的数字经济：现代化产业体系构建的时代动能

1. 数字经济发展规模巨大、覆盖范围广泛

2017—2022年，中国数字经济总规模由27.2万亿元提高至50.2

---

① 王政：《去年我国全部工业增加值超40万亿元》，《人民日报》2023年3月19日。
② 夏杰长、李銮淏：《构建中国式现代化产业体系的现实基础、约束条件和关键突破》，《河北学刊》2023年第6期。

万亿元，目前仅次于美国而位居全球第二。同时，中国数字经济规模呈现高速增长的基本趋势，2017—2022年数字经济总量年均增速超过13.0%，2022年的同比增长高达9.6%，占国内生产总值（GDP）的比重超过40.0%。其中，产业数字化和数字产业化规模分别从21.0万亿元和6.2万亿元，扩张到41.0万亿元和9.2万亿元，两者年均增速分别突破14.3%和8.2%。[①]

2. 数字经济发展效益提高，资源配置效率和释放深度持续提升

数字经济促进生产效率、优化资源配置和支撑产业升级等赋能作用，直接体现在数字经济对不同产业渗透融合程度的稳步提升。2017—2022年，中国第一、第二、第三产业数字经济渗透率[②]分别由6.5%、17.2%、32.6%提高至10.5%、24.0%、44.7%，年均增长速度分别突破9.4%、6.8%、6.5%，数字经济有效提高产业链环节端口间的供需信息匹配和对接效率，加快推进高耗低效、附加值低的传统生产方式和供给模式向高水平、高端化、柔性化、定制化方向变革转换，提升中国三次产业的数字化赋能广度和转型深度。近些年，中国第一产业和第三产业的数字经济全要素生产率不断提升，印证了数字经济是现代产业高质量和高效率发展的关键动能与崭新源泉。

3. 数字经济政策支持和规划部署密集出台，对现代产业体系支撑能力不断提升

党的十八大以来，以习近平同志为核心的党中央逐渐将数字经济的发展上升为国家战略。党的十九大报告中，习近平总书记提出大力发展新型实体经济，尤其是发展先进制造业，使数字经济与实体经济深度融合。2017年12月，政府工作报告中首次出现"促进数字经济加快发展"。2022年10月，党的二十大报告明确提出要加快发展数字经济，

---

[①] 夏杰长、李銮淏：《构建中国式现代化产业体系的现实基础、约束条件和关键突破》，《河北学刊》2023年第6期。

[②] 数字经济渗透率是指各产业数字经济增加值占该产业增加值的比重。

促进数字经济和实体经济深度融合，打造具有国际竞争力的数字产业集群等一系列目标。2022年12月召开的中央经济工作会议上，习近平总书记再次强调"大力发展数字经济"。随着《关于发展数字经济稳定并扩大就业的指导意见》《"十四五"数字经济发展规划》《数字中国建设整体布局规划》，以及《中华人民共和国数据安全法》《中华人民共和国个人信息保护法》等顶层政策和法律文件相继颁布，地方政府也陆续出台涵盖数字政府、数字经济、制造业与互联网融合、新型基础设施、智慧城市等领域的省市级行动计划和指导意见，积极响应和贯彻落实数字经济领域中央精神的同时，根据各地具体发展情况和基础条件进行扩充优化与跟进落实，聚焦打造本地数字经济发展的独特优势，充分发挥数字经济推进中国现代化产业体系建设的赋智效应。

（三）市场广阔和潜力深厚的国内循环：现代化产业体系构建的先天优势

1. 国内消费端扩容升级，市场活力和潜能深度释放

第一，中国社会消费品零售总额不断攀升，2023年已经超越47.1万亿元的规模，是2001年的11.2倍，稳居全球第二大消费国。第二，国内居民消费结构持续升级，居民服务性消费需求规模日益扩张，有力推动国内消费的提质升级。第三，包容开放、持续完善的国内营商环境和扩大延伸的国内外投资规模，促使中国实有各类市场主体数量、全社会固定资产投资总额、实际利用外资金额和进口贸易规模在2022年分别达到1.68亿户、579555.5亿元、1891.3亿美元和27160.0亿美元，较2013年分别增长约177.1%、76.0%、52.6%和39.3%，深度挖掘和有效释放了国内需求。①

2. 高素养、高水平和复合型人力资源储备持续拓展和提质优化

"人力资源"是赋能经济高质量发展的重要引擎，更是构建现代化

---

① 夏杰长、李銮淏：《构建中国式现代化产业体系的现实基础、约束条件和关键突破》，《河北学刊》2023年第6期。

产业体系的核心要素。第一，中国"人力资源"规模的比较优势依然保持相对显著。2023年，中国15—64岁劳动年龄人口高达86481万人，①总规模保持全球第一。第二，适应现代化产业体系建设的复合型、高水平和高素养人力资本的培育仓和蓄水池逐渐拓展，中国逐步实现由"人力资源"大国向"人力资本"大国的深刻转换。目前，通过教育培训和医疗卫生等主要领域的培育投资，中国人力资源质量和人力资本水平逐渐提升。2001—2022年，中国居民预期寿命和预期受教育年限分别从72.6岁和9.9年增长至78.2岁和14.2年，年均增速分别突破3.5%和1.7%。同时，高等院校在校学生规模从719.1万人扩张至3659.4万人，年均增长接近8.1%，产出视角下的人力资本水平提升速度显著高于美国、德国、英国、日本等发达经济体。② 这些成就与进步，为中国构建现代化产业体系奠定素质优良、总量丰裕、结构升级、分布合理的现代化人力资源基础。

## 二 现代化产业体系建设的现实约束

（一）国内视角下的约束条件：产业要素赋能障碍和技术创新困境

1. "脱实向虚"发展走势和"重虚轻实"实际情况并未根本扭转

实体经济是现代化产业体系构建的关键支撑，是中国现代化产业体系安全性、完整性、自主性和协调性的关键抓手与重要前提。虚拟经济源自实体经济，又依附并且服务于实体经济系统。

目前，实体经济发展不牢，虚拟经济"虚高"严峻，实体经济和虚拟经济之间脱节严重、协同互促机制受限，难以形成推动中国现代化产业体系构建"以虚促实""虚实并进"的经济基础和支撑环境。第一，国内经济"脱实向虚"趋势缺乏实际有效的遏制。资本过度流向

---

① 《中华人民共和国2023年国民经济和社会发展统计公报》，《人民日报》2024年3月1日。
② 夏杰长、李銮淏：《构建中国式现代化产业体系的现实基础、约束条件和关键突破》，《河北学刊》2023年第6期。

虚拟经济，导致实体经济逐渐"空心化"的现象普遍存在，其体现为虚拟经济自成体系和自我运转，且增速不平衡、不合理地远超实体经济。最典型的表现是2001—2022年，中国金融业和房地产业增加值占GDP的比重波动上浮，最高点分别达到8.3%和7.2%，已经超越普遍的发展中经济体，甚至显著高于美国、英国、德国、日本等发达经济体。相较而言，中国同期的工业、建筑业、农林牧渔业，以及交通运输、仓储和邮政业等领域增加值占GDP比重则表现出波动下滑的长期趋势。① 第二，"实体经济不实"和"虚拟经济过虚"是妨碍"脱虚入实"的深层原因。实体经济领域，国内部分领域供需不匹配、要素成本上升过快、生产模式转型滞后和新冠疫情剧烈冲击，实体经济部门的平均利润率偏低，缺乏对资金、技术和劳动力等资源要素的吸引力，直接引发大量实体企业预期悲观、长期亏损和破产倒闭；虚拟经济领域则过于"泡沫化"，严重侵蚀了实体经济的利润空间。一系列"虚高"因素致使大量货币资金进一步运用于延续扩张债务、抬升房地产价格、支付持续走高的利率，而并未真正投入创造真实财富和提供优质商品服务之中。② 实体经济发展基础不扎实，虚拟经济面临"虚高"风险，严重侵蚀中国构建现代化产业体系的经济土壤和行业生态。③ 第三，中国的实体经济和虚拟经济协调不足，两者间分离脱节现象明显。虚拟经济产生的初衷是为实体经济更高效、快速和良好运行服务，但"脱实向虚"和虚拟经济的过度膨胀显然促使两者间相互分离、各自为营，未能达到协调共振、协同并进的效果。中国资本市场改革广度和深度有待提升，优质便捷的金融工具、产品和投资渠道相对稀少，金融体系与实体经济适配性不足、实体经济领域融资门槛高、资金循环不畅和供求脱节等现

---

① 夏杰长、李銮溆：《构建中国式现代化产业体系的现实基础、约束条件和关键突破》，《河北学刊》2023年第6期。
② 陈文通：《对"脱实向虚"的经济学分析》，《中国浦东干部学院学报》2017年第11期。
③ 夏杰长、李銮溆：《构建中国式现代化产业体系的现实基础、约束条件和关键突破》，《河北学刊》2023年第6期。

实问题还比较严峻，虚拟经济赋能实体经济稳步发展的支撑作用极度有限。

2."卡脖子"核心技术的自主研发能力和转化应用程度相对落后

"高水平科技的自立自强"是实现高质量发展和构建新发展格局的重要支撑，更是建设现代化产业体系的发展源泉和自信底气，其根本动力在于基础研究、前沿研究和关键核心技术攻关能力，以及现实应用的转化效率。当前，中国"卡脖子"核心技术的自主研发能力和转化应用程度相对落后，基础研究薄弱、前沿理论鲜有突破和原创性重大创新成果较少等现实问题逐渐暴露，成为中国加速建设现代化产业体系的约束条件和限制因素。

一方面，实现基础研究进步和突破性创新贡献必须通过长时间连续投入与大范围、深层次的研究探索，这是其本身特有的规律性。相较于美国、欧盟、日本、新加坡、韩国等发达经济体，中国科研领域的"后发劣势"、基础研究支出占R&D经费投入比重偏低，以及对短期经济效益和"短平快"研究过分关注的导向，使得国内基础研究和前沿理论领域进展缓慢，同创新型国家之间的科技发展存在规模、范围和深度上的显著差距。① 国内高端芯片、操作系统、核心元器件及数字基础设施等领域仍存在低自给率的严峻困境，将近32%的关键材料仍处于发展空白阶段、依赖进口，绝大多数计算机和服务器通用处理器 95%的高端专用芯片、52%的关键材料、70%以上的智能终端处理器和绝大多数存储芯片均长期依赖进口。② 另一方面，科学技术创新研发的高级人才，以及同时深刻掌握传统行业发展方向和现代数字技术的复合型人才队伍缺口较大。《中国 ICT 人才生态白皮书》指出，人工智能、自然语言处理、数据科学、信号处理等新兴技术领域的岗位技能满

---

① 梁正：《高水平科技自立自强亟待破解的核心问题》，《国家治理》2021年第Z5期。
② 夏杰长、李銮淏：《构建中国式现代化产业体系的现实基础、约束条件和关键突破》，《河北学刊》2023年第6期。

足率低，预计 2025 年中国信息与通信技术（ICT）领域的人才缺口将突破 2000 万，① 无法形成支撑国内重大突破性贡献、应用技术和理论研究创新的高水平人力资本基础。

3. "全国统一大市场"的循环制约因素和梗阻环节亟须根本解决

目前，国内大循环体系中存在着影响需求侧"肯消费""能消费""敢消费"的诸多制约因素和梗阻环节，严重阻碍"消费端"扩容升级对现代化产业体系建设、完善和巩固的支撑赋能。第一，高质量、高水平、高品质和高效益的供给侧结构性改革过程漫长、挑战众多。"供给侧"结构性改革是刺激国内消费"量"和"质"双维提升的必经之道，更是国内需求侧"肯消费"的根本动力，但其本身是漫长、复杂而深刻的转型升级过程。供给侧结构性改革艰巨而复杂，产业圈生态的多样性和产业链条的网络化注定供给侧结构性改革必然是"牵一发而动全身"，供给侧结构性改革跨期长、影响深、挑战多和难度高。第二，国内要素流动通道和网络的拓宽、延展和深化空间巨大。要素国内自由、安全和高效流动是实现"生产端"和"消费端"优化升级的催化剂。目前，中国基础设施的"硬件"和"软件"部分仍存在诸多制约因素，阻碍消费端扩容升级对现代化产业体系建设的推动作用。比如，城乡边缘地带、城市交界地带、中心城市的"卫星城"和"新城"等地区的辐射力和触达度不高，难以缓解国内"下沉市场"要素和商品流动的空间地理壁垒。第三，边界模糊的"政府—市场"关系、透明度和稳定性低的市场准入机制，以及妨碍统一市场和公平竞争的地方保护、市场分割、指定交易政策等行政制度壁垒，导致基础设施"软件"对要素流动的促进效应和赋能作用严重受限。

---

① 《国产芯片现状与发展趋势》，2021 年 5 月 7 日，网络安全应急技术国家工程实验室，https：//www.ics-cert.org.cn/portal/page/121/5a310c2be7b248b9b65fc366bd1a0312.html。

(二) 国际环境中的风险挑战：国际保护主义逆流和全球产业发展鸿沟

1. 国际保护主义抬头和"脱钩断链"威胁频现的强劲逆流

当前，世界正经历百年未有之大变局，"去全球化"思潮和国际贸易保护主义高涨抬头，美国为首的西方资本主义国家企图采取经济上"脱钩断链"、政治上"孤立排斥"和军事上"封锁恐吓"等手段行径，执意打造"小院高墙"和"平行体系"，压制打击中国在内的广大发展中国家加速发展势头，巩固加深其经济、政治、军事和科技领域的极端霸权与领先地位，国际经贸合作的重启恢复和世界经济秩序的复苏回温遭遇强劲逆流。国际贸易壁垒和"脱钩断链"威胁是影响全球产业链、供应链安全可靠和合作稳定的巨大隐患，极大抑制资本、劳动力、技术、数据信息等关键生产要素自由、高效地跨境流动，深刻制约新发展阶段下中国现代化产业体系建设的"安全性"和"开放性"。

2. 全球产业发展鸿沟和数字经济"话语权"领域争端摩擦

取决于经济社会基础、政治体制模式、历史脉络沿革和文化价值观等客观因素，全球范围内不同经济体间的产业体系现代化目标定位、演化路径和发展阶段存在显著差异。数字经济时代下，数字技术的广泛应用和数字化趋势的强大势能形成全新的经济增长路径，成为重新规划国内产业体系架构、建设夯实产业体系和加速推动产业体系现代化进程中不可或缺的考虑因素与内生变量。

目前，各国在数字经济发展阶段和产业基础、监管理念和国别利益上的差异，使得数字贸易规则、数字经济治理与数字产业合作机制在区域和全球层面一直处于碎片化、泛化与缺乏约束力的状态中。[①] 得益于信息技术水平、产业竞争优势、贸易平台建设、治理规则和政策法律等方面的绝对领先，美国、欧盟、日本等对全球数字经济治理和数字贸易

---

① 夏杰长、李銮淏：《数字化赋能国际贸易高质量发展：作用机理、现实挑战和实施路径》，《国际贸易》2023年第1期。

秩序影响力较大的发达经济体，倾向于强化数字经济领域的国际战略同盟，制定自由度和开放度极高的数字贸易规则，确立和巩固在全球范围内的主导地位。广大发展中国家推进数字经济赋能国内产业现代化建设的核心诉求和优先考量，更侧重在加强巩固本国已有的数字经济产业链条和数字贸易体系的优化升级，实施循序渐进、更重视公平性和合理性的数字产业化与产业数字化发展道路。针对数字平台竞争、数字技术伦理、个人信息数据安全、数据跨境自由流动、源代码保护、数字税收治理等方面的观点主张和价值取向也表现出显著的经济体异质性，事实上加剧全球数字贸易与数字经济治理合作的摩擦和矛盾，形成数字经济赋能现代化产业体系构建的风险挑战和外部约束。①

## 第四节　数字"两化"协同互促与现代化产业体系

把握数字技术颠覆性变革对现代产业体系建设的影响，是建设现代化产业体系的重要方面。数字赋能现代化产业体建设的作用，关键是要突出数字"两化"的作用，即数字产业化和产业数字化，是数字经济的核心构成，是数字经济"一体两翼"的"两翼"，是实现高质量发展的关键路径。以习近平同志为核心的党中央高度重视数字"两化"。2018年8月，习近平总书记给首届中国国际智能产业博览会致贺信中指出，坚定不移贯彻新发展理念，加快推进数字产业化、产业数字化，努力推动高质量发展、创造高品质生活。习近平总书记的这一重要论述，明晰了数字"两化"对高质量发展的重要作用，为推进数字"两化"工作、推动经济社会实现跨越式高质量发展和建设现代化产业体

---

① 夏杰长、李銮溆：《数字化赋能国际贸易高质量发展：作用机理、现实挑战和实施路径》，《国际贸易》2023年第1期。

系指明了方向和提供了根本遵循。

## 一 全力推动数字产业化，发挥数字产业的基础先导作用

数字产业是数字经济的基础性和先导性产业，是数字经济发展的核心基础和动力源泉。数字产业作为新兴产业，能够显著赋能软硬件领域技术创新能力的提升，推动新型工业发展。因此，以数实融合驱动高质量发展应该以数字产业化为重要抓手。

### （一）促进数字产业发展规模扩大和质量提升

数字产业是数字经济的重要构成，近年来其产业规模和对经济增长的贡献不断提升。2017—2022年，中国数字经济核心产业规模从6.2万亿元上升到9.2万亿元，占GDP的比重为7.6%。[①] 这组数据显示，数字产业化规模保持一定的增长趋势，但是其占数字经济增加值的比重由2017年的22.8%下降到2022的18.3%。[②] 因此，还需要进一步加强核心技术创新，优化数字产品生产和供给，促进数字产业发展规模扩大和质量提升，优化数字经济内部结构。

### （二）加速培育具备国际竞争力的中国特色数字产业集群

党的二十届三中全会指出，加快新一代信息技术全方位全链条普及应用，发展工业互联网，打造具有国际竞争力的数字产业集群。[③] 当前阶段诸多全球主要经济体都在加速构建数字产业集群，以专业化和集群化推动数字内容生产与数字产业发展成为全球产业发展的新方向。这启示我们，培育数字产业集群是促进数字产业化和构建新发展格局的重要任务。为了实现数字产业集群的高质量可持续发展，既需要充分发挥市场机制的决定性作用，也离不开政府政策的有力支持；既要重视提升自

---

① 中国信息通信研究院：《中国数字经济发展研究报告（2023年）》，2023年。
② 笔者根据《中国数字经济发展研究报告（2023年）》计算得到。
③ 《中共中央关于进一步全面深化改革 推进中国式现代化的决定》，《人民日报》2024年7月22日。

主创新能力,也要吸收学习国际一流数字产业集群的成功模式和先进经验,充分利用数字经济的协同性和共享性,强化与世界一流科研机构和数字企业的合作协同,支持本土企业发展为具备国家竞争力和影响力的先进企业,以支持数字产业集群不断发展和提升国际竞争力,加速培育一批多层次、具备核心竞争力的数字产业集群。

## 二 积极推进产业数字化,为三次产业转型升级提供强劲动能

产业数字化将数据作为新的生产要素与传统生产要素协同,以大数据、云计算、人工智能等数字技术和数据要素赋能生产、分配、流通、消费等国民经济发展全链条,推动传统行业全面升级优化,实现数实深度融合和高质量发展。产业数字化能够充分发挥数字技术对经济发展的放大、叠加和倍增效应,是传统产业实现质量变革、效率变革和动力变革的重要方式,对实现经济高质量发展至关重要。产业数字化主要通过数字化技术应用、数据驱动决策、互联网与产业融合和创新驱动发展等途径实现,按三次产业可以分为农业、工业和服务业三次产业的数字化。

### (一)以农业数字化驱动乡村产业振兴

当前阶段,农业数字化转型进程明显滞后于工业和服务业。数字化转型对于农业发展意义重大,数字技术和数据要素的应用可以显著提升传统生产要素的生产效率,改变甚至创造出适宜的生产环境,优化生产过程。因此,要充分发挥数字技术和数据要素对农业生产决策的辅助作用,减少劳动者依靠经验决策的非理性和随机性,畅通生产、销售和流通等过程。着力培育"康养农业""会展农业""休闲农业"等"农业+服务"产业融合的农业新形态,积极发展金融、科技、物流、培训、产品质量监管等领域的农业服务产业,推动智慧农业建设,促进农业模式向农产品产地溯源、智慧灌溉、温度和湿度智慧调控、电子商务等新农业模式转型发展。大力发展农产品电子商务,以数商兴农,基于农产品特色,打造农产品品牌,并不断提高品牌知名度和影响力,开拓

乡村经济的数字产业链。

(二) 以工业数字化引领新型工业化发展

数据要素和数字技术能有效协同资本和工业技术，实现要素的乘数效应，在工业生产的各个环节发挥重要作用。因此，未来要加速数字技术和数据要素进入工业生产过程，赋能工业企业数字化升级，培育"专精特新"深耕式发展模式，构建"上云用数赋智"模式和建立工业数据分级分类管理体系等，释放工业大数据的价值。加速完善先进制造业和生产性服务业"两业融合"的生态体系与市场化体制机制，着力推进制造业基础高级化，重点建立现代装备制造、关键新材料、工业母机等制造业集群标准体系，培育产品全生命周期管理、研发设计外包、企业数字化流程再造、全行业整体性解决方案等高端服务平台，推动制造业智能化、绿色化、柔性化、高端化和高附加值发展。加速发展用户直连制造智能工厂等规模定制和柔性生产新模式，支持消费者参与生产设计和生产，优化价值创造模式，形成生产者与消费者协同共创的新模式。充分发挥数据要素和数字技术在存货管理、生产制造等方面的赋能作用，有效提升智能管理水平和管理效率，推动制造业企业实现降本增效。

(三) 以服务业数字化驱动服务业高质量发展

服务业是典型的劳动密集型产业，服务产品所具备的无形性等特性与数字经济天然契合。因此，服务业的渗透率和数字化升级程度是三次产业中最高的，数字经济的赋能价值在服务业中释放更为充分。未来应该进一步增强数字经济为服务业规模、效率和结构等带来的发展红利，促进服务业高质量发展。在服务产品生产过程中更多地融入数字技术、数据要素和数字平台等，促进数据生产要素与劳动力要素深度融合，提升生产效率，释放结构红利效应、就业替代效应和规模经济效应等，有效缓解服务业"成本病"。基于数字经济发展逻辑优化和重塑服务业的生产和供给方式，将大数据、人工智能、虚拟现实等数字技术有机融入传统服务业，加速零售服务线上线下一体化发展，优化消费者体验，强化供应链管理，发挥网络效应和品牌效应，提升服务产业中大量存在的中小微主体的竞争力。

# 第二章　数字经济与现代产业发展的新趋势

伴随数字中国、网络强国战略的深入实施,中国数字经济发展全面发力,数字技术创新日新月异、数实融合在广度和深度上持续拓展,数字经济高质量发展和建设现代化体系已成为新时代的重要战略方向。在新发展格局下,面对中国数字经济发展的新机遇,本章深入探讨数字经济高质量发展在推动经济社会变革中的新趋势,以期为更好地把握时代机遇、为高水平推进现代化产业体系建设的研究与实践提供参考启示。

## 第一节　数实融合发展的新趋势

党的二十大报告指出,加快发展数字经济,促进数字经济和实体经济深度融合。第十四届全国人民代表大会第一次会议提出,制定支持数字经济高质量发展政策,积极推进数字产业化、产业数字化,促进数实融合。数实融合是数字化向非数字实体经济的应用、渗透和重塑,通过数字技术在实体经济中的深度应用,释放数据要素的潜能,实现数据、技术与场景的紧密融合,有效打通生产、分配、流通、消费等各环节,释放产业技术创新与数字技术创新的叠加效应,推动产业升级、经济高增长和高质量发展。在此过程中，新基础设施不断完善、技术短板不断克服、多维数字鸿沟逐渐弥合，数据要素市场建设有序推进、数字产业集群强势形成、数字生态不断优化，这些新趋势、新变化不仅提升了经济社会的数字化水平，也为千行百业的创新发展提供了广阔空间。

## 一　新基础设施进一步夯实

### （一）5G网络进入规模化发展关键期

自2019年6月5G商用牌照正式发放至今已过去5年，中国5G发展实现了从有到优，覆盖面趋于完善。工业和信息化部数据显示，中国已建成全球规模最大、技术领先、覆盖全面的5G网络。2021—2023年，中国5G基站数量从71.8万个提升至337.7万个，增长近4倍，占全球基站数的比例近60%。5G用户规模从1.6亿户增长至8.05亿户，5G已成为中国用户使用移动通信的主力承载网络，中国5G网络覆盖从"市市通"到"县县通"并持续向乡镇、行政村等延伸。当前，中国5G发展已进入应用规模化新阶段，从点到面，应用赋能更加彰显。5G行业应用创新围绕产业数字化、数字化治理和数字化生活三个方向展开。在广度方面，行业范围不断扩展，截至2024年2月，5G行业应用已融入97个国民经济大类中的71个，应用案例数超9.4万个，5G行业虚拟专网超2.9万个，工业互联网、文体活动、医疗健康、智慧交通成为开展5G应用较为集中的领域；① 在深度方面，5G应用在工业、采矿、电力、港口、医疗等垂直行业不断走深向实，成为引领产业智能化、绿色化、融合化转型升级的重要引擎。

中国千兆城市建设正在快速部署，推动以5G和光纤网络为核心的"双千兆"网络应用创新，以支撑制造强国、质量强国、网络强国、数字中国建设的战略需求。近年来，中国各地区持续加强政策引导与支

---

① 《全国5G基站超过350万个，数实融合进一步提速》，2024年4月2日，中国政府网，https://www.gov.cn/yaowen/liebiao/202404/content_6943115.htm。

持，将"双千兆"网络建设纳入同级国土空间规划，积极推动千兆城市建设。据统计，2021—2023年，中国已有三批共计207个城市达到千兆城市建设标准。千兆城市在5G基站建设、10G PON端口占比以及500Mbps及以上用户占比等方面均取得显著进展，在市属医院、高校、文化和旅游场所等重点区域的5G网络通达率均超过99.5%。① 在网络应用方面，千兆城市的"双千兆"网络应用案例数量已达到11.4万个，深入融合于国民经济87个大类之中。千兆城市的建设将不断聚焦于满足数字化时代城市居民的新需求，在AR/VR等消费领域推动"双千兆"网络的业务应用创新。同时，在制造业数字化转型过程中开展面向不同应用场景和生产流程的"双千兆"协同创新，以推动产业升级。在民生领域，千兆城市建设将致力于推动"双千兆"网络与教育、医疗等行业的深度融合，通过互联网技术提升农村教育和医疗水平，促进基本公共服务均等化。此外，千兆城市建设过程还将不断提升与电力、铁路、公路、市政等领域的沟通合作，提升跨行业共建、共享水平，进一步优化以"双千兆"网络为代表的新型信息基础设施发展环境，为未来的数字经济发展奠定坚实基础。②

（二）算力基础设施实现阶段性跃升

自2022年2月国家"东数西算"工程启动以来，中国东西部地区算力资源空间分布不均衡的局面得到了有效改善，算力规模持续高速增长。至2023年年底，中国提供算力服务的在用机架数已达810万标准机架，算力总规模跃居全球第二。③ 2023年12月，国家发改委、国家数据局等多部门联合发布《关于深入实施"东数西算"工程 加快构

---

① 《2023年通信业发展情况如何？工信部统计公报来了!》，2024年1月25日，中国工信新闻网，https：//www.cnii.com.cn/gxwww/ssgx/202401/t20240125_540332.html。
② 《工业和信息化部关于印发〈"双千兆"网络协同发展行动计划（2021—2023年）〉的通知》，2021年3月24日，工信部网站，https：//www.miit.gov.cn/jgsj/txs/wjfb/art/2021/art_5b964eb54af841c8a248855047c06799.html。
③ 《"东数西算"工程稳步推进》，2024年4月14日，中国政府网，https：//www.gov.cn/yaowen/liebiao/202404/content_6945169.htm。

建全国一体化算力网的实施意见》，标志着中国算力体系建设进入新阶段。2023年以来，生成式人工智能（AIGC）应用的加速落地对算力的灵活性和智能化程度提出了新的要求，催化了超算数据中心和智算数据中心的建设，未来多元异构算力将迎来快速发展，类脑计算、量子计算等新型计算技术的探索也将持续深入。算力生态的开源开放度也将进一步提升，用户将能够更灵活地进行模块化开发，快速适配新增部件，大幅缩短迭代周期，有效提升开发效率，算力服务的普惠化程度将不断提升。2023年10月，工业和信息化部等六部门发布的《算力基础设施高质量发展行动计划》明确提出推动算力标准体系建设的任务，有力地推动了算力标准体系的完善。

## 二 科学技术短板有效克服

中国重点实施创新驱动发展战略，聚焦国家重大战略产品和重大产业化目标，坚持打赢关键核心技术攻坚战，基础研究重大成果持续涌现，战略高技术领域不断创新、应用研究方面不断深化，持续推动产业转型升级。

### （一）基础研究重大成果持续涌现

中国高度重视科技创新工作，制定并实施了一系列鼓励研发与创新的政策举措，全社会研究与试验发展经费持续高速增长。根据《全国科技经费投入统计公报》发布的数据，2023年中国全社会研究与试验发展（R&D）经费支出达到3.3万亿元，同比增长8.1%，其中基础研究经费为2212亿元，同比增长9.3%。为应对世界科技前沿挑战，中国不断强化顶层设计和系统布局，聚焦关键核心技术攻关，弥补短板，持续加强基础研究，以提升原始创新能力为核心，在化学、材料、物理、工程等学科领域的整体实力显著增强，在凝聚态物理、分子科学、纳米材料、干细胞等一批重要前沿方向进入世界第一方阵，成功建设了如FAST、稳态强磁场、散裂中子源等国家级重大科研设施；同时在量子信息、干细胞、脑科学等领域取得重大突破，首次实现了原子级石墨烯可控折叠、成功研发世界首款异构融合类脑计算芯片"天机芯"，以及在铁基高温超导、纳米限域催化、量子计算原型机、二氧化碳人工合成淀粉等领域取得一系列具有国际影响力的重大原创成果，在保障国家重大工程、解决"卡脖子"技术难题等方面发挥了关键作用，为中国科技事业的繁荣发展奠定了坚实基础。

（二）战略高技术领域创新成果比较显著

通过组建中央科技委员会和重新组建科学技术部，紧扣国家战略需求，中国持续深化科技体制改革，催生了一系列世界级科技成果。在民用航空领域，2023年5月28日，中国自主研发的喷气式干线客机C919成功完成首次商业飞行，促进了民用航空产业链、价值链、创新链的全面发展，提升了产业配套能级。在船舶制造领域，中国船舶外高桥造船有限公司建造的首艘国产大型邮轮"爱达·魔都号"于2023年11月4日正式命名交付，标志着中国已经成功集齐航空母舰、大型液化天然气运输船、大型邮轮这"三颗明珠"，充分展示了中国强大的经济实力、完整的工业体系以及顶尖的集成类产品制造能力。此外，国家太空实验室的正式运行、新款忆阻器存算一体芯片的成功研制，探月工程、火星探测计划、载人航天工程等顺利实施，特别是"天问"探火星、"嫦娥"登月球，以及"神十三"与"天和"核心舱的成功对接，标志着中国在深空探测领域取得了重大突破。在深海探测方面，"深海勇士"号"奋斗者"号等设备的成功研制，标志着中国已具备万米全海深谱系化的探测能力。这些成果不仅彰显了中国科技创新的实力，更为产业快速升级提供了强大的技术支撑，成为推动国民经济和社会发展的重要动力。

（三）数字经济与先进制造业、现代服务业深度融合

当前，数字经济与先进制造业、现代服务业深度融合，为产业升级注入了强劲动力，引领产业向中高端迈进。一方面，高性能装备、智能机器人、增材制造、激光制造等技术取得了显著突破，有力推动了制造

业的升级发展。数据显示，2023年制造业重点领域关键工序数控化率和数字化研发设计工具普及率分别增长至60.1%和78.3%。①在能源领域，中国立足以煤为主的能源禀赋，加快煤炭高效清洁利用的研发攻关，成功布局并研发出全球领先的百万千瓦级超超临界高效发电技术。目前，该技术和示范工程已经在全国推广，为中国能源结构的优化和环境的持续改善作出了重要贡献。此外，中国太阳能光伏、风电、新型显示、半导体照明、先进储能、新能源汽车等产业规模也位居世界前列。这些新兴产业的快速发展不仅推动了经济的增长，也为生态环境的改善提供了有力支撑。另一方面，超级计算、人工智能、大数据、区块链等新兴技术的快速应用，催生了移动支付、智能终端、远程医疗、在线教育等新产品、新业态、新技术，深刻改变了人们的生活方式，提升了社会整体效率。

### 三 多维数字鸿沟逐渐弥合

（一）数字基础建设日益完善，网络覆盖及质量提升效果显著

近些年，在"电信普遍服务""数字乡村建设"等一系列政策措施鼓励下，中国数字基础建设日益完善，网络覆盖及质量提升效果显著，当前已建成全球规模最大的光纤和移动宽带网络，推动1924家常用网站和App、超1.4亿台智能手机和智能电视完成适老化改造，普惠民生水平稳步提升。2013—2023年，中国网民规模及互联网普及率总体呈逐年增长态势。截至2023年，中国互联网普及率为77.5%，其中农村地区互联网普及率为66.5%。全年移动互联网用户接入流量3015亿GB，比前一年增长15.2%。超10亿用户接入互联网，形成了全球最为庞大、生机勃勃的数字社会。②各行各业数字化转型成果明显，通过系

---

① 数据来源于2023年12月发布的《中华人民共和国国民经济和社会发展第十四个五年规划和2035年远景目标纲要》实施中期评估报告。
② 《中华人民共和国2023年国民经济和社会发展统计公报》，2024年2月29日，中国政府网，https://www.gov.cn/lianbo/bumen/202402/content_6934935.htm。

列举措和行动，不断增强数字技术的可获得性、可负担性和可应用性，有效推动数字鸿沟的消除。

（二）公共服务数字化转型推动全民共享数字红利

中国聚焦于政务、教育、医疗、文化等基本公共服务领域，积极运用数字技术提升服务水平，推动公共服务向均等化、普惠化、高效化和便捷化迈进。在政务服务方面，中国政府在弥合数字鸿沟上不断发挥基础性与引领性作用。近年来，政务服务事项"一网通办"不断优化，90.5%的省级行政许可事项网上受理和"最多跑一次"，县级政务服务平台建设加速推进，更多涉农服务事项实现"网上办""掌上办""自助办"，政务服务"一网通办"逐步成为数字乡村建设的标配。在教育领域，数字化战略行动有力推动了优质教育资源的普及。截至2022年，99.89%的中小学（含教学点）学校带宽达到100M以上，超过3/4的学校实现无线网络覆盖，99.5%的中小学拥有多媒体教室。[1] 国家中小学智慧教育平台自改版上线以来，汇聚了各类优质教育资源4.4万余条，其中课程教学资源2.5万课时，有效促进了优质教育资源的开放共享。[2] 在医疗健康领域，数字健康服务资源加速扩容下沉。截至2022年，全国范围内所有三甲医院均开展远程医疗服务，远程医疗覆盖全国100%贫困县，全国统一的医保信息平台全面建成，接入约40万家定点医疗机构和40万家定点零售药店，有效覆盖全体参保人。[3] 在数字文化领域，传统村落数字博物馆建设取得积极进展。截至2022年，全国累计完成839个传统村落数字博物馆单馆建设，形成了涵盖多种数据类型的传统村落数据库，教育、医疗、文化等数字化公共服务产品不断向农村地区下沉。[4]

---

[1] 国际互联网信息办公室：《数字中国发展报告（2022年）》，2023年。
[2] 国际互联网信息办公室：《数字中国发展报告（2022年）》，2023年。
[3] 《医保全国联网解决看病难题》，《经济日报》2022年7月22日。
[4] 国际互联网信息办公室：《数字中国发展报告（2022年）》，2023年。

（三）"数字丝绸之路"推动共建国家与地区数字化转型，缩小数字鸿沟

共建"一带一路"国家（地区）在数字基础设施、互联网普及率、电子商务发展以及数字人才等方面存在异质性，自2017年在"一带一路"国际合作高峰论坛上首次提出建设"数字丝绸之路"以来，该战略在促进共建国家数字基础设施建设、贸易创新发展以及科技国际合作等方面取得了显著成果。截至2022年，中国已与17个国家签署"数字丝绸之路"合作谅解备忘录，与23个国家建立"丝路电商"双边合作机制。① 通过"数字丝绸之路"建设合作，中国积极推动数字基础设施的互联互通，构建了多套跨境陆缆系统，广泛建设5G基站、数据中心、云计算中心、智慧城市等设施，重点项目如"中国—东盟信息港""数字化中欧班列"以及中阿网上丝绸之路等正全面推进，中国与沿线各国和地区形成了紧密的利益共同体、命运共同体。目前，在共建国家和地区，已有一大批数字项目成功落地，涵盖信息基础设施、数字供应链、智能制造、智慧工程、智慧城市、跨境电商和数字文娱等多个领域。在非洲，约80%的3G网络、70%的4G网络基础设施均由中国企业投资建设，5G网络的建设也将积极推进。

## 四 数据要素市场有序建设

（一）数据要素法律供给体系的日益完善

与传统生产要素所遵循的规模报酬递减规律不同，数据要素既作为劳动资料又充当劳动对象深度融入生产流程中，展现出依附倍增性和集约替代性的特质，通过价值倍增的网络效应成为推动数字生产力发展的关键力量。② 为确保数据要素的安全、合规与高效利用，中国积极推进

---

① 赵玉宏：《缩小"数字鸿沟" 加快"数字丝绸之路"建设》，《光明日报》2024年1月4日。
② 洪银兴、任保平：《数字经济与实体经济深度融合的内涵和途径》，《中国工业经济》2023年第2期。

数字经济领域的立法进程，不断完善数据要素的规范化管理。在《中华人民共和国网络安全法》《中华人民共和国数据安全法》等一系列法律文本的指导下，中国数据要素的管理体系得以健全。与此同时，各地区政府积极响应国家号召，纷纷出台数字经济及数据应用的相关促进条例和发展条例，以推动数字经济的有序发展。浙江、广东、河南、江苏、贵州、上海、福建、安徽、北京、湖南等地在这一方面取得了显著成果，推动构建良好的数字经济生态。

2022年12月，《中共中央 国务院关于构建数据基础制度更好发挥数据要素作用的意见》（以下简称"数据二十条"）对外发布，从数据产权、流通交易、收益分配、安全治理等方面构建数据基础制度，提出20条政策举措。[①] "数据二十条"的出台，将充分发挥中国海量数据规模和丰富应用场景优势，激活数据要素潜能，做强、做优、做大数字经济，增强经济发展新动能。"数据二十条"为中国数据基础制度体系的建设奠定了重要基石。2024年3月22日，国家互联网信息办公室公布的《促进和规范数据跨境流动规定》进一步细化了数据出境安全评估、个人信息出境标准合同、个人信息保护认证等方面的规定，完善了数据出境制度的衔接流程，为数字经济的高质量发展提供了强有力的规范化保障。

（二）数据安全产业的需求正逐步释放，展现出巨大的市场潜力

数据，作为新一代生产要素，其重要性日益凸显，已成为与国家生产力紧密相连的战略资源。确保数据的安全状态，维护其机密性、完整性和可用性，是数据价值得以充分挖掘和利用的前提与基础。为加快数据要素市场的健康发展，中国正积极推进数据安全产业的发展，并将其作为数据要素产业链的核心环节。2023年1月，工信部等十六部门联合印发《关于促进数据安全产业发展的指导意见》，明确提出了中国数

---

[①] 《"数据二十条"对外发布，构建数据基础制度体系——做强做优做大数字经济》，《人民日报》（海外版）2022年12月21日。

据安全产业的发展目标：到2025年，数据安全产业规模将超过1500亿元，年复合增长率预计将超过30%。这一目标的设定，不仅体现了国家对数据安全产业的高度重视，也预示着数据安全产业将迎来快速发展的黄金时期。

（三）数据的技术体系、服务体系和监管体系将日渐完善

随着数据资产化的逐步推进，与之相关的技术体系、服务体系和监管体系将日渐完善。为规范企业数据资源的会计处理，财政部于2023年8正式印发了《企业数据资源相关会计处理暂行规定》（财会〔2023〕11号），该规定自2024年1月1日起正式实施。随后，在2023年12月31日，财政部进一步发布了《关于加强数据资产管理的指导意见》，标志着2024年数据资源正式纳入企业财务报表的元年，构建全面的技术服务体系，涵盖数据资源的唯一性确定、定价方式、登记方式、监管方式等多个方面，数据资产的封装、确权、追踪等成为数字资产化发展过程中亟待解决的问题，各企业也将围绕公共数据、企业数据、个人数据等典型的应用场景，积极探索数据资源进入财务报表的路径。

## 五 数字产业集群强势形成

党的二十大报告提出，加快发展数字经济，促进数字经济和实体经济深度融合，打造具有国际竞争力的数字产业集群。2024年的政府工作报告提出，开展"人工智能+"行动，打造具有国际竞争力的数字产业集群。加快发展数字产业集群是助力中国式现代化、提升中国数字经济国际竞争力、促进数实深度融合的客观要求。

（一）特色鲜明的数字产业集群正在培育和壮大

近年来，随着互联网、大数据、云计算、人工智能等技术加速创新，中国数字经济持续快速发展，数字经济逐步融入经济社会发展的方方面面、深刻推动着中国经济结构的优化升级，并孕育出多元化、特色

鲜明的数字产业集群。作为数字产业发展的高级形态，数字产业集群超越了传统产业集群的物理聚合，展现出更为广泛的空间溢出效应，凸显出数字技术赋能、数据驱动创新和跨界融合的独特优势。目前，中国已培育出集成电路、人工智能、大数据、数字安防、超高清视频、元宇宙、电子信息等众多数字领先企业引领的数字产业集群。在"东数西算"工程等政策聚合发力和内生驱动下，各地加快发展数字经济，依托各自禀赋积极打造多元化、特色化的数字产业集群。根据工信部2022年发布的国家先进制造业集群名单，新一代信息技术各相关领域的产业集群成为重要方向。随着这些集群的不断发展壮大，其集群效应日益显著。以安徽合肥为例，当地成功打造了以科大讯飞、华米科技等龙头企业为核心的"中国声谷"，吸引了超过2100家企业入驻，2023年营业收入突破3000亿元，成为数字产业集群发展的典范。①

（二）数字产业集群在重大科技基础设施建设方面进展显著

中国数字产业集群在重大科技基础设施建设方面也取得了显著进展。特别是在北京、上海、合肥、深圳、东莞等地，初步形成了具有集群化特点、具备国际影响力的设施集群。京津冀地区凭借深厚的数字创新底蕴和丰富的数据资源，构建了国内领先的数字产业创新生态，长三角地区通过构建优势互补的一体化发展模式，以"平台+应用"为驱动力，培育出了一批具有强大竞争力的数字产业集群，形成了以上海为核心、多地协同的产业发展格局，特别是在电子商务、物联网、集成电路和数字内容产业等领域，已达到了国内领先水平。在粤港澳大湾区，则以打造"数字湾区"为目标，以ICT产业为核心驱动力，推进全球领先的数字经济产业集群建设。大湾区依托其庞大的信息技术产业集群、成熟的产业链供应链体系以及数字金融等支撑，构建了完整的数字产业生态，有望成为具有世界影响力的"数字湾区"。

---

① 赵狄娜：《中国声谷迸发强劲动力》，《小康》2024年第1期。

## 六　产业数字生态不断优化

随着数字经济的蓬勃发展，云计算、区块链、人工智能等基础设施建设正加速推进，产业数字生态将不断优化。

### （一）数字技术与农业的深度融合

数字技术与农业深度融合，实现了农业生产和流通的传统模式的革新，中国积极推进智慧农业建设，农业生产信息化率达到27.6%。① 各地积极探索规范、可信且高价值的数字农业新范式，尤其在特色农产品丰富、经济基础较为扎实的地区，自动化、无人或少人农场快速投入运营，超过60万台耕种收作业农机已配置北斗系统的作业监测和智能控制终端。同时，农村电商呈现出蓬勃发展的态势。2023年，全国农产品网络零售额达到0.59万亿元，同比增长11.8%；农村网络零售额高达2.49万亿元，同比增长14.7%，线上购物和信息消费已成为农村地区新常态。② 数字经济赋能农业发展正成为推动乡村振兴的关键抓手。

### （二）工业互联网助力制造业形成新质生产力

工业互联网作为新型基础设施和数字化赋能工具，正加速推动制造业新质生产力的形成。第一，生成式AI与工业大模型深度融合，为工业制造业带来了颠覆式变革。工业大模型结合工业领域的专业知识，通过训练具备行业特色的模型，获得强大的垂直行业落地能力，工业机理与通用大模型的融合，将催生出更多工业文本生成、工业知识问答、工业理解计算等具有核心能力的工业大模型，进一步提升工业智能化水平，助力新型工业化进程。第二，工业互联网平台发展由广走深，场景落地成为核心驱动力。例如，在生产线智能化方面，工业互联网平台可

---

① 《关于2023年国民经济和社会发展计划执行情况与2024年国民经济和社会发展计划草案的报告》，2024年3月13日，中国政府网，https://www.gov.cn/yaowen/liebiao/202403/content_6939276.htm？pc。

② 艾媒产业升级研究院：《2024年中国乡村数字经济发展专题研究报告》，2024年。

以通过对生产数据的实时监控和分析，实现生产过程的自动化和智能化，提高生产效率和产品质量。在供应链管理方面，工业互联网平台可以实现对供应链各环节的信息共享和协同管理，优化供应链流程，降低运营成本。在能源管理方面，工业互联网平台可以通过对能源数据的采集和分析，实现能源的精细化管理，提高能源利用效率。"5G+工业互联网"作为加快制造业数字化转型的重要抓手，正呈现规模化发展新态势。截至 2023 年，中国已建成 62 家"灯塔工厂"，占全球"灯塔工厂"总数的 40%；培育 421 家国家级示范工厂、万余家省级数字化车间和智能工厂；具备行业、区域影响力的工业互联网平台超过 340 个，工业设备连接数超过 9600 万台（套），有力推动制造业降本增效，为新型工业化发展奠定坚实基础。①"5G+工业互联网"融合应用不断深化，产线级、车间级、工厂级 5G 工厂建设将提速，实现 5G 在生产辅助环节的规模化部署和核心环节的深层次拓展，为中国经济社会的高质量发展提供有力支撑。

（三）数字经济对服务业的引领和带动作用日益凸显

随着创新驱动发展战略的深入实施，数字经济对服务业的引领和带动作用日益凸显，大数据、区块链、人工智能等新技术主要体现为服务业的新业态。一方面，数字技术通过创造新的平行数据市场，实现了服务业发展空间的有效拓展，海量数据被广泛应用，形成了精准的数据应用价值。另一方面，数字技术突破了服务业生产与消费分离的障碍，使传统上不可贸易的服务部门变得可交易，为服务业发展注入了新的活力。2022 年，中国服务业数字化渗透率达到 44.7%，显著高于农业（10.5%）和工业（24.0%）。截至 2022 年，中国网络购物、网上外卖、网约车、互联网医疗的用户规模分别达到了 8.5 亿、5.2 亿、4.4

---

① 《中国 62 家"灯塔工厂"领跑全球  照亮工业生产未来之路》，2023 年 12 月 19 日，央视网，https://news.cctv.cn/2023/12/19/ARTICu8KLNgjiNpizJ2NMIVr231219.shtml。

亿、3.6亿元。① 在ChatGPT等前沿技术的引领下，全球生成式AI技术步入了崭新的发展阶段，国产大模型如雨后春笋般涌现，凭借强大的认知理解能力和深厚的专业知识，深度赋能电子信息、医疗、交通等多个领域，形成了多样化的应用模式，服务业已成为新技术发挥引领作用的主战场、赋能发展的优先领域。

近年来，中国致力于深化数实融合，积极推动专业服务、在线教育、远程医疗等数字服务贸易业态的创新发展。在消费领域，新型消费业态与应用场景如网络游戏、在线教育、远程医疗等不断涌现，不仅丰富了消费者的选择，也加速了中国游戏、网文等数字产品向全球的推广。数字化货币的应用场景不断拓宽，为经济生活带来更多便利。在生产领域，云展会、远程办公等新型业态得到广泛应用，云外包、平台分包等生产新模式不断发展，逐步形成了"云端经济"生态。根据商务部发布的《中国数字贸易发展报告（2022）》，中国数字贸易发展势头强劲。2022年，中国可数字化交付的服务进出口额达到3727.1亿美元，同比增长3.4%，规模再创历史新高。数字贸易的蓬勃发展不仅促进了居民消费升级和境外消费回流，也推动了进口贸易上下游产业链的发展，进一步优化了产业结构。

## 第二节　现代产业发展的新趋势

作为新时代的发展理念，现代化产业体系建设体现为以创新驱动为核心动力、绿色低碳为发展导向、开放合作为重要途径、民生改善为发展目标，以新质生产力为内在要求的新趋势。

---

① 中国互联网络信息中心：《第51次〈中国互联网络发展状况统计报告〉》，2023年。

## 第二章　数字经济与现代产业发展的新趋势

### 一　创新驱动成为核心动力

党的十八大以来，中国坚持科技创新和制度创新"双轮驱动"，全面部署科技创新体制改革，形成了涵盖创新宏观管理体制、创新资源配置机制、产学研合作机制、成果转化机制、人才培养机制、科研管理机制、激励评价机制等领域的政策体系；进一步完善了财政、税收、金融、人才、对外合作、产业发展等一系列重大改革举措，创新成果不断涌现，创新体系建设取得巨大进步。2023年12月，全国人大发布的"十四五"规划纲要实施中期评估报告显示，中国创新驱动发展步伐明显加快，多项"卡脖子"技术被攻克并实现产业化，国家战略科技力量加快布局，创新实力提升，创新投入和创新产出双增长。

从投入来看，2023年，中国科技事业发展呈现新气象。全年全国研发经费投入超过3.3万亿元，比上一年增长8.1%，研发投入强度达到2.64%，基础研究经费投入占研发经费投入的比重保持在6%以上，新型研发机构数量超过2400家，已处于发展中国家前列，超过欧盟平均水平。全年签订技术合同95万项，成交额达到6.15万亿元，比前一年增长28.6%；授权发明专利达到92.1万件，比前一年增长15.3%。77个已布局国家重大科技基础设施建成投运35个，形成一批全球领先科技成果。① 中国以开放创新为核心理念，致力于全方位融入和布局全球创新网络，深度参与全球创新治理，由参与全球创新转向引领全球创新，已与160多个国家和地区建立了科技合作关系，签订了116个政府间科技合作协定，构建起全方位、多层次、广领域的科技开放合作新格局。

从产出来看，2023年，中国全年共授权专利364.9万件，包括发明专利92.1万件、实用新型专利209万件、外观设计专利63.8万件；

---

① 《科技创新提升制造业民营企业新质生产力》，2024年4月12日，新华网，http://www.xinhuanet.com/tech/20240412/00eb30837c3f459ba024f1822c3e381a/c.html。

发表科技论文214.7万篇，技术市场成交合同金额达47791亿元，年均增速达25.3%。2016—2022年，中国数字经济核心产业发明专利授权量年均增速达18.1%，有力支撑了产业数字化转型升级，超级计算、高速铁路、智能电网、第四代核电、特高压输电技术等都进入世界先进行列。中国科学技术信息研究所发布的《2023中国科技论文统计报告》数据显示，2022年中国在各学科最具影响力的期刊上发表了16349篇论文，占世界总量的30.3%，高水平国际期刊论文数量以及被引用次数均位居世界第一；按照国际论文被引用次数统计，中国在农业科学、化学、计算机科学、工程技术、材料科学和数学6个学科排名中位居世界第一。创新投入稳步提高，创新产出大幅增加，创新成效进一步显现，推动高质量发展的支撑引领作用不断增强。战略性新兴产业持续发展，战略性新兴产业增加值年均增长15.8%、占GDP比重超过13%，新能源汽车产销量、新能源发电装机量、船舶与海洋工程装备国际市场份额等稳居全球第一。中国大数据、云计算、人工智能、量子信息等数字技术已跻身全球科技创新第一梯队。5G研发和应用场景深度拓展，人工智能发展的中国特色生态初步建立，在大算力和超级计算的支撑下，智能城市、智能工厂、智能医疗和智能交通等新产业、新模式正加快赋能百业。

## 二 绿色低碳成为发展导向

中国能源结构绿色低碳转型稳步推进。中国持续深化资源型产业供给侧结构性改革，对高耗能、高排放、低水平项目实行清单管理、分类处置、动态监控，积极构建由煤、油、气、核及可再生能源共同驱动的多元化能源供应保障体系，进一步巩固能源安全保障的基石。在煤炭等化石能源方面，中国以煤电清洁低碳发展为目标，开展煤电节能降碳改造、灵活性改造、供热改造"三改联动"，确保新增煤电机组符合更严格的节能标准，发电效率、污染物排放控制达到世界领先水平。同时，推动终端用能清洁化，推行天然气、电力和可再生能源等替代煤炭。在城镇燃气、工业燃料、燃气发电、交通运输等领域有序推进天然气高效利用，发展天然气热电冷联供。此外，实施成品油质量升级专项行动，快速提升成品油质量至国际先进水平，有效减少汽车尾气污染物排放。在非化石能源消费方面，中国持续推进以沙漠、戈壁、荒漠地区为重点的大型风电光伏基地建设，积极稳妥发展海上风电，并广泛推广城镇、农村屋顶光伏和乡村分散式风电，因地制宜发展太阳能热利用、生物质能、地热能和海洋能，安全有序发展核电，积极发展氢能源，并大力发展城镇生活垃圾焚烧发电。这些年，还加快构建了适应新能源占比逐渐提高的新型电力系统，开展可再生能源电力消纳责任权重考核，推动可再生能源高效消纳。截至2023年，煤炭消费比重显著降低，全国可再生能源发电总装机规模大幅提升，在全球可再生能源发电总装机中的比重接近40%。[①] 中国光伏行业协会权威数据显示，2023年中国光伏产业规模继续扩大，新增装机规模高达216.88吉瓦，同比增长148.1%。多晶硅、硅片、电池、组件等主要制造环节的产量同比增长均超过64%，行业总产值突破1.75万亿元大关。通过加快能源结构优化，进一步推动中国社会福利的最大化。

绿色低碳贸易成为中国货物贸易增长新引擎。在全球经济绿色低碳转型的大背景下，中国在打造绿色低碳新增长点上取得了显著成效，通过深化供给侧结构性改革，大力发展战略性新兴产业，成功培育出一批具有低碳、绿色、创新基因的高技术、高附加值产品。电动载人汽车、锂电池和太阳能电池，这绿色低碳"新三样"产品快速增长，成为外贸增长的新动力。海关总署统计数据显示，2023年，中国"新三样"产品合计出口1.06万亿元，首次突破万亿元大关，增长了29.9%。[②]

---

① 李创军：《锚定"双碳"目标推动可再生能源高质量跃升发展》，《中国电力报》2024年1月29日。

② 周湘智：《持续保持"新三样"出口的良好态势》，《光明日报》2024年2月5日。

这些产品的快速增长不仅彰显了中国产业技术创新和市场竞争能力的提升，也体现了中国产品质量的显著提高。在"双碳"目标的驱动下，中国制造业正加速向高端化、绿色化、智能化转型。以"新三样"为代表的新兴产业，不仅符合当前国际市场的发展趋势和需求，也为中国在探索"双碳"目标引领绿色低碳转型方面提供了丰富的实践经验和多元的发展路径。

### 三 开放合作成为重要途径

中国开放合作制度供给持续优化，开放型经济新体制构建步伐加快。各级政府高度重视营商环境建设，各地区、各部门积极贯彻党中央、国务院的决策部署，通过创新体制机制、强化协同联动、完善法治保障，不断推动营商环境的提升。2020年外商投资法及其实施条例正式实施，为持续优化外商投资环境、推进更高水平的对外开放提供了坚实的法律保障。随着数字技术的迅猛发展和各领域数字化转型的深入推进，跨境服务贸易的潜力正逐步释放。中国服务贸易出口额保持持续增长，2023年中国进出口总值为41.76万亿元，同比增长0.2%。其中，出口23.77万亿元，增长0.6%。为了进一步激发跨境服务贸易的活力，2024年3月22日，商务部发布了《跨境服务贸易特别管理措施（负面清单）》（2024年版）和《自由贸易试验区跨境服务贸易特别管理措施（负面清单）》（2024年版），标志着中国首次在全国范围内对跨境服务贸易建立了负面清单管理制度。通过出台跨境服务贸易负面清单，将过去分散在各个具体行业的准入措施以"一张单"的方式集中列出，明确清单之外的领域，对境内外服务和服务提供者按照内外一致的原则进行管理，放宽市场准入和优化营商环境。这不仅大大提高了跨境服务贸易管理的透明度和可预见性，也是中国主动对标国际高标准经贸规则、推进制度型开放的重要举措。

制度型开放是中国实现高水平开放和高质量发展的关键路径，自贸试验区作为制度型开放的先行者，成为推动中国高水平开放合作的重要力量。① 目前，包括上海、广东、天津、福建、北京在内的五个自贸试验区以及海南自由贸易港均已开展与国际高标准经贸规则的对接工作，通过深度聚焦于知识产权、竞争政策、政府采购、环境保护等"边境后"规则，深化制度型开放，为中国加入《全面与进步跨太平洋伙伴关系协定》《数字经济伙伴关系协定》等高标准经贸协定提供有力的实践支撑。各自贸试验区在贸易、投资、金融、数据跨境流动等关键领域开展了广泛而深入的改革探索，通过联动发展，拓展了制度创新先行先试的广度和深度，丰富了政策应用场景，进一步扩大了自贸红利的效应。在深化差别化探索方面，自贸试验区根据各自的战略定位和区位优势，因地制宜地开展了一系列创新尝试，培育出了一批世界领先的产业集群，为中国经济的高质量发展注入了强大的内生动力。例如，上海自贸试验区建立了以"中国芯""创新药""智能造""蓝天梦""未来车""数据港"六大产业为核心的现代化产业体系；湖北自贸试验区在光电子信息领域集聚了超过1.6万家企业，成为中国光通信领域最大的技术研发和生产基地。② 这些探索和实践为构建与国际规则有机衔接，更加开放、公平、高效的市场经济体系树立了强大的示范标杆。

"一带一路"倡议展现开放合作与互利共赢的广阔前景。中国以共建"一带一路"为发展契机，深化与共建"一带一路"国家的经贸合作，推动政策创新、资源整合、效率提升和优质供给，致力于构建开放型世界经济。目前，中国已与150多个国家和30多个国际组织签署了共建"一带一路"合作文件，数千个务实合作项目相继落地实施，建设了中欧班列、西部陆海新通道等国际物流和贸易大通道，以及"丝

---

① 裴长洪、倪江飞：《我国制度型开放与自由贸易试验区（港）实践创新》，《国际贸易问题》2024年第3期。
② 冯其予：《自贸试验区建设硕果累累》，《经济日报》2024年7月11日。

路电商"等创新平台，对共建国家出口了大量设备和技术，推动了当地经济的增长和社会的进步，提升了国内区域与中亚、东南亚、西亚以及欧洲的互联互通水平，为国内国际"双循环"提供了更为有力的通道保障。① 从地区层面看，"一带一路"建设打破了长期以来中国对外开放东快西慢、沿海强内陆弱的区域格局，推动了区域联动开放和协调发展，内陆沿边地区逐渐成为开放前沿，中西部和东北地区实现了更大范围、更高层次的开放。2013年至2023年10月，中国与共建国家进出口总额累计超过21万亿美元，对共建"一带一路"国家直接投资总额累计超过2700亿美元。② "一带一路"建设在重塑中国对外开放空间格局方面发挥了重要作用。

### 四 民生改善成为发展目标

就业是最大的民生工程、民心工程、根基工程。建设现代化产业体系不仅是创造物质技术，更要带动和创造高水平就业，为改善民生福祉奠定基础。当前，以新产业、新业态、新商业模式为核心的"三新"经济快速发展，成为推动就业市场变革的重要力量。2022年，中国"三新"经济增加值首次突破20万亿元，占GDP的比重逐年提升，产业结构转型升级的显著成效。③ 战略性新兴产业、先进制造业以及数字经济的蓬勃发展释放出一批高质量就业岗位，为就业者提供了更多机会，技术革新则催生了大数据架构师、AI提示词工程师、区块链应用操作员等数字职业，绿色发展和"双碳"目标大趋势下，碳排放管理员、碳汇计量评估师、建筑节能减排咨询师等绿色职业的市场需求快速增长。

此外，零工经济作为劳动力市场的蓄水池，在拓宽就业渠道、促进

---

① 孟庆伟：《共建"一带一路"十年成果丰硕进入高质量发展新阶段》，《中国经营报》2023年10月21日。
② 朱琳：《共建"一带一路"推动合作共赢》，《经济日报》2024年7月15日。
③ 《去年我国"三新"经济增加值同比增6.5%》，2023年7月30日，每经网，https://www.nbd.com.cn/articles/2019-01-24/1294493.html。

劳动者就业增收等方面发挥着重要作用。数字经济的发展催生了大量时间自由、灵活性强的就业岗位，使得零工经济快速发展，全国灵活就业人员数量已接近2亿。① 数字化平台的兴起进一步帮助劳动力市场供需双方实现高效匹配、快速面试、即时上岗，使得劳动者求职或兼职更为便捷，平台提供的岗前培训也提升了劳动者的劳动技能和职业形象，激发人力资源市场的活力。

政府层面亦对零工经济给予高度重视。2022年1月，国务院印发《"十四五"数字经济发展规划》，鼓励个人利用新型平台就业创业。同年，人力资源和社会保障部等五部门发布《关于加强零工市场建设 完善求职招聘服务的意见》，明确提出各地要将零工市场纳入就业公共服务体系建设。法律法规为相关建设提供了明确的方向和遵循依据，零工经济庞大的市场空间和强劲的发展潜力将吸引更多专业培训机构、社会保险机构、公益慈善机构等为劳动者提供从免费培训到专业化培训，再到技能等级认证等方面的支持，为劳动者的成长和发展提供坚实保障。

数字平台扩大教育普惠效应，教育正迈向"人机共智"的新时代。随着虚拟现实、人工智能、大数据等技术的广泛应用，在线学习平台和智能辅助教育工具将成为常态。通过国家力量的统筹集纳，以国家智慧教育公共服务平台建设为抓手，中国持续推进教育数字化战略行动，显著提升了优质课程的供给能力。

截至目前，国家智慧教育公共服务平台已汇聚中小学资源8.8万条，职业教育在线精品课程超过1万门，高等教育优质慕课达2.7万门，为教育教学提供了海量的优质资源，② 形成了覆盖基础教育、职业

---

① 《2024，从部委新举感知民生温度》，2024年1月30日，人力资源和社会保障部网站，http://www.mohrss.gov.cn/SYrlzyhshbzb/dongtaixinwen/buneiyaowen/rsxw/202401/t20240130_512975.html。

② 《教育部部长：将实施人工智能赋能行动，促进智能技术与教育教学、科学研究深度融合》，2024年2月1日，教育部网站，http://www.moe.gov.cn/jyb_xwfb/xw_zt/moe_357/2024/2024_zt02/mtbd/202402/t20240202_1114004.html。

教育、高等教育，涵盖德育、智育、体美劳育的资源服务格局。大模型、元宇宙技术的逐步丰富将驱动学校形态和教育模式的创新，面向 to G、to B、to C 三大场景，聚焦于教育深度场景的数字化与智能化，提供因材施教的教学方案、引导学生实现个性化学习、提升行政效率及降低教师行政管理成本、丰富完善教学场景、自动化阅卷批改等服务，推动教学方式从以教师为中心的知识灌输型向以学习者为中心的人机协作、自适应学习模式转变，打开沉浸式学习的新空间，推动了教育治理的高效化和精准化，数字技术的叠加、倍增、溢出效应逐渐显现。

居家适老化改造向优化和深入推进，民生建设更有温度。国家统计局数据显示，2023 年 60 周岁及以上老年人口约 2.97 亿，其中 65 周岁及以上老年人口超过 2.17 亿，占全国总人口的 15.37%。优化和深入推进中国适老化环境改造，已成为提升民生建设温度的重要课题。近年来，在市场需求、政策导向、科技创新及产业链协同发展的共同推动下，适老化改造呈现出强劲的发展势头。

政府高度重视并积极引导行业发展，通过制定政策法规、实施专项扶持计划，为适老化改造提供了有力保障。2022 年年底，中国颁布的《扩大内需战略规划纲要（2022—2035 年）》提出养老事业与养老产业的协同发展，构建居家、社区、机构相协调，医养、康养相结合的养老服务体系。与此同时，国家积极推动银发经济的发展，加大对公共设施适老化改造的投入。国家发改委发布的《关于推动家政服务融入社区的指导意见》进一步明确了家政企业在适老化改造中的重要作用，鼓励其参与社区居家养老设施改造项目，提供包括上门送餐在内的各类适老化服务，推动适老化改造的普及与深化。适老化改造将更加注重智能化、个性化和生态化的发展趋势，依托物联网、大数据和人工智能等技术提供定制化的解决方案，实现家居环境的智能监测、预警和健康管理，强调绿色环保理念，采用环保材料和工艺，创造宜居的养老环境。适老化改造的范围也将进一步拓展，从传统的居家环境延伸到社区、公共场所和养老机构等多个领域，形成全方位、多层次的服务体系。同时，产业链上下游的联动效应将更加显著，设计、施工、运维、检测等相关产业将同步发展，共同构建完善的适老化产业链条。

**五　发展新质生产力是内在要求**

生产力的发展是社会历史发展的物质基础，是人类社会发展的决定性力量。高质量发展涵盖经济结构转变、新旧动能转换、高新产业赋能等重要方面，[①]需要通过关键性、颠覆性技术创新为其提供坚实的物质技术基础。2024年1月31日，习近平总书记在二十届中共中央政治局第十一次集体学习时系统阐述"新质生产力"，强调"发展新质生产力是推动高质量发展的内在要求和重要着力点"[②]。新质生产力这一概念是马克思主义生产力理论的中国化、时代化，深刻诠释了中国经济从量的积累向质的突破转变的生产力面貌，加快形成并发展新质生产力是实现高质量发展的崭新使命，也是经济实践回应并推动新发展需求的结果。

中国经济新常态的客观背景为新质生产力的提出提供了现实性土壤。从实践上看，党的十八大以来，中国高度重视推进数字中国建设。《数字中国发展报告（2022年）》显示，2022年中国数字经济规模达50.2万亿元，占GDP的比重为41.5%，总量稳居世界第二位，数字经济核心产业增加值占GDP的比重超过9%。数字经济已成为中国稳增长、促转型的重要引擎。

当前，中国正处于新旧生产方式交替和转变的关键历史阶段，[③]不

---

[①]  徐政、郑霖豪：《高质量发展促进共同富裕的内在逻辑与路径选择》，《重庆大学学报》（社会科学版）2022年第4期。
[②]  《习近平在中共中央政治局第十一次集体学习时强调　加快发展新质生产力　扎实推进高质量发展》，《人民日报》2024年2月2日。
[③]  韩保江、李志斌：《中国式现代化：特征、挑战与路径》，《管理世界》2022年第11期。

同产业之间跨界融合，不断催生新产业、萌生新业态和模式，① 经济发展的要素条件、组合方式、配置效率发生变化，新时代的使命和任务对社会经济发展也提出了更高的要求。然而，社会经济发展中的不平衡、不协调及不可持续性等问题仍较为突出；且从外部环境来看，全球产业体系和产业链供应链体系正经历着快速重构，技术、数据、知识、人力资本等新型生产要素作用日益凸显，国与国之间在关键技术、数据和产业领域的竞争越发激烈。② 若要从长久以来产业和创新协作面临的"卡脖子"困境中寻求破局，则需要新的生产力理论加以指导，以进一步增强中国高质量发展的新动能。新质生产力以科技创新为支撑、以新产业为引领，既构成了新动能，也象征着新起点，充分演绎了经济增长和发展动力从传统的要素驱动向创新驱动的逻辑转变。新质生产力的提出不仅有效拓展了生产力发展的空间范围，也推动经济结构实现优化升级，是对马克思主义生产力发展理论的创新性突破，是时代所向、发展所需。

新质生产力是新时代契合高质量发展要求的生产力。从理论上看，新质生产力是继土地生产力、劳动生产力、社会生产力和自然生产力之后在科技创新发展中形成的生产力新样态。新质生产力的"新"涵盖新一代信息技术、生物技术、新能源、新材料、海空装备等战略性新兴产业，也包括量子信息、类脑智能、未来网络、基因技术、深海空天开发等前瞻性未来产业，不仅代表渐进式的科技创新力，还代表着实现关键性、颠覆性技术突破而形成的生产力。新质生产力的"质"是通过关键性、颠覆性技术推动的生产力"质"的跃升，通过促进传统产业转型以及战略性新兴产业、未来产业的形成及发展，补齐发展"短板"、突破高端技术"卡脖子"困境，实现经济增长模式由"粗放式"向"集约式"转变、顺应高质量发展目标要求；高质量发展指的是能

---

① 李雪松、党琳、赵宸宇：《数字化转型、融入全球创新网络与创新绩效》，《中国工业经济》2022年第10期。
② 《毛泽东文集》第八卷，人民出版社1999年版。

够更好地满足人民日益增长的美好生活需要的发展。① 因此，新质生产力的"质"也推动更高的生活品质的实现。技术进步带来的生产效率提升和质量变革筑牢了经济高质量发展的物质基础，② 新质生产力的发展推动传统产业向高附加值、高效益的新兴产业转型，③ 促进经济高质量发展中产业结构优化。④ 不仅能够为市场提供更高质、高效的产品与服务以满足市场新需求，还能主动创造高质量需求以扩大市场需求规模。⑤ 同时，新质生产力以数字化、智能化为基本特征，以信息技术、人工智能和生物技术等为内在引擎，提升生态效益，为人们营造出更高质量的生活环境。新质生产力中的"生产力"相较于传统生产力而言，不仅涉及领域新，且技术含量高。新质生产力发展过程注重对新技术、新材料与新工艺的发展和引入，劳动资料转向更专业、智能的前沿设备，劳动对象不仅包括物态工具，还包含数据要素等非物态工具。劳动者需要具有更高的劳动素质和业务能力，以更好地运用新型设备实现高效、高质生产，推动新生产部门与新经济生产模式的不断涌现，有助于推动全要素生产率的提升，也更加契合高质量发展的现实要求。⑥ "新质生产力"这一概念的提出为新时代中国生产力要素如何实现合理跃升、配置与优化提供了发展方向。培育和发展新质生产力既是国家科技创新战略深入推进的有效体现，也是破解经济转型转轨时代命题的科学回答，成为高质量发展的新趋势。

---

① 习近平：《论把握新发展阶段、贯彻新发展理念、构建新发展格局》，中央文献出版社2021年版。
② 刘志彪、凌永辉、孙瑞东：《新质生产力下产业发展方向与战略——以江苏为例》，《南京社会科学》2023年第11期。
③ 任保平、王子月：《数字新质生产力推动经济高质量发展的逻辑与路径》，《湘潭大学学报》（哲学社会科学版）2023年第6期。
④ 芮明杰：《构建现代产业体系的战略思路、目标与路径》，《中国工业经济》2018年第9期。
⑤ 贾洪文、张伍涛、盘业哲：《科技创新、产业结构升级与经济高质量发展》，《上海经济研究》2021年第5期。
⑥ 周文、许凌云：《论新质生产力：内涵特征与重要着力点》，《改革》2023年第10期。

# 第三章 数字经济重构资源配置与现代产业

在传统经济学的理论框架基础上，数字经济资源配置的理论重构可以从数据、信息、组织形式和市场竞争角度进行探究。本章侧重研究数字经济资源配置的现实冲击，基于劳动、产业和政府治理三个应用场景的发展变化分析现实问题，并揭示其中的理论重构内涵。研究发现，劳动场景中，数据要素及其智能机器人对劳动形成替代，信息对人力资本价值产生冲击，组织方式改变劳动关系；产业场景中，数据要素引发技术创新，信息的开放可更好地助力数字生态系统，生态系统竞争促进数实融合；政府治理场景中，组织方式上政府与市场边界发生变化，数据和信息上政府治理数字化提速，市场竞争上数字经济监管更加规范。相关结论对提高数字经济资源配置效率和建设现代化产业体系具有一定的政策启示。

## 第一节 研究背景

数字化进程助推中国进入数字经济时代。数字经济是第四次产业革命的主要经济形态，数字技术是推动第四次产业革命和数字经济发展的核心驱动力量。截至2023年，中国网民规模达10.92亿，互联网普及率达77.5%，形成了全球最为庞大、生机勃勃的数字社会。① 从规模上看，中国数字经济增加值已超过GDP的四成，与传统经济在总量上几乎并驾齐驱。从速度和效率上看，数字经济增速高于同期GDP增速，生产率水平远高于国民经济生产效率。② 从微观企业的数字化转型来看，中国各行业数字化转型指数从2018年的37分上升到2023年的52分。③ 从数字生态系统来看，各行各业的主导平台格局基本确定，电商、即时通信、短视频、在线外卖、网约车等几乎覆盖了全部潜在用户群体，且不同平台的用户高度同质，活跃用户数量大都为5亿—10亿。随着实践的发展，数字平台对经济社会的现实冲击、对传统理论的重塑也日益清晰可辨，亟须学界做出系统的学术分析。

数字经济将我们引入未知的新世界。20世纪60年代，卡尔·波普尔（Karl Popper）指出，客观上存在着物质世界（世界1）和精神世界（世界2）之外的世界，即世界3。④ 数字经济则介于世界1和世界2之间，很大程度上属于世界3。一方面，当人们关于现实事物的数据和信息增多，对世界的认识也就越来越清楚。另一方面，随着数字经济的纵深发展，新事物不断涌现，包括世界1里面的精神问题、世界2里面的物质问题以及世界3的全新问题在内的未知领域增多，亟待加强理论认知。

当前，经济学理论创新需要适应数字经济发展的现实趋势，其中资源配置理论可做出先行探索。从资源配置理论演化进程来看，新古典经

---

① 中国互联网络信息中心：第53次《中国互联网络发展状况统计报告》，2024年3月。
② 2022年，中国数字经济规模达到50.2万亿元，同比增长10.3%；数字经济占GDP比重相当于第二产业占国民经济的比重，达到41.5%；数字经济全要素生产率为1.75，对国民经济生产效率提升起到支撑、拉动作用。参见中国信息通信研究院发布的《中国数字经济发展研究报告（2023年）》。
③ 埃森哲：《2023中国企业数字化转型指数》，2023年9月。
④ ［英］卡尔·波普尔：《客观知识——一个进化论的研究》，舒炜光等译，上海译文出版社1987年版。

济学的资源配置理论主要包括生产理论、消费理论和市场均衡理论，侧重对生产要素的分析以及对市场竞争实现资源有效配置的论证。之后，新古典经济学关于市场信息对称分布的观点受到了严重挑战，信息经济学应运而生，信息不对称理论成为解释市场交易活动或经济现象的基础。与此同时，企业、市场及其他组织形态的研究受到新制度经济学派的重视，他们主张从契约理论和交易成本视角分析不同组织形态（包括政治组织）的缘起及其效率。综合来看，上述经典理论的研究核心可以归为四个方面：生产要素、信息、组织形式、市场竞争。本章将基于这四方面的范式解构数字经济资源配置。

第一，数据改变了资源配置方式和效率。数字平台的产生看上去为广大消费者创造了大量免费服务，但由于双边市场下定价机制的改变，消费者仍然要为"免费的午餐"付出成本。英国《金融时报》曾对基于平台的数字经济活动发表过一个精彩评论："如果你没有付费，那么你就是产品"。实际上，数据往往是消费者付出的成本。数据资源可以在不同的应用场景中衍生出不同的价值，不局限于其初始产生的场景。[①] 具有数据优势的企业能够获得消费者剩余并且缓解价格竞争。[②] 通过使用其他企业无法获取的数据，平台可以更好地预测消费者偏好和行为，提高其针对消费者定制产品的能力和对消费者的控制力，间接放松了市场上的价格竞争，使更多消费者剩余流入人工智能密集型企业。

第二，信息依然是资源配置的重要影响因素，但信息环境发生显著变化。为什么人们更依赖平台信息？一是平台成为信息推送主体，承担汇集信息的社会职能，相应地，人们从电视、报纸等传统渠道获取的信

---

[①] 徐翔、厉克奥博、田晓轩：《数据生产要素研究进展》，《经济学动态》2021年第4期。

[②] 刘诚、夏杰长：《线上市场、数字平台与资源配置效率：价格机制与数据机制的作用》，《中国工业经济》2023年第7期。

息减少；二是信息过载，超出人们正常处理能力，搜寻、计算、分析判断成本较高；三是人们心理上有一定的惰性，很多人倾向于接受简单明了的信息而不去自我辨别。也就是说，平台不仅是信息推送主体，还是计算主体。尽管我们常说数字时代人们的信息处理能力提高了，但这种说法是以平台计算为前提的，恰是对平台信息依赖的表现。L. Xiao 等研究发现，基于大数据的智能广告展示系统可以跟踪消费者对一个广告甚至是广告的一部分的反应，对消费者的广告偏好做出合理准确的推断，从而选择并显示最有可能引起积极态度和行为反应的广告内容，以增强个性化推荐效果。① J. Ludwig 和 S. Mullainathan 通过构建一个深度学习模型发现，被告的面部特征（面部整洁程度和面部饱满程度）对法官做出拘留决策有显著影响，② 这是以往文献忽略的。P. Li 等研究表明，随着应用于大语言模型的训练语料库不断扩大，基于 LLM 的市场调研将适用于回答基于人口统计学变量或上下文变化的更细微的问题，而这些问题如果由人类受访者来回答，成本将过于昂贵或不可行。③

第三，组织形式也有变化。线上市场替代线下市场，线上市场多元化。平台成为无边界企业组织形态，兼具企业和市场性质。T. Lu 等研究表明，在一定的绩效机制下，各个公司和按需招聘平台可以最大程度上共享临时劳动带来的经济利益。④ 平台还具有一定的公益性，例如，网约车平台会根据接单数量和用户评价对司机进行评分，并对交通高峰期和用车量大区域的订单给予一定的加分，从而更好地调配车辆以满足

---

① L. Xiao, D. J. Wu, M. Ding, "A Smart Ad Display System", *Information Systems Research*, 2024.

② J. Ludwig, S. Mullainathan, "Machine Learning as a Tool for Hypothesis Generation", *Quarterly Journal of Economics*, Vol. 139, No. 2, 2024, pp. 751–827.

③ P. Li et al., "Frontiers: Determining the Validity of Large Language Models for Automated Perceptual Analysis", *Marketing Science*, Vol. 43, No. 2, 2024, pp. 254–266.

④ T. Lu, Z. Zheng, Y. Zhong, "Maximizing the Benefits of an On-Demand Workforce: Fill Rate-Based Allocation and Coordination Mechanisms", *Manufacturing & Service Operations Management*, Vol. 25, No. 6, pp. 2216–2232.

用户需求。作为奖励，积分较高的司机在订单分配和其他方面得到更多的优先权。

第四，市场竞争也随着数字经济发展而演变，使资源配置发生变化。① 平台之间也将逐步构建有序的市场结构。这些年，网约车聚合平台抽成过高的现象引发热议。根据媒体调查，网约车聚合平台存在订单层层转卖、多次抽成的现象。比如，一笔实付 98.11 元的订单，司机实收金额仅为 52.17 元，占 53%，其余 47% 被平台抽成。其中转卖订单的聚合平台收取 26.65 元，抽佣比例达 27%，超过了承运平台。② 并且，消费者搜寻时外部选择的多少很大程度上决定了混合模式中平台模式的比重，外部选择越多时，数字平台更倾向于增加平台模式的比重。

总之，由于数字经济的事实演变仍在继续，理论洞察仍有一些不明之处，本章从现实场景入手进行一定的学理性分析，即以事实为基础剖析理论内涵。具体地，本章基于个人、产业与政府三个维度的经济实践，对理论分析框架作出进一步阐述，如表 3-1 所示。在劳动场景中，数据要素加剧了机器对劳动的替代，信息可得性的增长对人力资本价值产生冲击，劳动与企业关系也随着平台组织形式的引入而变得更加松散，不同技能劳动者面临的竞争环境有所差异。在产业场景中，数据推动技术创新和产业升级，信息的开放可更好助力数字生态系统，进而推动数实融合。在政府治理场景中，数据要素和信息环境的变化促使政府治理数字化提速，政府治理的边界或者说政府与市场之间的边界发生变化。政府基于数据可以有更大作为，但相关行为的必要性下降（如应对信息不对称导致的市场失灵）。

---

① 刘诚、王世强、叶光亮：《平台接入、线上声誉与市场竞争格局》，《经济研究》2023年第 3 期。
② 《网约车佣金抽成乱象调查：平台层层扣款 司机收入受挤压》，2024 年 1 月 17 日，新华网，https://app.xinhuanet.com/news/article.html?articleId=646cf79c-ab8e-4bed-873f-14a04672b4a4。

表 3-1　　　　数字经济资源配置理论框架的场景分析

| 场景 | 数据要素 | 信息环境 | 组织方式 | 市场竞争 |
|---|---|---|---|---|
| 劳动 | 数据要素（机器人）替代劳动 | 对人力资本产生冲击（对应信息过剩知识普及） | 劳动—企业关系转变为劳动—平台关系 | 对不同技能劳动者产生正负不同影响 |
| 产业 | 数据推动技术创新和产业升级 | 信息的开放可更好助力数字生态系统 | 生态系统竞争促进数实融合 | |
| 政府治理 | 数据和信息上政府治理数字化提速 | | 政府市场边界变化 | 数字经济监管更规范 |

资料来源：笔者整理。

## 第二节　数字经济背景下的劳动场景

### 一　数据要素及其智能机器人对劳动形成替代

第一次工业革命曾经被打上了去技能化、不利于人力资本形成的标签。但后来的实践和研究都表明，工业化有利于促进用识字率和受教育程度衡量的人力资本的形成。生成式 AI 的出现，让"机器替代人"这个老话题更加具备了紧迫的现实性意义。以前的科技倾向于取代体力工作，但大型语言模型（LLMS）可以做一些脑力工作，例如总结文件和编写代码。这让人思考人工智能是否会替代更多人类的岗位，而不仅是以往认为的重复性的体力劳动。有研究表明，生成式 AI 将会影响主要经济体中 3 亿个工作岗位。[①] 可见，数字经济时代加快了职业变迁趋势。

部分工作场景被机器替代，而保留的工作对劳动者提出了更高要求。从委托代理关系来看，机器与委托人目标的一致性更高，不存在偷

---

① 《高盛：人工智能对经济增长的潜在影响》，2023 年 5 月 4 日，未央网，https://www.weiyangx.com/423409.html。

懒等道德风险问题。因此，当委托人与代理人难以达成一致或者监督代理人需要付出较高成本时，机器人（或数字化办公模式）的使用会得到更快普及。现实中，已有大量企业在长期投资中调整布局机器人与劳动力，将人工智能广泛应用于处理贷款申请、招聘简历筛选、协助法官作出假释决策等社会活动。机器却难以因金钱或晋升等激励而付出额外努力，灵活性和自主创造能力受限，此时更需要保留劳动者。譬如，大部分银行柜台业务已被 ATM 机、手机银行取代，但一些复杂的、耗时的、个性化的、需要情感关怀的事项仍由人工窗口负责。同时，这也是缓解数字鸿沟的一个出口，具有一定的公益性特征。

当然，数字经济也增加了一些新型就业岗位。网约车、外卖、快递这些行业兴起以来，其以较低的准入门槛（对学历、工作经验几乎没有要求）、相对灵活的工作时间和工作场所的开放性，成为很多青年进城的第一份工作，由此踏上城市生活的起点。这也包括大量大学毕业生，从事直播带货、人工智能训练师、私域增长师等职业。世界经济论坛发布的《2023 年未来就业报告》显示，到 2027 年，数据分析师、大数据专家、人工智能和机器学习专家以及网络安全专业人士的工作机会预计平均增长 30%。社会科学文献出版社联合德勤中国等机构发布的《产业数字人才研究与发展报告（2023）》显示，中国数字人才缺口为 2500 万—3000 万，且缺口仍在持续放大。

此外，机器在人格主体性方面也对劳动者产生一定的替代。在数字经济时代，机器的社会认知和经济作用大幅提升，已具有很强的主体性。有的智能机器人可以学习人类价值判断和伦理道德知识，在部分算法中植入团队协作精神和人文关怀，具有一定的人类意识，可以像人类一样行事，不再那么冷漠。机器不仅可以学习人类伦理，甚至还可以形成自己的伦理让人类遵守，如数据至上、效率优先等。人类可以训练 AI，AI 也可以训练人类，譬如利用 AI 模拟真实用户与人工客服对聊以提高客服技能。有研究发现，接受虚拟技术指导的企业家具有更好的业绩并更可能转向新的战略领域。① 机器还可以像人一样成为独立的客户，与市场中其他经营主体自主协商、购买商品和服务并换取报酬。可以说，数字经济时代的"经验"已经与传统经验主义所讲的"经验"存在根本性的不同，"经验"的生成、判断和使用的主体开始向机器转移，机器或将成为人类经济社会活动的重要主体，甚至在某程度上控制和主导人类活动。这是非人类中心认识论的一种重要表现形式。

## 二　信息对人力资本价值产生冲击

知识经济将研发工业化，而数字经济通过更广泛的人工智能部署将知识学习本身工业化，尤其是人们对信息的获取和分析更加便利。作为体现人力资本重要价值的记忆能力、计算能力和信息分析能力，已被当成万物数据化带来的"低枝果实"，被机器轻易"摘取"。大数据和机器学习技术的出现使机器获得了如同人一样的"学习"能力，这是机器对人类认知能力的一种本质性的替代以及扩展。

随着信息可及性增强，今后存在的深层次问题是，认知自动化对人力资本的影响是什么？人力资本是否会贬值？特别是，生成式AI应用可以让企业用户访问并使用大量内部和外部信息源，这意味着生成式AI的快速采用将极大地促进企业知识和技能的全民化，从而降低了企业生产经营过程中对人类知识的依赖性，或将降低人力资本的经济价值。据预测，到2026年将有超过80%的企业使用生成式AI或在生产环境中部署支持生成式AI的应用，而在2023年年初这一比例不到5%。②

更进一步的问题是，人能否借助AI辅助手段实现认知自动化和人力资本自动化？若能，将如何影响技术进步和经济增长？如果劳动及其

---

① S. M. Grant, J. L. Hobson, R. K. Sinha, "Digital Engagement Practices in Mobile Trading: The Impact of Color and Swiping to Trade on Investor Decisions", *Management Science*, Vol. 70, No. 3, pp. 2003-2022.

② B. Willemsen, "Gartner Top 10 Strategic Technology Trends for 2024", Gartner, 2023.

知识技能都可以自动化，那么未来经济增长的瓶颈将是什么？一个判断是，随着知识积累的自动化，未来人力资本的价值将更多体现在想象力、创造力、艺术和情感等方面；① 在机器运作中嵌入人的思想，在人的工作中运用机器工具，更好实现人机良性互动，是今后推动经济增长的重要力量。但在机器学习和人工智能浪潮到来的时候，在虚拟世界与现实世界深度交融与高度重叠的时候，这对人力资本到底意味着什么？人们现在还难以完全想象。譬如，个人的智慧和力量是否可以在很大程度上由数据和算法决定，科学原理和技术设计是否可以在很大程度上定义社会活力与秩序，这些规范性与实证性交织的问题将更多地呈现于世界面前。

### 三　组织方式改变劳动契约关系及分配关系

数字经济导致的组织方式的变化，表现在劳动场景中为传统的资本雇佣劳动关系，正发生从"企业—员工"到"平台—个人"的重大转变。数字技术的进步，促进了生产工序的分解、分包以及相关经济主体承担的工作任务的重新组合，加速了去公司化、去组织化的进程，使得传统的"雇主—雇员"关系正在逐渐被自雇的独立承包商以及零工取代。按需招聘平台（on-demand staffing platforms）应运而生，帮助企业管理他们的临时劳动力。

组织方式的变化对各行业劳动者总体有利的同时，针对不同技能劳动者的影响是有差异的。一方面，作为一种有偏技术进步，数字经济可能对高技能劳动者及相关人群更有利。有偏技术进步在人类的技术进步历史上是一种非常普遍的现象，目前随着智能机器人的普及，很多岗位以后都会被机器人替代，但是每个岗位被替代的概率是不同的。数字经济所代表的是一种技能偏向型的技术进步，主要提升了对高技能劳动力

---

① 例如，当前一些人认为被 AI 客服接待有一种不受重视的感觉，人工客服可以更好地满足人类最本真的情感、最真实的需求。

的需求，因此带来了高技能劳动力技能溢价的提升，在一定程度上加剧不平等。信息技术通常是对高学历劳动力的补充，对低学历劳动力的替代，对中等学历劳动力的补充和替代兼而有之。①

但另一方面，数字经济具有普惠性，可能更有助于低技能劳动者及相关人群。从获益的角度看，数字技术及其衍生的新业态可能向全社会提供了一个普惠性的共性知识，对低技能劳动者形成了知识补充，从而使低技能劳动者获益更大。有研究发现，ChatGPT 能提高人们的写作效率，写作时间平均可节约 40%，输出质量平均可提高 18%，且可部分拉平能力差距，降低不平等程度。② 从岗位冲击风险的角度看，当面临机器替代人问题时，数字技术对高技能劳动者的部分技能形成替代，抵消了他们相比低技能劳动者的知识技能优势，从而对其冲击更大。有研究发现，约 80% 的美国劳动力会受到生成式训练转换器（GPT）的影响，且更高收入的工作可能面临更大的风险。③

综上，数字经济组织方式对不同技能劳动者都同时出现了替代和互补两种作用，孰大孰小主要取决于个体对数字技能的掌握水平及其在本职工作中的应用能力，而不是由劳动技能高低所决定，个体差异超过群体差异。也即，那些更善于学习、更善于把握技术进步带来的变化的人将获益更大。

当前更需注意的现实问题是，虚拟空间关系深化，异化劳动凸显。劳动者与企业在契约关系上作出一定割离的同时，随着劳动对象的数字化拓展，虚拟空间的企业生产和工人劳动之间的关系大幅强化。例如，有些人表面上自由时间增多，但需在算法控制下不停地奔跑，或随时在

---

① D. G. Zhang et al., "Is a College Education Still Enough? The IT-Labor Relationship with Education Level, Task Routineness, and Artificial Intelligence", *Information Systems Research*, 2023.

② S. Noy, W. Zhang, "Experimental Evidence on the Productivity Effects of Generative Artificial Intelligence", *Science*, Vol. 381, No. 6654, 2023, pp. 187–192.

③ T. Eloundou et al., "GPTs are GPTs: An Early Look at the Labor Market Impact Potential of Large Language Models", Working Paper, 2023.

线上工作群接受工作任务。部分劳动者在现实空间中获得较高独立性的同时,却受到企业和资本家在虚拟空间中施加的潜在的过度控制。平台经济中的劳资关系不同于传统的"二分法"框架下的劳动关系或民事关系,劳动者权益保障体系尚未形成,此时平台劳动者处于相对弱势地位,很有可能诱发收入分配恶化。例如,工伤认定、加班费等社会契约仍以固定的工作地点为前提,这对居家办公和线上加班等新型工作方式形成了一定的制度阻碍。

## 第三节 数字经济背景下的产业场景

### 一 数据要素引发技术创新

根据全球新一轮产业革命发展趋势,数字经济是前沿技术集中突破和涌现的主要领域。数字经济领域的创新在很大程度上凝结为采集和处理数据、利用算法以及人工智能,正是数字经济创新与工业经济创新的一个重大区别。可以说,数据要素利用能力的提升,是数字技术突破和应用场景拓展的关键。例如,平台企业为应对"双十一"激发的订单数据处理需求,强化了云计算设施和数据处理能力,带动了各行各业上云数量以及相关技术创新。

数字技术的进步可以更便捷地覆盖各行各业。有研究通过对国际微观经济数据的分析发现,面向技能密集型产业的公共投资在促进生产率增长方面更为高效。[①] 数字技术就是这样的公共投资领域,为中小企业研发提供公共技术和服务、通用设备和数据及各企业交互的产业链、创新链平台。例如,小程序降低了程序开发的难度,开发者只需要编写简单的代码即可完成工作。AI 增强开发功能可以提高技术开发人员及时响

---

[①] N. Nunn, D. Trefler, "The Structure of Tariffs and Long-Term Growth", *American Economic Journal: Macroeconomics*, Vol. 2, No. 4, 2010, pp. 158-194.

应市场需求的能力,并节省编写代码的时间和成本。数字技术还可以增强经济发展韧性。有研究使用出租车和网约车的出行数据实证发现,在应对突发事件(包括恐怖袭击、车祸和地铁停运等)带来的不确定性方面,网约车平台的表现明显优于传统出租车平台。① 再如,依托人脸识别等技术手段,数字人民币可以实现离线支付,摆脱了对网络的依赖。

技术的快速变革使得数字经济产业组织格局演变远快于传统产业。汽车、钢铁等行业从自由竞争走到垄断竞争用了上百年时间,而信息产业只用了十几个月的时间。② 但也存在一个问题:技术进步过快,导致知识贬值、资产贬值也快,加重企业的学习成本和设备更新成本,不利于企业长期投资和个人教育。另外,技术更新过快及其过度使用,也会造成社会"内卷"。例如,依托高铁订票平台,出现了一些代抢"黄牛票"的第三方平台,并没有提高车票配置效率,却加剧了人们在订票工具和网速上的无效"内卷"。

## 二 信息开放助力数字生态系统协调发展

数字生态系统的发展以开放为前提。经典竞争理论认为,企业的竞争优势来自排他性的核心技术或资源,强调对稀缺资源和能力的控制。但在生态系统之中,平台的价值高低不再取决于单个产品的质量或差异化程度,而是由整个生态系统的规模、结构、主体数量及平台上的互动质量所决定。因此,生态系统的形成、壮大及价值提升,都需要以吸纳和服务更多元的市场主体为基础,这极大依赖于系统的开放水平。据统计,从安卓、JAVA 到 OpenEuler,全球有 11000 多个开发者在围绕开源指令集 RISC-V 架构做适配。在信息开放环境下,处于产业链同一环节

---

① Y. Zhang, B. Li, S. Qian, "Ridesharing and Digital Resilience for Urban Anomalies: Evidence from the New York City Taxi Market", *Information Systems Research*, Vol. 34, No. 4, 2023, pp. 1775–1790.

② 张文魁:《数字经济的内生特性与产业组织》,《管理世界》2022 年第 7 期。

的竞争对手之间，以及处于产业链上下游环节的合作者之间，慢慢形成了既竞争又合作的竞合关系或态势，且这种既是朋友又是敌人（或时而朋友时而敌人）的敌友态势还会动态演变。

开放的创新链可更好服务于产业发展。数字经济尤其是网络基础设施建设可以拓宽企业创新边界，使企业有能力在更大范围内布局专利，并促进了企业创新质量和创新效率的提升。从机制上看，这主要得益于网络基础设施降低了市场信息不对称，提高了企业的市场信息可得性，有利于技术溢出突破行政边界和地理距离的限制。[①] 特别是，分布式研发模式的出现，促使研发可以在广泛领域中有专业的分工。由小企业在平台上提出需求，研发平台接单后寻找合适的研发团队或研发人员，或者把一个产品细分成几部分，分配给专业研发人员去做。这种分布式创新模式降低了各种信息获取、要素单元赋信和网络空间协同的成本，研发专业化程度和效率都得到提升。

反之，开放度不高将限制信息的作用。现实中，即便信息非常充分，人们所获得信息的多少、真假总有差异，加之有限理性导致资源配置总有不足。特别是制造业信息开放严重滞后，[②] 导致信息在技术研发和颠覆性、创造性破坏方面的积极作用仍不足。当前，在以电商为代表的消费流通领域，平台在供需匹配的精准性上已接近极致（如智能推送），但工业互联网和产业数字化领域对生产端核心技术和产业链改变不大，需求倒逼的方式短期只到产品外观，长期则影响相应的部分设备和工艺，但仍是少数，直接在生产链中应用信息的产业数字化进展较慢。这里，引发我们反思的问题是，技术来自制造业还是数字经济？应该主要来自制造业，而数字经济只是辅助。所以，企业发展和政府政策

---

① 沈坤荣、林剑威、傅元海：《网络基础设施建设、信息可得性与企业创新边界》，《中国工业经济》2023年第1期。
② 包括生产数据、供应链数据、创新链数据等在内的工业大数据，与金融数据和商业数据相比，存在标准不统一、业务口径不一致、数据完整性欠缺、数据背后代表的经济金融价值难以量化等问题，使其开放共享程度较低。

的难点在于，数字技术如何促进制造业本身的技术革新，如芯片和生物医药如何借助算法和 AI 实现飞跃。尤其是，不能将数字技术停留在商业应用层面，要立足于各行业的产品质量和技术革新，在工业互联网方面（促进制造业本身技术创新上）取得实质性突破。这就需要提高制造业信息的开放性。

### 三 生态系统竞争促进数实融合

生态系统之间的竞争激励其提升自身实力，其中一个现实路径是，各平台加强与实体企业的技术和资金等合作，大型实体企业也主动搭建数字平台并与产业链上的中小企业及供应商和消费者合作，这一过程也即数实融合。与传统经济学侧重产业间和企业间及地区间的分工理论不同，平台经济和生态系统的发展天然需要融合，也会促进融合。正是因为数字生态系统的效率主要来自融合带来的网络效应，其要获得竞争优势，就要与实体经济深入合作以放大融合的积极效应。结合现实来看，数实融合包括两层含义：一是数字技术与实体经济的融合，侧重利用数据要素和信息技术提高实体经济的生产率，这主要属于生产力范畴；二是数字经济与实体经济的融合，侧重发挥数字经济新业态、新模式及新组织方式对实体经济生产、流通、消费场景的革新作用，这主要属于生产关系范畴。

数实融合带动了产业专业化。数字平台是数字化中介替代了传统的"守门人"，能够汇聚需求，并将无序的市场集合起来，让各类用户可以在平台规则下自由对接，使供需匹配更加专业化和规模化。现实中，数字平台可以嵌入个性化、专业化服务，如网约车 App 增加了打车途经地选项。长此以往，数字平台不仅便于散布各地的零散用户的随时接入，而且可以即时、高效、智能化匹配零散的、个性化的需求与供给，产生了需求侧的规模经济效应，通过满足零散的个性化需求而收获强劲的长尾效应。

## 第四节　数字经济背景下的政府治理场景

随着数字经济的发展，政府治理和公共服务领域也有很大变化，开启了社会活动的线上治理历程，应用场景丰富。本章从以下三个方面分析：政府与市场关系、政府治理数字化，以及规范数字经济监管。

### 一　组织方式上，政府与市场边界变化

自市场经济出现以来，政府与市场关系一直是决定各种经济规则的核心问题。网络与数字时代的来临，意味着政府与市场关系面临着多方面的调整，并开启秩序再造和价值重塑的过程。在数字经济时代，技术迅速发展，社会高度联通，政府与市场的边界在变化，市场秩序的构成要求和形成过程也在变化。如何重新划分各个界面，如何有效组合各种途径，是当今公共治理领域的重大课题，也是今后经济社会制度变迁的主要推动力量，在理论和实践两方面都具有相当的挑战性。

数字经济时代政府干预空间下降，干预目标导向从效率进一步转向公平。政府干预市场与社会活动的依据之一是"外部性"，这类问题由于损益计算不能具体化，因此市场不能解决，必须由政府进行干预。数字技术可以将部分外部性问题"内部化"，例如排放问题、公地问题等。由于网络广泛连接、海量算力和颗粒状信息可获得，外部性可以计算和量化到个体，将外部问题内部化。现在，信息技术高度发达，网络广泛渗透，社会高度联通，政府干预市场的必要性下降，干预领域空间被压缩。[1] 特别是，得益于数字经济及其生态系统技术和组织方式，全社会资源配置效

---

[1] 例如，政府调控产业的一个重要依据是分散的市场主体信息缺失，行为有盲目性和缺乏预见性。现在大型平台和数据类企业拥有更实时精准的数据，智能技术正在迅速形成更强大的预见能力，那么相关领域传统的产业调控政策是否应有相应变化？这一问题也值得关注。

率显著提高，政府在"效率"导向上的干预相应减少，同时应加大对"公平"导向上的干预，以减少平台带来的社会问题。

当前，平台企业可提供一些社会服务并承担部分政府职能。平台经济导致公共服务与市场不相容的性质发生了根本改变。一些以往由政府提供的公共服务具备了商业化提供的条件。在教育、卫生、文化、体育、社会管理等各个方面，一些以往需要政府直接提供的服务，将更多采用政府购买服务的方式提供，或者直接由企业提供。对消费者来说，能够以同样甚至更低价格得到更合意、更多选项的服务，政府也能节约大量支出，减少整个社会的成本压力。

与此同时，政府提供的社会服务应更多转向"兜底"功能，更多承担平台企业较少参与的公共职能，并对平台在将社会服务商业化过程中产生的过度牟利和社会不同问题进行监管。

## 二 数据和信息上，政府治理数字化提速

平台可以发挥辅助政府治理的积极作用。平台及其数字生态系统已深入参与到数字政府、城市大脑等公共服务平台的建设之中。截至2023年，中国在线政务服务用户规模达9.73亿，占网民整体的89.1%。[①] 政府治理的数字化转型，有效推动了各级政府的服务意识、服务水平以及对民众关切问题的回应效率。

利用数字技术和平台实施经济社会治理，在一定程度上带来了发展不充分、不均衡的问题。特别是对于不同的人群，以移动平台为载体的服务的可得性是不同的，知识背景、年龄等因素形成了"数字鸿沟"，给弱势人群使用移动政务应用程序造成了困难。还有学者发现，政务服务App大都缺乏隐私保护的相关说明，用户无法明确获知相关原则和

---

① 中国互联网络信息中心：第53次《中国互联网络发展状况统计报告》，2024年3月。

举措，这与头部商业 App 形成对比。① 此外，少数地区存在以填表收集数据代替实际监管、以建立服务平台作为最终工作目标等倾向，未充分发挥数据和平台的实际作用。

### 三 市场竞争上，数字经济监管亟待规范

全球各国不断反思平台反垄断背后的理论变革。其中一个监管思路是，提高平台的市场竞争性，并已取得社会各界的广泛认同。但是，对于数字生态系统的监管制度仍然相对滞后。因为生态系统只是一个非正式的概念，不是一个正式组织，缺乏严格的认定标准，故对其监管缺乏法理依据和现实抓手。目前，对生态系统的核心企业进行重点规制似乎正在成为美国和欧洲的潮流，因为这些核心企业处于生态系统利益链的顶端，有着较大影响力和引导力。一些学者提出了课征与收集数据量成比例的税收，② 以及对机器人征税③的理论设想，以解决失业问题。对机器人征税可能造成反生产的效果，因为这种税收不利于自动化，将束缚企业开展创新、拓宽市场和创造新就业的潜力。

当前，各国数字经济监管难度较大的现实原因是，政府应用数字技术能力滞后于技术变革。基于数据和算法的不当行为不但有很高的技术含量，而且往往具有自动性的特点，数字企业可以通过机器和程序大规模和隐秘化地实施。这无疑给规制带来了极大的难题，不但发现那些非同寻常的行为不容易，而且要收集足够有力的证据从而判定这些属于不当行为并实行问责就更加困难。申言之，虚拟世界对现实世界的影响的性质和程度并不容易被政府规制部门准确地把握。譬如，全球智能合约

---

① 潘银蓉、刘晓娟、张容旭：《移动政务服务个人信息保护水平的影响因素及生成路径——基于30省数据的模糊集定性比较分析》，《信息资源管理学报》2023年第5期。

② I. P. Fainmesser, A. Galeotti, R. Momot, "Digital Privacy", *Management Science*, Vol.69, No. 6, 2023, pp. 3157-3173.

③ J. Guerreiro, S. Rebelo, R. Teles, "Should Robots Be Taxed?", *Review of Economic Studies*, 89, No. 1, 2022, pp. 279-311.

市场的发展速度远远超出了许多人的预料，不但金融和供应链管理行业，而且房地产和医疗保健行业，都在应用这一新兴的技术化方式进行交易，但政府显然在这方面遇到了规制挑战，因为政府并不确定应该如何认定和保护这些植根于复杂的技术设计的契约。规制机构能否有效地以自动化和智能化手段来监控与制裁数字企业的自动化、智能化反竞争行为，这一方面取决于政策本身的取向，另一方面取决于政策机构能否比数字企业更好地理解、掌握及运用新技术，而政策机构在这方面并不占优势。

## 第五节　结论与政策启示

### 一　研究结论

数字经济创新发展是推动新质生产力的时代要求。本章从数据要素、信息环境、组织方式和市场竞争四个方面勾勒数字经济资源配置的理论重构，并着重从劳动、产业和政府治理三个场景对数字经济资源配置的现实重构进行翔实分析。研究发现，劳动场景中，数据要素及其智能机器人对劳动形成替代，信息对人力资本价值产生冲击，组织方式改变劳动关系；产业场景中，数据要素引发技术创新，信息的开放可更好地助力数字生态系统，生态系统竞争促进数实融合；政府治理场景中，组织方式上政府与市场边界发生变化，数据和信息上政府治理数字化提速，市场竞争上数字经济监管更加规范。

### 二　政策启示

相关结论对中国数字经济与现代产业高质量发展有一定的政策启示。第一，提高数字技术和平台对劳动者的赋能。既要提高普通劳动者的劳动技能，又要积极扩展新职业和新岗位的就业机会与就业待遇，通过新型劳动者有效提高产业数字化和数字产业化。第二，平台对企业的科层权力应有边界，否则将"绑架"而非帮助企业发展。平台要引入市场的竞争实质而非控制权，应在平台及其数字生态系统中模拟市场运行规则。简言之，平台不是依靠数据成为企业和市场的中央计划者，而是坚持市场竞争原则的为企业资源配置提供信息等专业服务的协调者，生产经营、技术创新等活动仍应由企业根据市场原则自主决定。第三，从原来政府主导型的数实融合战略，转向市场主导型的数实融合模式。在新基建、核心技术、产业扶持等政策体系之中，促进形成一种市场可持续的利润创造机制。第四，政府不对平台企业的具体经营做法作出细节性监管规定，但对用户权益作出底线要求。平台与用户之间的做法交由市场调节自发形成，如产品价格、如配送方式。通过基础制度保障用户权益，并倒逼企业采用市场化方式调节资源，如向用户提供快递类型选项，降低不需用户同意可直接由智能快件箱和服务站代收快递的配送费、提高同意后方可代收快递的快递费。既保障了用户的同意权，又发挥了市场作用。

# 第四章　创新驱动产业升级

创新驱动产业升级和高质量发展，是践行新发展理念的重要体现。人才，是创新驱动的主要实施者。引进海外科技人才，对改善中国人力资本结构和推进创新驱动发展战略起到了积极的作用。本章基于1998—2013年中国工业企业数据库和224个地级市面板数据研究了"海外科技人才引进政策"对中国产业升级的影响与作用机制。实证研究的结果表明，"海外科技人才引进政策"对中国产业升级具有显著促进作用，这种促进作用主要通过科技人才集聚效应、人力资本高级化效应以及创新创业效应实现。在数字经济时代，海外科技人才的引进有其独特的背景和要求，必须高度重视这些新特征和新要求。未来，要深入开展数字科技人才引进政策，打造高水平数字科技人才队伍，积极培育和搭建数字人才引进、培育和留用的体制机制与组织保障体系，不遗余力增强中国高水平数字科技人才自主创新能力和有效供给，以高水平数字科技人才集聚为中国产业升级与高质量发展助力。

## 第一节　研究背景

### 一　创新是产业升级的主要驱动力

在产业升级过程中，财税政策、研发政策、产业政策等在增强创新能力、引导产业链跃迁、带动产业升级等方面发挥着极为有限的促进作用。由政策引致的策略性创新，仅渲染了一种"创新假象"，① 反而强化了产业在低端锁定的路径依赖，遑论产业升级。② 为此，2021 年中央经济工作会议强调在坚持创新驱动高质量发展的同时，要积极推动"科技政策扎实落地"，以此强化科技政策对产业升级与经济发展的积极影响。

　　创新驱动的本质是"人才驱动"，由人力资本积累带来的技术进步是推动产业升级的关键。伴随人口老龄化日益加剧，经济发展由物质资本驱动逐渐向人力资本驱动转变，高水平人力资本已经成为国家与地区之间竞相争夺的稀缺资源，③ 将专业化人力资本形成过程与产业结构调整过程相结合是推动当下经济平稳过渡与高质量发展的重要手段。④ 2017 年 10 月，党的十九大报告肯定了人才在所有创新资源中的战略性生产要素地位，并明确提出要"培养造就一大批具有国际水平的战略科技人才、科技领军人才、青年科技人才和高水平创新团队"，以开放、积极、有效的人才政策将各方面优秀人才集聚到党和人民的伟大奋斗中来。得益于科技人才政策更强的能动性，如果说其他政策工具是以"产业"或"项目"为焦点，那么科技人才政策直接针对企业的创新主体——"人"。⑤ 因此，实施科技人才引进政策的实质是通过吸引优秀人才流入，引进先进技术和思想理念，加快创新与产业升级。⑥

---

　　① 张杰、郑文平：《创新追赶战略抑制了中国专利质量么？》，《经济研究》2018 年第 5 期。
　　② 谭志雄、罗佳惠、韩经纬《比较优势、要素流动与产业低端锁定突破：基于"双循环"新视角》，《经济学家》2022 年第 4 期。
　　③ 钟腾、罗吉罡、汪昌云：《地方政府人才引进政策促进了区域创新吗？——来自准自然实验的证据》，《金融研究》2021 年第 5 期。
　　④ 李静、楠玉：《人力资本错配下的决策：优先创新驱动还是优先产业升级？》，《经济研究》2019 年第 8 期。
　　⑤ 刘春林、田玲：《人才政策"背书"能否促进企业创新》，《中国工业经济》2021 年第 3 期。
　　⑥ L. G. Branstetter, M. Sakakibara, "Japanese Research Consortia: A Microeconometric Analysis of Industrial Policy", *Journal of Industrial Economics*, Vol. 46, No. 2, 1998, pp. 207-233.

## 二 开放包容的对外政策在科技人才引进方面发挥了巨大作用

早在2008年12月,中共中央办公厅转发的《中央人才工作协调小组关于实施海外高层次人才引进计划的意见》中就提出位于世界科技前沿与高端产业的海外高层次人才愈加成为带动中国经济全面、协调、可持续发展的战略性资源。2016年3月,《关于深化人才发展体制机制改革的意见》中明确指出,要"实行更加积极、开放、有效的人才引进政策"。根据唐纳德·博格的"推—拉理论",人才流动一方面取决于促进人才流入地的公共基础设施、人才政策、城市环境等优势所产生的"拉力",另一方面则取决于导致人才流出的诸如高房价带来的生活成本提升、公共服务资源配置不均等因素所产生的"推力",人才最终的流动是"推力"与"拉力"共同作用的结果。[1] 对此,能否成功引进优秀人才需要政府制定相关激励措施。近年来,中国许多地方把引进海外科技人才作为谋求创新驱动发展的重要举措,相继出台了一系列政策措施,形成了全国引进海外科技人才上下联动的良好格局。[2] 其中,中国颁布实施的"海外科技人才引进政策"将成为扩大改革开放、增强创新能力和产业竞争力的重要抓手,这对带动中国跻身创新型国家前列、提升全球价值链地位具有重要意义。

相关学者也开始对人才政策展开研究。这些研究主要是聚焦人才政策的创新效应和人才政策的经济增长效应展开的。钟腾等的研究发现,人才政策"背书"对企业联合政府资源和提高商业信用具有积极作用,能更加便利地获取政府创新补贴与其他市场资源,[3] 以及增加企业的发明专利与非发明专利(实用新型和外观设计)数

---

[1] 史梦昱、沈坤荣:《人才引进政策的经济增长及空间外溢效应——基于长三角城市群的研究》,《经济问题探索》2022年第1期。

[2] 科技部国际合作司:《中国各省市引进海外科技创新人才政策指南》,2013年12月。

[3] 钟腾、罗吉罡、汪昌云:《地方政府人才引进政策促进了区域创新吗?——来自准自然实验的证据》,《金融研究》2021年第5期。

量，促进企业创新。① 也有研究发现，实施人才政策不仅有利于提高企业发明专利占比，在一定程度上抑制企业的策略性创新行为，② 而且也能提高当地专利授权总量与专利价值总量。同时，人才安居政策不仅能有效促进企业技术创新，而且能显著提高民营企业技术创新数量和国有企业技术创新质量。③ 史梦昱和沈坤荣研究发现，人才引进政策对长三角城市群经济增长及关联地区经济增长均存在"U"形影响，④ 这种影响在实施前期具有"虹吸效应"，在后期则转变为"扩散效应"。

### 三 数字经济的发展对海外科技人才引进的新特征

(一) 数字经济发展会倒逼提升海外科技人才引进的数字素养

数字经济发展会增加对人工智能、机器人、智能网联汽车、航空航天、高端仪器设备、生命科学等领域的海外高层次科技人才的引进，与之相关的数字人才倾斜政策与创新创业园区建设也会进一步鼓励数字人才回国创业和发展，从而在整体层面增强海外科技人才引进的数字技能，提升海外科技人才引进的整体数字素养。

(二) 数字经济发展会全面增强海外科技人才引进的集聚效应

数字经济发展对数字型海外科技人才引进需求的增加会进一步优化传统人才引进模式，增加复合型数字技术、技能和管理人才。2024年4月发布的《加快数字人才培育支撑数字经济发展行动方案（2024—2026年）》强调，要引进海外高层次人才，加大数字人才扶持，深入开展数字人才培育、引进、留用等专项行动，开展数字技术工程师培育

---

① 刘春林、田玲：《人才政策"背书"能否促进企业创新》，《中国工业经济》2021年第3期。
② 刘亦晴、陈宬、陈思：《人才政策驱动企业技术创新的联动效应研究》，《科研管理》2023年第4期。
③ 米旭明：《人才安居政策与企业技术创新》，《南开经济研究》2021年第3期。
④ 史梦昱、沈坤荣：《人才引进政策的经济增长及空间外溢效应——基于长三角城市群的研究》，《经济问题探索》2022年第1期。

项目、数字技能提升行动、数字人才国际交流活动、数字人才创新创业行动、数字人才赋能产业发展行动、数字职业技术技能竞赛等项目，不断增加数字人才供给，形成数字人才集聚效应。

（三）数字经济发展会持续强化海外科技人才流动意愿

数字经济发展会畅通海外科技人才引进绿色通道，借助发达的数字信息网络以及实时获取的有关住房、子女教育、医疗服务、职称评定等方面的信息，强化海外科技人才的流动意愿，使其流向更加适合自身发展以及与自身需求更加匹配的地区，这在很大程度上也有助于实现人力资本在全球范围内的优化配置。

## 四 数字时代海外科技人才引进的新要求

（一）海外科技人才与技能需求的匹配度进一步提高

数字经济发展能更好地为用人单位提供搜索海外人才的档案、专业特长等供给信息，以及用人单位有关职业基本情况、主要职责、雇佣要求等人才需求信息，用人单位将会按照供需要求合理引进高技术人才，从而实现以需求为导向，精准发力引进海外优秀科技人才，尤其是创新型人才的引进。

（二）海外科技人才引进与国家发展战略联系更加紧密

复杂严峻的国际经济形势加剧了国与国之间在战略层面的竞争，特别是在数字经济时代，国家更加注重在专业领域具有实质性价值和国家战略意义的海外人才，更加注重海外科技人才对国家发展战略的推动作用。因此，要遵循国家战略和重大科技攻关的需求，有针对性地开展海外科技人才引进。

（三）"海外科技人才引进政策"体制机制进一步完善和健全

在数字经济时代，对于世界顶级科学家、研究人员等科技人才的引进与流动申请程序会更加便捷和通畅，会进一步缩短审批时间，降低申请环节的交易费用，实现科技人才全球流动的高效性和便捷性。为此，我们要不断优化引才、育才和用才的环境，创造更加便利的特殊通道，充分发挥他们在科技创新和产业创新方面的聪明才智。

综上可知，现有文献较多关注的是人才政策的技术创新效应与经济增长效应，鲜有文献考察"海外科技人才引进政策"对国内产业升级的影响与机制。在一定程度上，中国人才引进政策存在"重引进""轻自主培养"、与地方产业特征和财政状况不完全匹配，甚至财政补助扭曲等问题。① 当下，面对丰富多元且与时俱进的人才政策，以及进一步扩大开放的新发展理念，"海外科技人才引进政策"能否以及如何影响中国产业升级，是亟待回答的理论问题和现实问题。

## 第二节 理论机制与研究假说

"海外科技人才引进政策"具有一般人才引进政策的开放性与包容性，且该政策更加关注引进海外人才在科技创新方面的能力。一方面，在实施"海外科技人才引进政策"过程中，政府颁布的一系列创新补助、税收优惠等针对海外科技人才在科研与生活方面的激励手段，很大程度上能激发科技人才大规模、高水平、强创新等优势，强化当地产业与外来技术深度融合，带动经济转型和产业升级。② 另一方面，实施"海外科技人才引进政策"有助于从数量维度和质量维度提升中国高端人力资本"蓄水池"。有关文献资料显示，目前，中国出国留学人员的回流率明显提高，大多数海外留学人员都愿意选择回国创业或工作。③ 根据 Boss 直聘发布的《2021 秋招早鸟报告》，2020

---

① 郑代良、钟书华：《中国高层次人才政策现状、问题与对策》，《科研管理》2012 年第 9 期。

② 吴瑞君、陈程：《我国海外科技人才回流趋势及引才政策创新研究》，《北京教育学院学报》2020 年第 4 期。

③ 陶美重、柳伊凡：《基于统计数据的留学归国影响因素实证探析》，《高教论坛》2021 年第 11 期。

年参加秋季校园招聘的留学生同比增长了94.3%，拥有硕士及以上学历的比例高达65%。[①] 总体而言，海外华人科技工作者回流意愿稳步增强，特别是具有海外理工科背景的博士，[②] 极大地增加了中国海外科技人才储备，能加速推进中国产业从劳动密集型、资本密集型向技术和知识密集型转型，促进产业升级。[③] 对此，本章提出第一个有待验证的理论假说。

理论假说1：实施"海外科技人才引进政策"有助于推动中国产业升级。

"海外科技人才引进政策"能通过科技人才集聚效应推动产业升级。在现实中，实施海外科技人才引进政策的初衷在于吸引优秀人才，引进先进理念和先进技术，加快当地创新升级与产业转型。[④] 对此，"海外科技人才引进政策"能以其在工资收益、职业流动、地区公共服务等方面的优势对人才产生"拉力"，[⑤] 加速人才集聚，并带动关联创新要素集聚与累积，[⑥] 增强创新绩效和提升企业创新效率与产出，[⑦] 有利于推动产业升级。同时，科技人才集聚还会加速产业集聚，深化产业分工，逐步将劳动密集型制造业转移到劳动力和土地成本相对较小的城市，推动地区之间产业转移，推动产业升级。[⑧] 基于此，本章提出第二

---

[①] 甘水玲、戴杨：《基于CAS回声模型的海外科技人才引进路径及对策研究》《科技创业月刊》2022年第12期。

[②] 高子平：《中美竞争新格局下的我国海外人才战略转型研究》，《华东师范大学学报》（哲学社会科学版）2019年第3期。

[③] 马茹、王宏伟：《科技人才红利与中国区域经济增长》，《广东社会科学》2019年第2期。

[④] 钟腾、罗吉罡、汪昌云：《地方政府人才引进政策促进了区域创新吗？——来自准自然实验的证据》，《金融研究》2021年第5期。

[⑤] M. Li, L. Zhang, "Entrepreneurial Urban Governance and Talent Policy: the Case of Shanghai", *China Population and Development Studies*, Vol. 4, No. 1, 2020, pp. 25-44.

[⑥] 孙鲲鹏、罗婷、肖星：《人才政策、研发人员招聘与企业创新》，《经济研究》2021年第8期。

[⑦] F. Perroux, "Economic Space: Theory and Applications", *Quarterly Journal of Economics*, Vol. 64, No. 1, 1950, pp. 89-104.

[⑧] 孙伟增、牛冬晓、万广华：《交通基础设施建设与产业结构升级——以高铁建设为例的实证分析》，《管理世界》2022年第3期。

个有待验证的理论假说。

理论假说2:"海外科技人才引进政策"对中国产业升级的推动作用可以通过科技人才集聚效应实现。

"海外科技人才引进政策"能通过人力资本高级化效应推动产业升级。实施"海外科技人才引进政策"能增加地区科技人才规模,优化地区人力资本结构,为推动产业升级提供充足的高端人力资本。科技人才是技术、知识等先进生产要素的载体,但生产技术、专业知识具有隐蔽性,很难在不同地区之间自行转移。[①] 实施"海外科技人才引进政策"有助于加速高水平人力资本集聚,提升地区人力资本高级化水平。此时,高端人力资本之间面对面交流机会的增加会激发新观点和新思想产生,提升差异化生产技术、专业知识以及生产经验,促进商业交流和技术传播,提升技术创新水平,增强出口技术复杂度及产业协同集聚,推动产业升级。[②] 对此,本章提出第三个有待验证的理论假说。

理论假说3:"海外科技人才引进政策"对中国产业升级的推动作用能通过人力资本高级化效应实现。

"海外科技人才引进政策"能通过创新创业效应推动产业升级。"海外科技人才引进政策"为加快推进产业升级提供了来自创新创业方面的支持。一方面,"海外科技人才引进政策"通过政府给予科研资助、创业扶持、薪酬个税、住房等方面的优惠,激发了人们的创新积极性与创业热情,增加了高科技创新成果的产出概率,[③] 有助于推动产业升级。另一方面,地方政府还通过增加其他非工资性补贴,加大对地区创新创业的支持力度,以此提升企业创新研发效率,增大产出和收益,倒逼

---

[①] D. J. Teece, "Technology Transfer by Multinational Firms: The Resource Cost of Transferring Technological Know-How", *The Economic Journal*, Vol. 87, No. 346, 1977, pp. 242-261.

[②] 李君华:《学习效应、拥挤性、地区的分工和集聚》,《经济学》(季刊) 2009年第3期。

[③] J. Cai, Y. Chen, X. Wang, "The Impact of Corporate Taxes on Firm Innovation: Evidence from the Corporate Tax Collection Reform in China", NBER Working Papers, No. 25146, 2018.

产业转型升级。① 基于此，本章提出第四个有待验证的理论假说。

理论假说4："海外科技人才引进政策"对中国产业升级的带动作用可以通过创新创业效应实现。

## 第三节 模型构建与变量说明

### 一 模型构建

基于上述理论机制，为了系统考察中国科技人才引进政策对产业升级带来的净影响，本章将结合统计数据进行实证检验，并将回归方程设定为如下形式：

$$sophistication_{it} = \alpha_0 + \alpha_1 talent_{it} + \sum \delta x_{it} + \mu_i + \eta_t + \varepsilon_{it} \quad (4-1)$$

其中，$sophistication_{it}$ 表示 $i$ 地区 $t$ 时期的产业升级指数，本章采用技术复杂度进行测度；$talent_{it}$ 表示人才引进政策，$x_{it}$ 为一系列控制变量；$\mu_i$ 为个体固定效应；$\eta_t$ 为时间固定效应；$\varepsilon_{it}$ 为误差项。模型在估计时均采用城市层面的聚类稳健标准误。

### 二 变量说明

（一）"海外科技人才引进政策"

2013年年底，科技部国际合作司编写《中国各省市引进海外科技创新人才政策指南》（以下简称《指南》），其中收录了不同省份的人才引进计划。对此，本章将收入《指南》的省份作为实验组，其他地区作为对照组。需要注意的是，各地区为了加速经济发展，相继出台人才引进政策，但实施"海外科技人才引进政策"的影响程度和力度更

---

① 赵丽君、吴福象：《供给侧改革、研发补贴与经济运行质量》，《广东社会科学》2018年第3期。

强,这是因为:第一,《指南》是国家统一颁布的文件,其权威性、真实性、规范性和影响力更胜一筹;第二,《指南》中的海外科技人才引进计划以其强昭示效应,更有利于划分政策实验组与对照组。在对"海外科技人才引进政策"进行赋值时,考虑到《指南》中的政策实施包含省份和市两个不同维度,本章对实验组进行了如下处理:(1)将《指南》中收录的所有已经实施"海外科技人才引进政策"的地级市直接作为实验组,如果某一地级市所在省份也出台了"海外科技人才引进政策",则以地级市出台的时间作为外生冲击的时间;(2)对广西、贵州、甘肃、青海、宁夏和新疆等部分仅从省级层面出台该政策的地区,考虑到该政策的贯彻与落实主要集中在省会,故视为其省会出台的人才政策,将省级出台时间等同于省会的出台时间,并纳入实验组;(3)针对《指南》中未被收录地区,可能存在以下两种情况:一是该城市不在本章研究的样本中,故可以不用关注;二是该城市未被《指南》收录,但属于本章研究样本。经过搜索后发现,此类城市多属于普通地级市,较少实施人才引进政策,本章将其视为对照组。经过整理,共有39个城市进入实验组,[①]其余城市则为对照组,并设置"海外科技人才引进政策"虚拟变量 talent。如果某地区某年出台了"海外科技人才引进政策",则对该地区该年份及以后年份赋值为1,否则赋值为0。

(二)产业升级——城市层面技术复杂度

产业升级强调产业逐渐向高附加值和高生产效率方向攀升。[②] 本章参考已有文献,以技术复杂度(sophistication)作为产业升级的代理变量,并将研究视角放在城市层面。因受工业企业数据库限制,将研究的时间窗口设置为1998—2013年,[③] 技术复杂度的测算公式为:

---

[①] 限于篇幅,分组城市名单未在本书列示,留存备索。
[②] 周茂、陆毅、符大海:《贸易自由化与中国产业升级:事实与机制》,《世界经济》2016年第10期。
[③] 周茂、陆毅、李雨浓:《地区产业升级与劳动收入份额:基于合成工具变量的估计》,《经济研究》2018年第11期。

$$sop_{i,t} = \frac{\sum_{c} output_{i,c,t} \times prody_{c,97}}{\sum_{c} output_{i,c,t}} \quad (4-2)$$

在式（4-2）中，$sop_{i,t}$ 表示 $i$ 城市 $t$ 年的技术复杂度；$output_{i,c,t}$ 表示 $i$ 城市 $c$ 行业 $t$ 年的工业产出，由 $i$ 城市 $c$ 行业内所有企业的工业产出加总得到。$prody_{c,97}$ 表示 $c$ 行业的技术复杂度（此处选择研究起点的前一年1997年），[①] 通过行业内 HS6 位产品层面技术复杂度的简单平均得到，产品层面的技术复杂度计算公式为：

$$prody_k = \sum_{m} \frac{(\text{export}_{mk}/\text{export}_m) \times Y_m}{\sum_{m}(\text{export}_{mk}/\text{export}_m)} \quad (4-3)$$

其中，$prody_k$ 表示 HS6 位产品 $k$ 的技术复杂度，$\text{export}_{mk}/\text{export}_m$ 表示 $m$ 国家对产品 $k$ 的出口额占该国总出口的比重，$Y_m$ 表示 $m$ 国家的人均 GDP。1997 年的 $prody_k$ 可以直接从 CEPII 网站上下载，获得 HS6 位产品技术复杂度数据。产业层面的技术复杂度取决于这种产品的全球化结构。本章根据产品层面技术复杂度（再平均到产业层面），测得产业的技术复杂度。然后，结合中国各城市生产结构（权重）测算城市层面的产业结构升级指标。[②]

（三）控制变量

为防止因遗漏变量带来的估计偏误，本章引入一系列控制变量，包括政府规模（gov）、经济发展水平（pergdp）、信息基础水平（inform）、交通基础设施（infrastr）以及对外开放度（open）等。[③] 本章使用的全部数据来源包括历年的《中国城市统计年鉴》、中国工业企业数据库和

---

[①] 需要强调的是，此处将行业的技术复杂度固定在 1997 年，是为了说明某个城市每年的技术复杂度变化不是因为所含产业复杂度在世界层面的自然变化，而是受到城市内产业结构变化的影响，这样才能识别出自变量影响产业结构升级的内生机制。

[②] R. Hausmann, J. Hwang, D. Rodrik, "What You Export Matters", *Journal of Economic Growth*, Vol. 12, No. 1, 2007, pp. 1–25.

[③] 袁航、朱承亮：《国家高新区推动了中国产业结构转型升级吗》，《中国工业经济》2018 年第 8 期。

中经网统计数据库，研究窗口确定为1998—2013年，所有以货币表征的数据均以1990年为基期，采用GDP价格指数和人均GDP价格指数进行平减处理，剔除了价格因素的影响。同时，为了防止异方差，本章对变量进行了对数化处理。变量的描述性统计见表4-1。

表4-1　　　　　　　　　　变量的描述性统计

| 变量 | 样本量 | 均值 | 标准误 | 最小值 | 最大值 |
| --- | --- | --- | --- | --- | --- |
| prody | 2916 | 14616.2100 | 919.9975 | 10802.3200 | 18582.2500 |
| talent | 3584 | 0.0419 | 0.2003 | 0 | 1 |
| gov | 3524 | 0.1164 | 0.1213 | 0.0028 | 2.3379 |
| pergdp | 3543 | 0.3983 | 0.3279 | 0.0014 | 4.6345 |
| inform | 3534 | 0.1797 | 0.4719 | 0.0083 | 26.5602 |
| infrastr | 3531 | 9.2498 | 13.8749 | 0.0200 | 442.9500 |
| open | 3431 | 2.6557 | 3.7668 | 0.0064 | 55.9683 |

## 第四节　实证检验及结果分析

### 一　实证检验

（一）基准回归

由基准回归结果可知（见表4-2），无论是否加入控制变量，"海外科技人才引进政策"对产业升级的影响始终显著为正，充分说明引进海外科技人才对产业升级具有显著积极的影响，验证了理论假说1。此外，控制变量的回归结果显示，政府规模和基础设施建设水平对产业升级具有显著积极影响，经济发展水平和对外开放程度对产业升级的影响在数值上为负，信息化水平对产业升级的影响不显著。出现这一结果，可能是因为目前中国经济发展质量、对外开放程度以及信息化发展与产业升级之间存在不协调或者不一致，导致其对产业升级的积极影响尚未显现。

表 4-2　　　　　　　　　　　基准回归结果

| 变量 | ln*prody*<br>（1） | ln*prody*<br>（2） |
| --- | --- | --- |
| *talent* | 0.0056*<br>（1.84） | 0.0064**<br>（2.16） |
| ln*gov* |  | 0.0098***<br>（6.90） |
| ln*pergdp*$^2$ |  | −0.0010<br>（−1.15） |
| ln*pergdp* |  | −0.0082**<br>（−2.09） |
| ln*inform* |  | −0.0021<br>（−1.68） |
| ln*insfrastr* |  | 0.0037**<br>（2.55） |
| ln*open* |  | −0.0015**<br>（−2.57） |
| _*cons* | 9.5877***<br>（2.3e+04） | 9.5950***<br>（1360.02） |
| 个体固定 | YES | YES |
| 时间固定 | YES | YES |
| N | 2914 | 2788 |
| $R^2$ | 0.8855 | 0.8836 |

注：（1）括号内为 t 统计值；（2）*、** 和 *** 分别表示在 10%、5% 和 1% 水平上显著；（3）所有回归均采用以地区为聚类变量的聚类稳健标准误。下同。

（二）模型的有效性检验①

1. 平行趋势检验

利用双重差分法进行政策评估时，需要"处理组"和"控制组"

---

① 限于篇幅，模型的有效性检验结果未在本书列示，留存备索。

满足平行趋势假定。结果显示,在实施"海外科技人才引进政策"之前,"处理组"和"控制组"之间并无明显差异,大致在0值附近波动。当实施"海外科技人才引进政策"之后,两组之间的差异逐渐增大,说明本章的"处理组"和"控制组"在政策实施之前满足平行趋势的前提假设,模型构建是有效的。

2. 安慰剂检验

为了检验"海外科技人才引进政策"的产业升级促进效应是不是因其他随机因素导致,本章利用安慰剂检验排除由其他随机因素带来的产业升级效应,以此确保基准结论的可靠性。本章根据"海外科技人才引进政策"分批实施的特点,利用随机生成的1000个假想的实验组重复进行1000次回归。结果显示,大部分t值较小,仅有少数回归系数的t值大于真实回归系数的t值,说明基准模型所得"海外科技人才引进政策"对产业升级具有显著促进作用的结论是可信的。

3. 反事实检验

为了进一步排除其他不可观测因素对"海外科技人才引进政策"促进产业升级的影响,此处结合反事实检验作进一步验证。具体的做法是将"海外科技人才引进政策"的实施时间分别提前一年(talent_advance1)、两年(talent_advance2)和三年(talent_advance3)后,根据基准模型分别进行回归。结果显示,"虚假"的"海外科技人才引进政策"对产业升级均未产生显著影响,反向证明"海外科技人才引进政策"能显著促进产业升级。

(三) 内生性问题讨论

其一,引进海外科技人才是提升地区人力资本水平的有效手段。在城市层面,历史上的人力资本通常会作为一种历史遗产被继承下来。[①] 在不同地区与人力资本水平紧密相连且较为客观的变量是当地普通高等

---

① 夏怡然、陆铭:《跨越世纪的城市人力资本足迹——历史遗产、政策冲击和劳动力流动》,《经济研究》2019年第1期。

学校数目或者历史书院,"海外科技人才引进政策"一般更易在高人力资本水平的地区与之结合并发挥作用。因此,地区所拥有的普通高校数目和历史书院与"海外科技人才引进政策"之间具有较强的关联,满足工具变量的相关性原则。其二,普通高校或者历史书院的建立是历史发展的结果,地区所拥有的普通高校和历史书院数目是一个客观变量,不受当地产业升级与经济发展等其他因素的影响,因而满足工具变量的外生性原则。与此同时,考虑到"海外科技人才引进政策"与地区高端人力资本水平之间的强关联性,本章分别以各城市普通高校数目与各城市211工程大学数目以及历史书院数量为三个工具变量,分别采用两阶段最小二乘估计法2SLS进行检验。

以各城市所拥有的普通高等学校数作为"海外科技人才引进政策"的第一个工具变量($IV_1$),普通高等学校数目来自《中国城市统计年鉴》,该数据是城市拥有的本科和专科学校总数之和。在回归方程设定中,内生变量"海外科技人才引进政策"talent对应的工具变量为IV,第一阶段的回归方程为:

$$talent_{i,t} = \theta_0 + \theta_1 IV_{i,t} + \theta \sum Controls_{i,t} + \varphi_i + \rho_t + \eta_{i,t} \quad (4-4)$$

第二阶段为正常的"海外科技人才引进政策"对被解释变量产业升级的回归。根据表4-3中工具变量$IV_1$的第一阶段回归结果可知,工具变量$IV_1$的系数在1%水平上显著为正,表明"海外科技人才引进政策"与普通高等学校数目高度相关,且此时F值远大于经验值10,Kleibergen-Paap Wald和Kleibergen-Paap LM统计量对应的P值均小于1%,排除了弱工具变量和不可识别等问题。在第二阶段回归结果中,"海外科技人才引进政策"的系数在1%水平上显著为正,说明对内生性问题进行控制后,"海外科技人才引进政策"依然能有效促进中国产业升级,再次验证了理论假说1。

表 4-3　　　　　　　　内生性检验——工具变量法 2SLS

| 变量 | 工具变量 1 | | 工具变量 2 | | 工具变量 3 | |
|---|---|---|---|---|---|---|
| | 第一阶段 | 第二阶段 | 第一阶段 | 第二阶段 | 第一阶段 | 第二阶段 |
| | $talent$（1） | $lnprody$（2） | $talent$（3） | $lnprody$（4） | $talent$（5） | $lnprody$（6） |
| $IV_1$ | 0.0026*** (6.20) | | | | | |
| $IV_2$ | | | 0.0233*** (4.27) | | | |
| $IV_3$ | | | | | 0.0613*** (9.49) | |
| $talent$ | | 0.1351*** (4.01) | | 0.0711* (1.92) | | 0.0177*** (3.52) |
| 控制变量 | YES | YES | YES | YES | | |
| 时间固定 | YES | YES | YES | YES | YES | YES |
| 个体固定 | YES | YES | YES | YES | YES | YES |
| N | 2798 | 2798 | 2798 | 2798 | 2604 | 2604 |
| $R^2$ | 0.1158 | — | 0.0933 | — | 0.5816 | 0.0078 |
| 第一阶段 F 值 | 13.46 | | 12.66 | | 30.76 | |
| Kleibergen-Paap Wald 统计量 | 38.430（P 值 0.0000） | | 18.195（P 值 0.0000） | | 90.046（P 值 0.0000） | |
| Kleibergen-Paap LM 统计量 | 36.105（P 值 0.0000） | | 18.538（P 值 0.0000） | | 52.608（P 值 0.0000） | |

同理，以中国各地拥有的 211 工程大学数和历史书院作为"海外科技人才引进政策"的第二个工具变量（$IV_2$）和第三个工具变量（$IV_3$），两阶段最小二乘估计结果依旧显示"海外科技人才引进政策"能显著促进中国产业升级。

（四）稳健性检验①

1. 替换被解释变量

前文对产业升级指标进行测度时采用的是城市工业行业中所有企业

---

① 限于篇幅，估计结果未在本书列示，留存备索。

的工业总产出值,但考虑到采用工业总产出作为权重测度产业升级指数可能存在总量和附加值差异等方面的问题,① 此处采用企业的工业增加值作为权重重新测度产业升级指数。回归结果显示,引进海外科技人才政策对中国产业升级具有显著积极影响。

2. 解释变量滞后一期

通常情况下,政策的实施具有持续性,即如果"海外科技人才引进政策"对产业升级存在积极影响,那么随着政策持续深入的贯彻和落实,该影响还将持续存在。为此,本章采用"海外科技人才引进政策"的滞后项重新进行回归。结果显示,"海外科技人才引进政策"对中国产业升级依然存在显著积极影响。

3. 缩尾处理

本章对产业升级指数的测度是根据中国工业企业数据库中的微观企业数据,为了避免因离群值给回归结果带来的偏误,本章对该变量进行了1%双边缩尾。回归结果显示,"海外科技人才引进政策"对产业升级的影响在5%水平上显著为正,验证了基准结论。

4. PSM-DID

为了剔除实验组城市本身的优势,并尽可能地控制处理组与控制组之间存在的不可观测因素,本章采用倾向得分匹配双重差分模型重新进行估计,结果显示"海外科技人才引进政策"能显著推动产业升级。

5. 加入省份固定效应和时间固定效应的交互项

为避免来自省级层面一些不可观测因素对估计结果带来的偏误,本章加入省份固定效应与时间固定效应的交互项之后重新回归。结果显示,"海外科技人才引进政策"依然能显著推动产业升级。

6. 交错双重差分模型

为了进一步保证基准结论的可靠性,本章采用交错双重差分模型重

---

① 周茂、陆毅、符大海:《贸易自由化与中国产业升级:事实与机制》,《世界经济》2016年第10期。

新进行估计。结果显示,"海外科技人才引进政策"依然能够显著带动产业升级,再次验证了基准结论。

## 二 机制分析

### (一)科技人才集聚效应

引进海外科技人才最直接的结果是增加地区的科技人才数量,提高地区的科技人才集聚程度。对此,本章将作用机制检验方程设定为如下形式。

$$jizhi_{i,t} = \alpha_0 + \alpha_1 talent_{i,t} + \sum \delta x_{i,t} + \eta_t + \mu_i + \varepsilon_{i,t} \quad (4-5)$$

其中,$jizhi_{i,t}$ 表示 $i$ 地区 $t$ 时期的机制变量,本章以城市科学技术服务人员占城市人口的比重作为科技人才集聚的代理变量,根据式(4-5)回归后结果见表4-4第(1)列。此时,"引进海外科技人才政策"能加速城市科技人才集聚,为产业升级提供充裕的科技人才,在带动知识流动、外溢与技术扩散的同时激发区域创新创业活力,推动产业升级,验证了理论假说2。

表4-4 机制检验

| 变量 | 人才集聚效应<br>(1) | 人力资本高级化效应<br>(2) | 创新创业效应<br>(3) | 创新<br>(4) | 创业<br>(5) |
| --- | --- | --- | --- | --- | --- |
| talent | 0.0008 ***<br>(10.70) | 0.1379 ***<br>(5.26) | 0.0449 **<br>(2.06) | 0.1577 ***<br>(2.16) | 0.0456 **<br>(1.92) |
| 控制变量 | YES | YES | YES | YES | YES |
| 个体固定 | YES | YES | YES | YES | YES |
| 时间固定 | YES | YES | YES | YES | YES |
| N | 2382 | 3424 | 3410 | 2804 | 3410 |
| $R^2$ | 0.9292 | 0.9305 | 0.0085 | 0.9609 | 0.0213 |

### (二) 人力资本高级化效应

产业升级不仅在数量层面需要大量的人才，而且在质量层面需要依托不断升级的人力资本，因为人力资本高级化既是推动消费升级尤其是服务消费发展的重要因素，[①] 也是推动城市产业升级的关键力量。[②] 对此，本章以地区人均受教育年限作为人力资本高级化的代理指标，并对教育年限进行测度。[③] 之后根据式（4-5）进行回归后的结果见表4-4中第（2）列。此时，实施"海外科技人才引进政策"能显著提升城市人力资本高级化水平。可见，人力资本高级化效应是推动产业升级的有效机制，验证了理论假说3。

### （三）创新创业效应

"双创"是新历史时期推动产业升级的重要引擎，引进海外科技人才能加速城市科技人才集聚与人力资本高级化，激发城市的创新活力与创业热情，为实现产业升级奠定基础。对此，本章采用北京大学国家发展研究院发布的"中国区域创新创业指数"作为中国城市创新创业发展水平的代理变量，根据式（4-5）回归后结果见表4-4中第（3）列。此时，实施"海外科技人才引进政策"能显著促进城市创新创业水平，说明实施"海外科技人才引进政策"能通过创新创业效应推动城市产业升级，验证了理论假说4。

此外，本章还尝试从创新和创业视角单独出发进行探讨。一方面，就创新效应而言，本章利用《中国城市和产业创新力报告（2017）》公布的城市创新指数作为全面测度城市创新能力的代理指标，回归后结果见表4-4中第（4）列，此时引进海外科技人才政策能显著增强城市创

---

[①] 徐紫嫣、夏杰长、姚战琪：《人力资本对服务消费水平的提升效应——基于城乡居民服务消费差距视角》，《经济与管理研究》2024年第6期。

[②] 戴魁早、李晓莉、骆莙函：《人力资本结构高级化、要素市场发展与服务业结构升级》，《财贸经济》2020年第10期。

[③] 邢春冰、贾淑艳、李实：《教育回报率的地区差异及其对劳动力流动的影响》，《经济研究》2013年第11期。

新能力。另一方面，就创业效应而言，本章采用城市新建企业数作为创业的代理变量，根据式（4-5）回归之后结果见表4-4中第（5）列，此时，引进海外科技人才政策亦能显著促进城市创业。综合而言，"海外科技人才引进政策"能通过增强城市创新创业水平带动产业升级，再次验证了理论假说4。

### 三 异质性检验

#### （一）激励手段异质性

在实施"海外科技人才引进政策"过程中，政府从资金扶持、财税优惠以及生活保障等方面对引进人才给予激励，试图引导和激发众多海外优秀人才来华发展。基于R. Rothwell和W. Zegveld的思想，政策工具可以分为供给型、环境型和需求型三类。① 若将此对应到《指南》中来，政府实施"海外科技人才引进政策"中重点包含的科研资助、创业扶持、薪酬个税补贴、办公场所补贴以及住房补贴等措施大致可以划分为"供给型政策"和"环境型政策"两大类。其中，"供给型政策"主要强调政府借助资金使用加大人才自主力度，对人才创新创业发展具有直接推动作用，《指南》中主要涉及科研资助、创业扶持与薪酬个税补贴等措施。"环境型政策"主要强调政府为人才开展创新创业活动提供有利的发展环境，对人才的创新创业发展起间接作用，②《指南》中主要涉及政府对海外引进人才的办公场所补贴和住房补贴两项措施。

对"供给型政策"而言，一是将科研资助金额在200万元及以上的地区视为科研资助金额高组，将科研资助金额低于200万元的其余地区视为低组，据此分别设置科研资助金额高组和低组虚拟变量，并构造其与"海外科技人才引进政策"虚拟变量 talent 的交互项，之后分别进

---

① R. Rothwell, W. Zegveld, *Reindustrialization and Technology*, Longman：M. E. Sharpe, 1985.
② 赵筱媛、苏竣：《基于政策工具的公共科技政策分析框架研究》，《科学学研究》2007年第1期。

行回归。二是采用类似做法,将创业扶持资金在1000万元及以上的地区设置为创业扶持力度高组,将创业扶持资金低于1000万元的其他地区设置为低组,据此分别设置创业扶持资金高组和低组虚拟变量,并与"海外科技人才引进政策"虚拟变量 talent 交互之后进行回归。三是在薪酬个税补贴方面,将给予引进人才一次性奖励补贴150万元及以上的地区设置为薪酬个税补贴高组,将给予引进人才一次性奖励补贴低于150万元的地区设置为低组,据此分别设置薪酬个税补贴高组和低组虚拟变量,并将其与"海外科技人才引进政策"虚拟变量 talent 交互之后回归。结果显示(见表4-5),在采用科研资助、创业扶持以及薪酬个税补贴等"供给型政策"较高的地区,实施"海外科技人才引进政策"对中国产业结构升级的积极作用更大且更显著。

表4-5　　　　　　　　"供给型政策"异质性检验

| 变量 | 科研资助金额 | | 创业扶持力度 | | 薪酬个税补贴 | |
|---|---|---|---|---|---|---|
| | lnprody(1) | lnprody(2) | lnprody(3) | lnprody(4) | lnprody(5) | lnprody(6) |
| talent × 高组虚拟变量 | 0.0192***(3.95) | | 0.0198***(3.49) | | 0.0242***(4.40) | |
| talent × 低组虚拟变量 | | −0.0011(−0.31) | | 0.0013(0.37) | | −0.0008(−0.24) |
| 控制变量 | YES | YES | YES | YES | YES | YES |
| 个体固定 | YES | YES | YES | YES | YES | YES |
| 时间固定 | YES | YES | YES | YES | YES | YES |
| N | 2788 | 2788 | 2788 | 2788 | 2788 | 2788 |
| $R^2$ | 0.8841 | 0.8834 | 0.8839 | 0.8834 | 0.8842 | 0.8833 |

对"环境型政策"而言,一是将有明确规定给予创业人才办公场所的地区设置为办公场所补贴高组,其余没有明确规定的地区视为办公场所补贴低组,据此分别设置办公场所补贴高组和低组虚拟变量,并将

其与"海外科技人才引进政策"虚拟变量 talent 交互之后进行回归。二是将住房补贴在120平方米及以上的地区设置为住房补贴高组，将其余住房补贴小于120平方米以及未明确规定补助数额的地区设置为住房补贴低组，据此分别设置住房补贴高组和低组虚拟变量，并将其与"海外科技人才引进政策"虚拟变量 talent 交互之后进行回归。结果显示（见表4-6），就"环境型政策"而言，位于办公场所补贴和住房补贴较高的地区，实施"海外科技人才引进政策"对产业升级的促进作用更大且更显著，这也印证了中国历史上"安居"才能"乐业"的古语。

表4-6　　　　　　　　　"环境型政策"异质性检验

| 变量 | 办公场所补贴 | | 住房补贴 | |
| --- | --- | --- | --- | --- |
| | ln$prody$（1） | ln$prody$（2） | ln$prody$（3） | ln$prody$（4） |
| talent×高组虚拟变量 | 0.0100*<br>(1.71) | | 0.0102**<br>(2.38) | |
| talent×低组虚拟变量 | | 0.0048<br>(1.44) | | 0.0025<br>(0.66) |
| 控制变量 | YES | YES | YES | YES |
| 个体固定 | YES | YES | YES | YES |
| 时间固定 | YES | YES | YES | YES |
| N | 2788 | 2788 | 2788 | 2788 |
| $R^2$ | 0.8835 | 0.8834 | 0.8836 | 0.8834 |

### （二）城市类型异质性

中国经济"服务化"转型不可避免，但地区间进程差别较大，[①] 且不同地区之间第二产业和第三产业占比的增长速度不同，会导致其对人才、技术、生产效率等具有不同要求。实施"海外科技人才引进政

---

① 夏杰长：《以服务业开放为主要抓手形成全面开放新格局》，《财贸经济》2022年第10期。

策",旨在通过人才集聚效应、人力资本高级化效应以及创新创业效应带动产业升级。那么,人才引进政策对产业升级的影响是否会因城市产业本身的特点而存在差异呢?为此,本章将第三产业增加值高于第二产业增加值的城市设定为"服务型城市",将第二产业增加值大于第三产业增加值的城市设定为"生产型城市",[①] 并分别设置"生产型城市"和"服务型城市"虚拟变量,通过将其与"海外科技人才引进政策"虚拟变量 talent 交互后重新回归,结果见表4-7。在生产型城市,"海外科技人才引进政策"对产业升级的促进作用更大且更显著,说明"海外科技人才引进政策"在加剧科技人才集聚、提升人力资本高级化水平的基础上,对创新创业带来的积极作用在工业较为发达的"生产型城市"体现得更为明显。

表4-7　　　　　　　　城市类型异质性检验

| 变量 | lnprody<br>(1) | lnprody<br>(2) |
| --- | --- | --- |
| talent×生产型城市虚拟变量 | 0.0074*<br>(1.87) | |
| talent×服务型城市虚拟变量 | | 0.0042<br>(1.03) |
| 控制变量 | YES | YES |
| 个体固定 | YES | YES |
| 时间固定 | YES | YES |
| N | 2788 | 2788 |
| $R^2$ | 0.8835 | 0.8834 |

(三) 市场化程度异质性

一般而言,政策的实施以及政策效果的显现与地区市场化程度的强

---

[①] 孙伟增、牛冬晓、万广华:《交通基础设施建设与产业结构升级——以高铁建设为例的实证分析》,《管理世界》2022年第3期。

弱密切相关，尤其是实施"海外科技人才引进政策"之后，高度市场化有助于发挥人才之间信息交流与知识的外溢和扩散，有利于加速创新创业，带动产业升级。本章利用樊纲市场化指数，将大于市场化均值的地区划分为市场化程度高组，将低于市场化均值的划分为市场化程度低组，并分别设置市场化程度高组和低组虚拟变量，之后将其与"海外科技人才引进政策"虚拟变量 talent 进行交互。回归结果显示（见表4-8），在市场化程度较高的地区，实施"海外科技人才引进政策"对产业升级的促进作用更大且更显著，证实了市场化环境在人才引进政策推动产业升级过程中具有重要影响。

表4-8　　市场化异质性检验

| 变量 | ln*prody*（1） | ln*prody*（2） |
| --- | --- | --- |
| *talent* × 市场化程度高组虚拟变量 | 0.0113*** <br>（2.87） | |
| *talent* × 市场化程度低组虚拟变量 | | -0.0000 <br>（-0.01） |
| 控制变量 | YES | YES |
| 个体固定 | YES | YES |
| 时间固定 | YES | YES |
| N | 2788 | 2788 |
| $R^2$ | 0.8837 | 0.8833 |

## 第五节　结论与政策启示

### 一　研究结论

引进海外科技人才是实现创新驱动产业升级的重要力量。本章基于

1998—2013年中国224个地级市面板数据系统考察了"海外科技人才引进政策"对中国产业升级的影响与作用机制。研究发现：（1）实施"海外科技人才引进政策"对中国产业升级具有显著促进作用，该结论在满足模型有效性检验的前提下，经过一系列稳健性检验和内生性检验之后依然成立；（2）"海外科技人才引进政策"对中国产业升级的促进作用主要通过科技人才集聚效应、人力资本高级化效应以及创新创业效应实现；（3）"海外科技人才引进政策"对中国城市产业升级的促进作用因激励手段、城市类型和市场化程度不同而表现出明显的差异性。具体而言，政策的产业升级效应在科研资助、创业扶持和薪酬个税补贴等"供给型政策"与办公场所补贴、住房补贴等"环境型政策"中的激励程度较大，在"生产型城市"以及市场化程度较高的地区表现得更大且更显著。

## 二 政策启示

基于上述结论，我们要进一步强化"海外科技人才引进政策"对产业升级的积极影响，并从以下四个方面发力。第一，要持续释放"海外科技人才引进政策"对中国产业升级的促进作用。比如，通过创新研发资金的运用以及完善相关配套设施，引导和带动科技人才集聚，释放人才集聚带来的产业升级效应。又如，持续增强区域创新能力，激发创业活力，为创新创业活动营造良好的激励环境和包容"双创"失败的文化氛围，[①] 以此强化以科技人才引进政策促进产业升级的创新创业渠道。第二，要以多元且合理的激励手段强化"海外科技人才引进政策"对中国产业升级的积极影响。比如，"海外科技人才引进政策"要有多元化的激励手段，丰富供给型政策、环境型政策以及需求型政策，在科研经费支持、创业活动扶持、优惠的个人薪酬补贴等"供给

---

① 夏杰长、刘诚：《契约精神、商事改革与创新水平》，《管理世界》2020年第6期。

型政策",以及优厚的科研环境保障和住房保障等"环境型政策"基础上,政府还应补充一些"需求型政策",比如由政府出资或者通过企业设置一些海外人才机构或者平台等,拓展海外高层次科技人才引进渠道。第三,继续深入开展数字科技人才引进政策,打造高水平数字科技人才队伍,积极培育和搭建数字人才引进、培育和留用的体制机制,不遗余力增强中国高水平数字科技人才自主创新能力和有效供给,以高水平数字科技人才集聚为中国高质量发展助力。第四,积极营造高层次科技人才共享、自由、开放、包容的人才发展与流动环境,加强政府、企业、高校以及研究院所等多方研究机构合作创新,发挥多部门联合下的协同创新对科技人才政策制定与实施的引导作用,进而促进产业升级。

# 第五章　数字经济驱动产业结构转型升级

在信息技术革命的产业化与市场化带动下，以大数据、人工智能技术为核心的数字经济成为新一代信息技术在经济活动中的扩散、应用，以及引发一系列以大数据处理为主要特点的新商业模式，持续释放增长的新动能。① 党的十八大以来，中国数字经济持续快速发展，并力图以数字经济为主要抓手抢抓全球新一轮产业竞争制高点和促进实体经济转型升级，为带动产业结构升级和经济高质量发展提供了重要的战略支撑。② 2019 年，浙江省、河北省（雄安新区）、福建省、广东省、重庆市和四川省 6 个地区被成功授牌"国家数字经济创新发展试验区"，成为带动数字经济发展、打造数字新优势、加快"数字中国"建设的排头兵。随着数字经济的高速发展和广泛应用，数字经济在中国经济发展中的地位愈加重要，发展数字经济已经成为转变经济发展方式、提高经济发展质量、解决经济发展不平衡不充分等问题的迫切任务，也是全面实现创新驱动发展、加速产业向中高端迈进的关键举措和经济增长的崭新动能。③

---

① A. Goldfarb, C. Tucker, "Digital Economics", *Journal of Economic Literature*, Vol. 57, No. 1, 2019, pp. 3-43。
② 马建堂：《数字经济：助推实体经济高质量发展》，《新经济导刊》2018 年第 6 期。
③ 张于喆：《数字经济驱动产业结构向中高端迈进的发展思路与主要任务》，《经济纵横》2018 年第 9 期。

## 第一节　研究背景

**一　数字经济正在重塑全球发展新格局**

随着全球进入数字经济时代，数字技术成为科技革命和产业变革的关键驱动器，数据要素成为关键生产要素和战略资源，发展数字经济成为紧握变革新机遇的制胜法宝。当前，全球经济发展面临多重风险和挑战，诸如增长动力不足、需求不振、国际贸易和投资持续低迷等。① 创新发展方式与挖掘增长动能成为应对风险和挑战的重要举措。作为全球经济增长的重要驱动力和稳定器，数字经济正在成为重组全球要素资源、重塑全球经济结构、改变全球竞争格局的关键力量。② 第 53 次《中国互联网络发展状况统计报告》显示，截至 2023 年 12 月，中国网民规模达 10.92 亿人，较 2022 年 12 月新增网民 2480 万人，互联网普及率达 77.5%。网约车、互联网医疗用户规模增长明显，较 2022 年 12 月分别增长 9057 万人、5139 万人，增长率分别为 20.7%、14.2%。如今，数字经济正在深度融入经济社会发展的全过程，数字化生活方式和虚拟生活空间逐渐从科幻设想走向现实，深刻改变着居民生活习惯、经济发展模式与社会治理方式。数字经济正在重构全球创新版图、重塑全球产业结构与企业组织和生产方式，世界主要经济体十分重视发展数字经济。近年来，全球范围内数字经济合作交流持续增多，协同构建网络空间命运共同体意义重大。为在新的数字经济领域抢占主动权和先机、切实提升国际竞争力，需要牢牢把握数字经济发展机遇，深入研究数字经济发展趋势和规律，以指导数字经济发展实践，并为中国经济高质量

---

① 《习近平谈治国理政》第二卷，外文出版社 2017 年版。
② 《"十四五"数字经济发展规划》，2021 年 12 月 12 日，中国政府网，https://www.gov.cn/gongbao/content/2022/content_5671108.htm。

发展赋能。

## 二 数字经济为经济发展提供强劲的新动能

中国经济已由高速增长阶段转向高质量发展阶段，高质量发展是新时代的硬道理。阶段转变意味着发展动能需要更新和转换，在保持经济发展增速和积累量的基础上，需要更加重视提升发展质量。习近平总书记在亚太经合组织（APEC）工商领导人峰会上强调，中国经济呈现出新常态，主要特点包括从要素驱动、投资驱动转向创新驱动等。① 新常态将为中国带来新的发展机遇，而紧握新发展机遇则需要探索新发展动能。

以数字技术、数据要素和数字平台为核心的数字经济能够有效促进传统产业升级转型，驱动经济社会高质量发展。数字技术通过对传统产业进行全方位、全流程的升级优化，显著影响三次产业的传统生产范式，极大改善创新和发展环境；数据成为新的生产要素进入生产、流通、分配、消费等社会再生产全过程，与传统生产要素协同联动释放数据要素内在价值；数字平台赋能提升资源配置效率和市场交易效率，创新传统双边市场模式，更大化释放交叉网络效应，加快经济内循环流速。数字经济通过数实深度融合促进产业结构转型升级，从而实现从生产低附加值产品和服务到高附加值产品和服务的价值攀升，同时增强产业间协调关联水平。② 数字经济的特性、机制与作用路径决定了数字经济正在成为中国稳增长、促发展的新动能，是推动经济高质量发展、增强国际竞争力、抢抓竞争制高点的关键战略选择。

## 三 推进中国式现代化需要高质量发展数字经济

党的二十大报告提出，中国共产党的中心任务就是团结带领全国各

---

① 习近平：《谋求持久发展 共筑亚太梦想》，《人民日报》2014年11月10日。
② 夏杰长、袁航：《数字经济、要素市场化与中国产业结构转型升级》，《广东社会科学》2023年第4期。

族人民全面建成社会主义现代化强国、实现第二个百年奋斗目标,以中国式现代化全面推进中华民族伟大复兴。① 中国式现代化要求中国经济实力、综合国力的显著提升,科学技术发展进入高水平创新型国家行列,构建形成新的发展格局。这对中国经济高质量发展水平、科技创新自强能力、国家治理体系和能力都提出了新的要求,全面建设社会主义现代化国家任务伟大而艰巨。

数字经济正在打造中国式现代化新引擎,是积极拥抱新一轮科技革命和产业变革重大机遇、助力实现中国式现代化的核心路径和战略选择。共同富裕是中国式现代化的应有之义。全体人民共同富裕是社会主义的本质要求,是中国特色社会主义更高阶段的社会形态。发展数字经济对分阶段稳步实现共同富裕意义显著,数字经济通过持续促进经济一般性增长和均衡性增长,优化收入分配,协调区域发展,充分赋能共同富裕建设。因此,中国式现代化的实现需要高质量发展数字经济。研究探析数字经济发展规律与相关理论、科学规划设计数字经济发展总蓝图是发展数字经济、充分释放数据要素和数字技术价值的基础工作。

### 四 数字经济在促进经济发展、推动创新以及产业转型升级方面作用突出

在促进经济发展方面,数字经济是经济增长的动力源泉,能增强劳动力时空流动、多样化劳动者就业选择、优化要素配置结构,提升国民劳动性收入;同时,还能降低金融市场与技术市场错配,提升要素生产效率,扩展市场空间,带动经济高质量发展。② 在推动创新方面,数字

---

① 习近平:《高举中国特色社会主义伟大旗帜 为全面建设社会主义现代化国家而团结奋斗——在中国共产党第二十次全国代表大会上的报告》,《人民日报》2022年10月26日。
② 赵涛、张智、梁上坤:《数字经济、创业活跃度与高质量发展——来自中国城市的经验证据》,《管理世界》2020年第10期。

经济发展能有效推动技术创新和产品创新,①且对发明创新影响较大,外观设计创新次之。②在产业发展方面,数字经济能拓展产业链分工边界、降低交易成本,引发价值分配的转移和需求变化,变革产业,给生产生活带来颠覆性影响。③数字经济及其子系统对中国产业结构转型升级存在正向促进作用,④特别是,大数据的广泛应用还能推动制造业结构高级化与合理化。⑤

无疑,信息化等数字技术的广泛应用为产业升级提供强大的发展动力,但中国信息化与产业转型升级耦合协调度依然处于中下等水平,信息化与产业转型升级之间的耦合不够顺畅,甚至还相互掣肘。⑥数字经济在发展过程中已经暴露出一系列问题,比如,企业数字化转型意愿强烈但缺乏具体战略布局,数字经济在宏观经济统计指标中难以捕捉,甚至出现"新索洛悖论",⑦以及区域"数字经济鸿沟"与两极分化加剧等问题。⑧对此,立足于中国产业结构"低端锁定"困境,数字经济最终对中国产业结构转型升级产生何种影响?其内部机制是什么?我们又可以有什么思路和策略,都是有待破题的重要理论和现实问题。

---

① 熊励、蔡雪莲:《数字经济对区域创新能力提升的影响效应——基于长三角城市群的实证研究》,《华东经济管理》2020年第12期。

② 温珺、阎志军、程愚:《数字经济与区域创新能力的提升》,《经济问题探索》2019年第11期。

③ C. Degryse, "Shaping the World of Work in the Digital Economy", Social Science Electronic Publishing, 2017, pp. 1–11.

④ 李晓钟、吴甲戌:《数字经济驱动产业结构转型升级的区域差异》,《国际经济合作》2020年第4期。

⑤ 吕明元、苗效东:《大数据能促进中国制造业结构优化吗?》,《云南财经大学学报》2020年第3期。

⑥ 李晓钟、刘青君:《中国信息化与产业转型升级耦合协调发展研究》,《资源开发与市场》2016年第8期。

⑦ 许宪春、张美慧:《中国数字经济规模测算研究——基于国际比较的视角》,《中国工业经济》2020年第5期。

⑧ 刘军、杨渊鋆、张三峰:《中国数字经济测度与驱动因素研究》,《上海经济研究》2020年第6期。

## 第二节　理论机制与研究假说

产业结构转型升级是从低附加值向高附加值方向顺次演进的高度化与协调关联水平不断提升的合理化过程。[①] 产业结构升级的实质是实现产业之间生产要素的优化配置与高效使用，关键需要完善的要素市场借以保障要素配置从行政化转向市场化。当下，数字经济蓬勃发展为产业结构转型升级提供了强大驱动力。[②]

数字经济通过加速要素市场化改革带动产业结构合理化。数字经济发展加强了要素之间的关联程度，为要素充分自由流动提供了良好的体制机制环境，有助于优化资源配置结构，提升产业间的协调关联水平，促进产业结构合理化。具体而言，一方面，数字经济能加速生产力水平信息化与智能化，可以从技术与经济范式转换等方面打破传统要素市场束缚，加快要素市场化改革，充分发挥市场机制配置资源与价格决定作用，带动资本、劳动和创新要素自由流动与使用方式的集约化转型，促进经济结构调整、经济效率提升，以及协调要素投入与产出之间的结构关系，通过优化配置要素结构连接数字经济与高质量发展以及产业结构升级，从根本上推动经济结构合理化，带动产业结构转型升级。另一方面，数字技术的广泛应用有助于加速要素市场化改革进程，带动劳动力、资本和技术向高技能高弹性工作条件、高投资收益回报以及高附加值行业流动，重塑生产过程的要素投入种类和投入比例，并通过市场竞争和产业分工减少资源错配和市场扭曲，[③] 优化资源在行业间、部门间

---

[①] 郭克莎：《我国产业结构变动趋势及政策研究》，《管理世界》1999 年第 5 期。

[②] 袁航、朱承亮：《创新属性、制度质量与中国产业结构转型升级》，《科学学研究》2019 年第 10 期。

[③] 余文涛、吴士炜：《互联网平台经济与正在缓解的市场扭曲》，《财贸经济》2020 年第 5 期。

与地区间的配置结构，推动产业结构合理化。对此，本章得到第一个有待验证的理论假说。

理论假说1：数字经济有利于推动产业结构合理化。

数字经济通过加速要素市场化改革带动产业结构高度化。数字经济以数据为核心元素，依托数字技术，通过改变经济系统中要素的组合方式与投入结构，打破制约要素流动的传统体制机制障碍，降低市场经济与企业交易成本，提高产业运行效率，带动产业结构高度化。具体而言，一方面，数字经济通过互联网、云计算、大数据、人工智能等数字技术向经济发展各个环节广泛渗透，以资源重组的方式改变传统要素投入种类和结构，强化市场竞争，优化产业分工，带动要素从低效率部门向高效率部门流动，优化要素配置结构，提升要素生产效率。[①] 此时，传统低"能量密度"要素向高"能量密度"要素的转变能提升传统经济知识密度，增强经济发展动能，带动产业向技术和知识密集型等高附加值方向升级，促进产业结构高度化。另一方面，数字经济通过加速要素市场化改革，营造公开透明的市场环境，减少信息不完全以及外部性等问题，降低交易成本，畅通要素流动，优化要素市场配置结构，盘活"沉睡"资源，提升产业效率，带动产业结构高级化。[②]

此外，数字经济的网络化和协同性特征有助于强化生产要素之间的集约化整合与网络化共享，提高要素的供给规模与利用效率，而这种由信息、数据等新生产要素引发的"溢出效应"与"渗透效应"还能产生正外部性，并以正向循环累积因果反馈机制形成"马太效应"，拓展企业运营规模，实现交易、交流、合作的数字化，降低产品边际成本和平均成本，推动产品向高附加值转变，促进产业结构高

---

[①] 韩长根、张力：《互联网是否改善了中国的资源错配——基于动态空间杜宾模型与门槛模型的检验》，《经济问题探索》2019年第12期。

[②] 梁琦、肖素萍、李梦欣：《数字经济发展提升了城市生态效率吗？——基于产业结构升级视角》，《经济问题探索》2021年第6期。

度化转型。① 对此,本章提出第二个有待验证的理论假说。

理论假说 2:数字经济有助于推动产业结构高度化。

## 第三节 模型构建与变量说明

### 一 模型构建

基于上述数字经济影响产业结构转型升级的理论机制,本章还需结合统计数据进行实证检验,具体的回归方程为:

$$istu_{i,t} = \alpha_0 + \alpha_1 de_{i,t} + \sum \delta x_{i,t} + \mu_i + \varepsilon_{i,t} \quad (5-1)$$

在式(5-1)中,$istu_{i,t}$ 为 $i$ 地区 $t$ 时期产业结构转型升级水平;$de_{i,t}$ 表示 $i$ 地区 $t$ 时期的数字经济发展水平;$x_{i,t}$ 为一系列控制变量,包括政府规模、经济发展水平、人力资本、基础设施建设以及对外开放程度等,很大程度上避免了因遗漏变量带来的估计偏误;$\mu_i$ 为个体固定效应;$\varepsilon_{i,t}$ 为误差项。

### 二 变量说明

(一)被解释变量

本章的被解释变量是产业结构转型升级,包括产业结构合理化与产业结构高度化两方面。其中,产业结构合理化是产业间协调发展与耦合程度的衡量。② 本章借鉴泰尔指数的计算方法测度各地级市产业结构合理化水平,计算公式为:

$$theil_{i,t} = \sum_{m=1}^{3} y_{i,m,t} \ln(y_{i,m,t}/l_{i,m,t}), \quad m = 1, 2, 3 \quad (5-2)$$

---

① 严若森、钱向阳:《数字经济时代下中国运营商数字化转型的战略分析》,《中国软科学》2018 年第 4 期。

② 干春晖、郑若谷、余典范:《中国产业结构变迁对经济增长和波动的影响》,《经济研究》2011 年第 5 期。

其中，$y_{i,m,t}$ 表示 $i$ 地区 $m$ 产业在 $t$ 时期占地区生产总值的比重，$l_{i,m,t}$ 表示 $i$ 地区 $m$ 产业 $t$ 时期从业人员占总就业人员的比重。产业结构泰尔指数反映的是三大产业产值结构与就业结构之间的偏离程度。若该指数为 0，说明产业结构处于均衡水平；若不为 0，说明产业结构偏离均衡状态，产业结构不合理。

此外，产业结构高度化是产业份额占比在"量"上的演进和产业效率在"质"上的提升。只有当某一国家或地区劳动生产率较高的产业所占份额较大时，才能说明其具有较高的产业结构高度化水平。本章借鉴袁航和朱承亮的做法，利用三大产业份额占比与各产业劳动生产率的乘积加权值测算产业结构高度化水平。① 计算公式为：

$$ais_{i,t} = \sum_{m=1}^{3} y_{i,m,t} \times lp_{i,m,t}, \quad m = 1, 2, 3 \quad (5-3)$$

$$lp_{i,m,t} = Y_{i,m,t} / L_{i,m,t} \quad (5-4)$$

其中，$lp_{i,m,t}$ 表示 $i$ 地区 $m$ 产业在 $t$ 时期的劳动生产率；$Y_{i,m,t}$ 表示 $i$ 地区 $m$ 产业 $t$ 时期的增加值，$L_{i,m,t}$ 表示 $i$ 地区第 $m$ 产业 $t$ 时期的就业人员。同时，本章采用均值化方法对产业结构高度化进行了无量纲化处理。

(二) 解释变量

本章的解释变量是数字经济发展水平。对此，有学者尝试通过构建指标体系进行测算，主要针对全国层面和省级层面，而较少从地级市层面进行测度。同时，也有学者采用腾讯研究院发布的数字经济指数，但由于该指数每年在统计口径上的细微变化，② 只有部分文献在做截面分析时采用过。本章基于已有文献，秉承全面、准确、数据可得的原则，

---

① 袁航、朱承亮：《国家高新区推动了中国产业结构转型升级吗》，《中国工业经济》2018 年第 8 期。
② 2016 年报告中的"互联网+"指数由"互联网+基础""互联网+产业""互联网+创新创业""互联网+智慧城市"四个分指标构成。2017 年报告中的中国"互联网+数字经济"指数则是由基础分指数、产业分指数、"双创"分指数和智慧民生分指数加权平均得到。2018 年报告中的"互联网+"指数则是根据数字经济、数字政务、数字生活和数字文化四个方面指数加权平均所得。2019 年和 2020 年报告中的数字中国指数由数字产业、数字文化、数字政务、数字生活四个指数加权平均而得。

尝试从数字经济基础（互联网宽带接入用户数，万户）、数字经济应用（移动电话用户数，万户）、数字经济产出（电信业务总量，万元）与数字经济服务（数字从业人员，包括信息传输、计算机服务业和软件业从业人员占城镇单位从业人员比重）四个方面采用熵值法测度2011—2019年中国281个地级市的数字经济发展水平。需要说明的是，本章未将普惠金融指数纳入指标体系，主要是因为该指数已经是若干基础指标的合成，不宜与其他指标再次合成。但为了与已有采用普惠金融刻画数字经济发展水平的文献保持一致，本章在稳健性检验部分将使用该指标作为数字经济的代理变量。

（三）控制变量

为了防止因遗漏变量给模型估计带来偏误，本章借鉴袁航和朱承亮的做法，[①] 引入了一系列控制变量：（1）政府规模，采用政府财政支出额占地区生产总值的比重测算；（2）经济发展水平，采用实际人均GDP测度地区经济发展水平，同时在回归时还引入了经济发展水平的二次项；（3）人力资本，采用高等教育在校生数与地区年底人数之比测算；（4）基础设施建设，采用人均道路面积测算；（5）对外开放程度，采用实际使用外资金额与地区生产总值的比值测算。以上所有数据均来自历年的《中国城市统计年鉴》与中经网，用货币度量的指标均以1990年为基期，剔除了价格因素的影响。表5-1为变量的描述性统计结果。

表5-1　　　　　　　　　　变量的描述性统计

| 变量 | 样本量 | 均值 | 标准误 | 最小值 | 最大值 |
| --- | --- | --- | --- | --- | --- |
| 产业结构合理化（theil） | 2511 | 0.2858 | 0.2047 | 0.0005 | 1.7205 |
| 产业结构高度化（ais） | 2511 | 1.2404 | 0.8366 | 0.1923 | 17.1671 |

---

① 袁航、朱承亮：《国家高新区推动了中国产业结构转型升级吗》，《中国工业经济》2018年第8期。

续表

| 变量 | 样本量 | 均值 | 标准误 | 最小值 | 最大值 |
| --- | --- | --- | --- | --- | --- |
| 数字经济发展（de） | 2529 | 0.0871 | 0.0762 | 0.0096 | 0.6287 |
| 政府规模（gov） | 2528 | 0.1999 | 0.1024 | 0.0441 | 0.9155 |
| 经济发展水平（pergdp） | 2528 | 0.4103 | 0.2689 | 0.0875 | 4.3883 |
| 人力资本（human） | 2501 | 1.8650 | 2.4437 | 0.0059 | 13.1124 |
| 基础设施建设（infrastr） | 2515 | 9.4235 | 8.3481 | 0.2535 | 108.3700 |
| 对外开放程度（open） | 2461 | 1.6743 | 1.7184 | 0.0002 | 19.8983 |

## 第四节 实证检验及结果分析

### 一 实证检验

（一）基准模型检验

基于基准回归方程，本章对数字经济的产业结构转型升级效应进行了实证检验，结果见表5-2。此时，数字经济显著抑制了产业结构泰尔指数，意即数字经济有助于抑制产业结构偏离均衡状态，继而促进产业结构合理化。与此同时，数字经济对产业结构高度化的影响为正，但在统计上不显著，一定程度上验证了理论假说1和理论假说2。控制变量回归结果显示，政府规模对产业结构合理化与产业结构高度化均具有显著抑制作用，说明过多的政府干预会影响市场经济正常运行，不利于促进资源优化配置与提升产业效率，从而不利于带动产业结构合理化与高度化。经济发展水平能显著促进产业结构合理化与高度化。人力资本能显著促进产业结构合理化，但对产业结构高度化的影响在数值上为负。基础设施建设在一定程度上对产业结构合理化存在不利影响，而对外开放程度能显著推动中国产业结构合理化。

表 5-2　　　　　　　　　　基准模型回归结果

| 变量 | theil (1) | ais (2) |
| --- | --- | --- |
| $de$ | -0.2420 *** <br> (-2.92) | 0.9684 <br> (1.58) |
| $gov$ | 0.2491 *** <br> (2.85) | -0.6729 * <br> (-1.79) |
| $pergdp^2$ | 0.0219 ** <br> (2.03) | -0.2449 *** <br> (-3.02) |
| $pergdp$ | -0.0809 <br> (-1.53) | 1.2833 ** <br> (2.35) |
| $human$ | 0.0048 <br> (1.49) | -0.0240 <br> (-0.69) |
| $infrastr$ | 0.0008 ** <br> (2.12) | -0.0060 <br> (-1.62) |
| $open$ | -0.0053 ** <br> (-2.53) | 0.0159 <br> (0.95) |
| $\_cons$ | 0.2786 *** <br> (9.10) | 0.8990 *** <br> (2.86) |
| N | 2411 | 2411 |
| $R^2$ | 0.0247 | 0.0170 |

注：(1) 括号内为 t 统计值；(2) *、** 和 *** 分别表示在 10%、5% 和 1% 水平上显著；(3) 所有回归均采用以地区为聚类变量的聚类稳健标准误。

## （二）内生性检验

### 1. 工具变量法

本章借鉴已有文献，选取各城市 1984 年的邮电历史数据作为数字经济的工具变量。① 主要原因如下：一是互联网普及率较高的地区通常

---

① 赵涛、张智、梁上坤：《数字经济、创业活跃度与高质量发展——来自中国城市的经验证据》，《管理世界》2020 年第 10 期。

是历史上邮电业务发展较好的地区,满足工具变量的相关性原则;二是历史上邮电业务的发展情况通常不太可能对当下产业结构转型升级产生直接影响,所以满足工具变量的外生性原则。于是,本章选取1984年各城市邮电局总数作为数字经济发展的工具变量。考虑到该变量为截面数据,此处参考 N. Nunn 和 N. Qian 的做法,以前一年全国互联网用户数分别与1984年各城市邮电局总数的交互项作为工具变量,[①] 同时引入城市和时间固定效应,回归结果见表5-3中第(1)列。此时,数字经济在1%水平上能显著抑制产业结构泰尔指数,有效促进产业结构合理化,但对产业结构高度化并不具有显著的促进作用,与基准回归模型所得结果基本一致。

2. 系统广义矩估计 SYS-GMM

此处以数字经济的滞后期作为工具变量,采用 SYS-GMM 方法对基准模型重新估计后的结果见表5-3中第(2)列。此时,数字经济依然显著促进了产业结构合理化,而且对产业结构高度化也具有明显的促进作用,与基准模型所得结论大体一致。

3. 引入政策冲击

为了进一步缓解可能存在的内生性问题,本章尝试采用相对外生的政策冲击进行考察。国家数字经济创新发展试验区是带动数字经济发展的前沿阵地,该项目自2019年正式启动以来,初次确定了包含河北省(雄安新区)、浙江省、福建省、广东省、重庆市、四川省在内的6个国家数字经济创新发展试验区(park),其发展以《国家数字经济创新发展试验区实施方案》为指导,旨在要求各试验区在数字经济要素流通机制、新型生产关系、要素资源配置、产业集聚发展模式等方面开展探索,充

---

① N. Nunn, N. Qian, "US Food aid and Civil Conflict", *American Economic Review*, Vol. 104, No. 6, 2014, pp. 1630-1666.

分释放新动能。① 尽管该试验区成立时间不久，却是推动数字经济发展的一项政策冲击。对此，本章将这 6 个省份所对应的地级市作为处理组，其余地级市作为控制组，通过构建双重差分模型（DID）检验国家数字经济创新发展试验区对产业结构转型升级的影响，结果见表 5-3 中第（3）列。可以看出，上述试验区在 2019 年刚成立，回归结果缺乏统计显著性，但对产业结构合理化的积极影响已经显现。未来，随着时间的推进，试验区的发展对中国产业结构转型升级的推动作用将更加显著。

表 5-3　　　　　　　　　　内生性检验

| 变量 | 工具变量法（1） | | SYS-GMM（2） | | DID（3） | |
|---|---|---|---|---|---|---|
| | theil | ais | theil | ais | theil | ais |
| de | -0.3032** (-2.22) | -1.9860*** (-3.84) | -0.0978** (-2.06) | 0.5203** (2.04) | | |
| park | | | | | -0.0004 (-0.02) | -0.0016 (-0.02) |
| 控制变量 | YES | YES | YES | YES | YES | YES |
| 城市固定 | YES | YES | — | — | YES | YES |
| 时间固定 | YES | YES | YES | YES | YES | YES |
| N | 1777 | 1777 | 2143 | 2143 | 2411 | 2411 |
| $R^2$ | 0.3275 | 0.0983 | | | 0.0509 | 0.0432 |

注：(1) 括号内为 t 统计值；(2) *、** 和 *** 分别表示在 10%、5% 和 1% 水平上显著；(3) 所有回归均采用以地区为聚类变量的聚类稳健标准误。

（三）稳健性检验

1. 替换被解释变量

在已有文献中，不同学者对产业结构合理化与高度化提出了不同的

---

① 《国家数字经济创新发展试验区启动建设》，2019 年 10 月 20 日，中国政府网，http://www.gov.cn/xinwen/2019-10/20/content_5442574.htm。

测度指标。此处借鉴陶长琪和彭永樟的做法重新测算产业结构合理化，① 计算公式为：

$$ris = 1 - \frac{1}{3}\sum_{m=1}^{3}|y_{i,m,t} - l_{i,m,t}|, m = 1, 2, 3 \quad (5-5)$$

其中，ris 是一个正向指标。该值越大，说明产业结构越合理。同时，本章借鉴干春晖等的做法，采用三产与二产的比值作为产业结构高度化的代理指标，② 并根据基准模型重新回归，所得结果见表 5-4 中第（1）列。此时，数字经济能显著促进产业结构合理化与高度化。

2. 替换解释变量

此处借鉴从覆盖广度、使用深度和数字支持服务程度三方面测算得到的数字普惠金融指数进行稳健性检验。③ 考虑到该指数是多指标合成结果，不便对其进行再次合成，故本章并未将其纳入数字经济发展指标体系中来，而是单独以普惠金融指数作为数字经济的代理变量，对基准模型进行回归后结果见表 5-4 中第（2）列。此时，普惠金融能显著抑制产业结构偏离均衡状态，带动产业结构合理化，并且对产业结构高度化也表现出了积极的带动作用。尽管这种积极影响在统计上不显著，但总体结论与基准结论一致，再次验证了基准结论的稳健性。

3. 改变指标合成方法

为了避免因合成数字经济指数的方法不同给回归结果带来偏误，本章采用主成分分析法对数字经济指数重新合成，回归结果见表 4 中第（3）列。此时，数字经济依然能显著促进产业结构合理化，对产业结构高度化的积极影响不显著，与基准模型所得结论一致。

---

① 陶长琪、彭永樟：《经济集聚下技术创新强度对产业结构升级的空间效应分析》，《产业经济研究》2017 年第 3 期。

② 干春晖、郑若谷、余典范：《中国产业结构变迁对经济增长和波动的影响》，《经济研究》2011 年第 5 期。

③ 郭峰等：《测度中国数字普惠金融发展：指数编制与空间特征》，《经济学》（季刊）2020 年第 4 期。

表5-4 稳健性检验

| 变量 | 替换被解释变量 (1) | 替换解释变量 (2) | | 主成分分析法 (3) | | 1%缩尾 (4) | |
|---|---|---|---|---|---|---|---|
| | ris | ais | theil | ais | theil | ais | theil | ais |
| de | 18.4238***<br>(3.71) | 3.3230***<br>(6.34) | −0.0002***<br>(−2.68) | 0.0002<br>(0.41) | −0.0010*<br>(−1.79) | 0.0038<br>(1.16) | −0.2554***<br>(−2.69) | 0.9128**<br>(2.16) |
| 普惠金融 | | | | | | | | |
| 控制变量 | YES | YES | YES | YES | YES | YES | YES | YES |
| N | 2425 | 2425 | 2411 | 2411 | 2411 | 2411 | 2411 | 2411 |
| $R^2$ | 0.0765 | 0.1894 | 0.0288 | 0.0159 | 0.0216 | 0.0161 | 0.0279 | 0.0393 |

注：(1) 括号内为 t 统计值；(2) *、**和***分别表示在10%、5%和1%水平上显著；(3) 所有回归均采用以地区为聚类变量的聚类稳健标准误。

4. 缩尾处理

为了有效避免离群值对回归结果产生影响，本章对所有变量进行1%双边缩尾后根据基准模型重新估计。表5-4中第（4）列的回归结果显示，数字经济能显著促进产业结构合理化与产业结构高度化，与基准模型所得结论大体一致。

**二 作用机制识别**

上述一系列回归结果稳健地证实了数字经济能显著促进产业结构合理化，而对产业结构高度化的促进作用尚不显著的结论。此处，本章还需对数字经济影响产业结构转型升级的内部机制进行检验，进一步明确数字经济能否通过有效推动要素市场化改革，带动产业结构转型升级。

需要说明的是，目前涉及要素市场化程度测算的文献并不多，具有代表性的是卢现祥和王素素基于市场化配置程度、市场化运作程度以及市场准入程度三大子系统共计52个指标，利用熵值法测度的中国要素市场化配置程度，① 但该指标体系包括了产业结构升级指标，此处不宜使用。鉴于此，本章采用王小鲁等利用的"中国市场化指数"分项指标中的要素市场发育程度衡量各地区要素市场整体发展情况。② 在该指数中：（1）人力资源供应条件包括技术人员、管理人员以及熟练工人的供应情况，本章用来表示劳动力市场化进程；（2）金融业的市场化包括金融业的竞争与信贷资金分配的市场化，本章用来反映资本市场化进程；（3）技术成果市场化表示技术市场化进程。③ 具体的回归结果见表5-5。可以发现，数字经济不仅显著推动了整体要素市场化进程，还

---

① 卢现祥、王素素：《要素市场化配置程度测度、区域差异分解与动态演进——基于中国省际面板数据的实证研究》，《南方经济》2021年第1期。
② 王小鲁、樊纲、余静文：《中国分省份市场化指数报告（2016）》，社会科学文献出版社2017版。
③ 戴魁早、李晓莉、骆莙函：《人力资本结构高级化、要素市场发展与服务业结构升级》，《财贸经济》2020年第10期。

显著带动了劳动力、资本以及技术市场化发展进程，对促进劳动力、资本与技术等要素自由流动、合理配置以及高效使用带来了积极影响，最终显著带动了中国产业结构合理化。

表 5-5　　　　　　　　　　　　机制检验

| 变量 | 要素市场发育程度 | 劳动力市场化 | 资本市场化 | 技术市场化 |
| --- | --- | --- | --- | --- |
| $de$ | 32.5457*** <br>(6.28) | 43.8366*** <br>(5.55) | 17.2726*** <br>(6.50) | 20.3455*** <br>(5.21) |
| 控制变量 | YES | YES | YES | YES |
| N | 1086 | 1086 | 1086 | 1086 |
| $R^2$ | 0.2925 | 0.2390 | 0.3826 | 0.0987 |

注：(1) 括号内为 t 统计值；(2) *、** 和 *** 分别表示在 10%、5% 和 1% 水平上显著；(3) 所有回归均采用以地区为聚类变量的聚类稳健标准误。

尽管数字经济显著促进了要素市场化发展，但其对产业结构高度化的促进作用在统计上缺乏显著性。对此，本章有必要对数字经济推动产业结构高度化的机制做进一步考察。产业结构高度化是产值占比在"量"上的增加与产业效率在"质"上的提升的综合表现，这对产业结构转型升级的环境提出了更高的要求，即只有较高程度的要素市场化才能保证要素自由充分流动，才能确保资源的合理配置与高效使用，才有助于推动产业效率的提升，促进产业结构高度化。那么，数字经济对中国产业结构高度化的促进作用是否受到要素市场化发展程度的影响？是否在较高水平的要素市场化环境中，数字经济就会显著促进中国产业结构高度化呢？对此，本章根据要素市场发育程度、劳动力市场化、资本市场化，以及技术市场化的均值分别将总样本划分为高低两组，进行分组回归，所得结果见表 5-6。结果显示，在要素市场化发展程度高组，数字经济能显著促进产业结构高度化，充分证明了要素市场化发展程度较高时，数字经济对产业结构高度化的促进作用才能显现出来。基准模型中数字经济未能显著推动产业结构高度化，则是因为中国当下的要素

表 5-6　数字经济促进产业结构高度化的机制考察 ($ais$)

| 变量 | 要素市场发育程度 | | 劳动力市场化 | | 资本市场化 | | 技术市场化 | |
|---|---|---|---|---|---|---|---|---|
| | 高组 | 低组 | 高组 | 低组 | 高组 | 低组 | 高组 | 低组 |
| $de$ | 1.7393*** | −2.3376 | 2.0871*** | 3.7335 | 1.5595*** | −4.3599 | 1.0628* | −2.5234 |
| | (2.96) | (−0.72) | (3.70) | (1.22) | (2.68) | (−1.62) | (1.90) | (−1.92) |
| 控制变量 | YES | YES | YES | YES | YES | YES | YES | YES |
| N | 1913 | 498 | 2011 | 400 | 1810 | 601 | 1735 | 676 |
| $R^2$ | 0.0227 | 0.0136 | 0.0427 | 0.0284 | 0.0180 | 0.0099 | 0.0155 | 0.0533 |

注：(1) 括号内为 t 统计值；(2) *、** 和 *** 分别表示在 10%、5%和 1%水平上显著；(3) 所有回归均采用以地区为聚类变量的聚类稳健标准误差。

市场化程度较低所致。

### 三 异质性检验

#### （一）区域异质性检验

近年来，区域发展差异在南北方之间尤为突出。对此，本章在考察数字经济影响产业结构转型升级的区域异质性时，也尝试从南北方视角展开。与传统的地理南北划分有所不同，本章借鉴盛来运等的处理方法，① 从经济地理视角对南北区域进行划分。② 同时，为了避免分组回归导致样本量减少给估计结果带来的偏误，本章分别以南方地区和北方地区虚拟变量同数字经济进行交互后回归，所得结果见表5-7。此时，数字经济仅显著促进了南方地区产业结构合理化，对产业结构高度化不存在明显的区域差异。

表5-7　　　　　　　　　南—北区域异质性检验

| 变量 | theil | ais | theil | ais |
| --- | --- | --- | --- | --- |
| southerncity 虚拟变量×de | -0.2489*** <br> (-2.80) | 0.7783 <br> (1.24) | | |
| northerncity 虚拟变量×de | | | -0.0806 <br> (-0.40) | 1.5017 <br> (0.94) |
| 控制变量 | YES | YES | YES | YES |
| N | 2411 | 2411 | 2411 | 2411 |
| $R^2$ | 0.0245 | 0.0165 | 0.0202 | 0.0162 |

注：(1) 括号内为t统计值；(2) *、**和***分别表示在10%、5%和1%水平上显著；(3) 所有回归均采用以地区为聚类变量的聚类稳健标准误。

---

① 盛来运等：《我国经济发展南北差距扩大的原因分析》，《管理世界》2018年第9期。
② 此处北方地区有13个省份，分别是黑龙江、吉林、辽宁、内蒙古、河北、北京、天津、山西、陕西、宁夏、甘肃、青海、新疆；其余18个省份（不包括中国香港、中国澳门和中国台湾）为南方地区。

## （二）时间异质性检验

在中国，数字经济发展尚处于发展初期。2016年，G20杭州峰会以数字经济为重要议题通过的《G20数字经济发展与合作倡议》为世界经济创新发展注入了新动力，①并向全球数字经济发展贡献了中国智慧。对此，本章以2016年G20峰会为时间节点，将总样本划分为2011—2015年和2016—2019年两个区间，并分别设置时间阶段虚拟变量与数字经济的交互项进行估计，结果见表5-8。不难看出，在G20峰会之前（2011—2015年），数字经济对中国产业结构合理化与产业结构高度化并不存在显著的促进作用；但在G20峰会之后（2016—2019年），数字经济能显著促进产业结构合理化与高度化，进而推动产业结构转型升级。

表5-8　时间异质性检验

| 变量 | theil | ais | theil | ais |
| --- | --- | --- | --- | --- |
| pre-虚拟变量×de（G20峰会之前） | 0.1088**<br>(3.45) | −0.4018<br>(−1.51) | | |
| post-虚拟变量×de（G20峰会之后） | | | −0.0957***<br>(−3.60) | 0.3646*<br>(1.77) |
| 控制变量 | YES | YES | YES | YES |
| N | 2411 | 2411 | 2411 | 2411 |
| $R^2$ | 0.0234 | 0.0165 | 0.0248 | 0.0169 |

注：(1) 括号内为t统计值；(2) *、**和***分别表示在10%、5%和1%水平上显著；(3) 所有回归均采用以地区为聚类变量的聚类稳健标准误。

## （三）进一步拓展

前面的结论已经得出数字经济发展能通过加快要素市场化进程显著

---

① 《G20杭州峰会通过〈G20数字经济发展与合作倡议〉为世界经济创新发展注入新动力》，2016年9月29日，国家互联网信息办公室网站，http://www.cac.gov.cn/2016-09/29/c_1119648535.htm。

表 5-9　数字经济发展指数分维度异质性检验

| 变量 | theil | ais | theil | ais | theil | ais | theil | ais |
| --- | --- | --- | --- | --- | --- | --- | --- | --- |
| 数字经济发展基础 | -0.0164** (-2.00) | 0.0511 (1.05) | | | | | | |
| 数字经济应用水平 | | | -0.0498*** (-2.64) | 0.0243 (0.16) | | | | |
| 数字经济产出水平 | | | | | -0.0071 (-0.84) | 0.0505 (1.06) | | |
| 数字经济服务水平 | | | | | | | -0.0080 (-0.87) | 0.0876 (1.12) |
| 控制变量 | YES | YES | YES | YES | YES | YES | YES | YES |
| N | 2411 | 2411 | 2411 | 2411 | 2411 | 2411 | 2411 | 2411 |
| $R^2$ | 0.0254 | 0.0166 | 0.0285 | 0.0157 | 0.0212 | 0.0167 | 0.0208 | 0.0172 |

注：(1) 括号内为 t 统计值；(2) *、** 和 *** 分别表示在 10%、5% 和 1% 水平上显著；(3) 所有回归均采用以地区为聚类变量的聚类稳健标准误。

促进产业结构合理化，但由于当下中国要素市场化改革进程相对迟滞，一定程度上削弱了数字经济对产业结构高度化的积极影响的结论。考虑到本章所采用的数字经济发展指数是由数字经济基础（互联网宽带接入用户数）、数字经济应用（移动电话用户数）、数字经济发展（电信业务总量）与数字经济服务（数字从业人员占比）四个维度合成的指标，分维度考察其对产业结构转型升级的影响，有助于厘清数字经济各维度所产生的不同效果，对后期制定相关政策大有裨益。对此，本章从数字经济四个维度分别考察其对产业结构合理化与产业结构高度化的不同影响，回归结果见表5-9。

由表5-9可知，仅数字经济发展基础和应用水平显著促进了产业结构合理化，而数字经济产出水平和服务水平对产业结构合理化的积极影响在统计上不显著，说明互联网宽带与移动电话等数字基础设施的完善和数字技术的广泛应用，能有效带动资源合理流动和优化配置，对推动中国产业结构合理化产生了积极影响，但由于中国数字经济仍然处于发展初期，其产出水平和服务水平对产业结构合理化的带动作用尚不显著。总体而言，数字经济分维度指标对产业结构高度化的积极影响尚不显著，与基准模型所得结论一致。

## 第五节 结论与政策建议

### 一 研究结论

以数字经济带动产业结构转型升级是高质量发展阶段的重要议题。本章根据数字经济基础（互联网宽带接入用户数）、数字经济应用（移动电话用户数）、数字经济产出（电信业务总量）与数字经济服务（数字从业人员占比）四个维度测算得出中国地级市数字经济发展指数之后，基于2011—2019年中国281个地级市面板数据，从理论和实证两方面考察了数字经济对中国产业结构转型升级的影响及机制。

研究发现：（1）数字经济能显著促进中国产业结构合理化，对产业结构高度化的积极影响在统计上尚不显著，该结论在经过内生性检验和一系列稳健性检验之后依然成立。（2）数字经济对产业结构转型升级的促进作用通过加快要素市场化作用实现。其中，数字经济促进产业结构高度化不显著的主要原因在于，当下中国要素市场化改革进程相对滞后，而当要素市场化程度较高时，数字经济能显著促进产业结构高度化。（3）数字经济对产业结构转型升级的影响存在异质性。一是在区域异质性方面，数字经济仅显著促进了南方地区产业结构合理化，对产业结构高度化的影响均不显著。二是在阶段异质性方面，在G20峰会之前，数字经济对产业结构转型升级无显著促进作用；而在G20峰会之后，其能显著促进产业结构合理化与高度化，有效推动产业结构转型升级。（4）进一步拓展研究发现，在数字经济指数的四个合成维度中，仅数字经济发展基础和应用水平对产业结构合理化具有显著促进作用，数字经济产出水平和服务水平对产业结构合理化的积极影响在统计上不显著，对产业结构高度化均无显著影响。

## 二　政策建议

未来，中国应继续推动数字经济大发展，突破各种发展瓶颈，加快要素市场化改革进程，畅通数字经济推动产业结构转型升级的作用渠道，增强数字经济对产业结构转型升级的带动作用。第一，加速推动中国数字经济发展，激发数字经济对产业结构转型升级的积极影响。持续推进数字经济创新发展试验区建设，以点带面，协同带动中国数字经济整体向好发展，为加速推进产业结构转型升级提供有力支撑。继续扩大各行各业对数字技术的广泛应用，提升企业生产过程中对各类资源的配置和应用效率，强化数字经济对中国产业结构合理化与高度化的促进作用。第二，加强数字经济基础设施建设，为实现数字经济各维度协同带动产业结构转型升级提供坚实的物质基础。积极打造云（云计算、大数据）、网（互联网、物联网）、端（智能终端、软件应用）等新型信息基础设施、融合基础设施和创新基础设施等，扩大数字技术应用范围，夯实数字经济发展基础。第三，完善要素市场化体制机制，加快推进要素市场化改革进程，充分发挥市场配置资源的决定性作用。发挥数字经济在资源配置过程中的低成本优势，优化资源配置结构，打破因市场分割带来的要素流动壁垒，发挥要素资源的潜在效能。第四，持续提高数据要素市场的供给效率，切实保障数据资源配置的高效性和安全性。探索优化政务数据开放、交换和共享的标准化体系建设，尝试建立个人数据及时收集、广泛汇聚、高效处理、安全存储的前端和终端系统，逐步健全机制完善、架构明晰、规范有序的数据要素交易平台，整合、简化和筛除重复性的机构设置、流程环节和服务内容。第五，支持平台经济健康、规范、有序发展。平台经济能够有效推动高质量发展，提升相关企业和产业的国际竞争力，促进消费提质升级，是推动经济社会发展的新动力。[1] 为充分释放这一新兴发展驱动力，需要支持和引导平台经济健康可持续发展，规范和优化平台经济生态环境，"明确平台企业主体责任和义务"[2]，从数据保护、算法审查、反垄断监管等多维度规范和优化平台企业运营，促动构建"受监管的自我监管"体系，沿袭对平台包容审慎的监管原则，推动平台经济健康发展。

---

[1] 夏杰长、杨昊雯：《平台经济：我国经济行稳致远的重要力量》，《改革》2023年第2期。
[2] 习近平：《习近平谈治国理政》第四卷，外文出版社2022年版。

# 第六章 以数字产业集群推动现代产业高质量发展

数字产业集群是数字产业演进的高级形态，通过发挥产业聚集和规模效应，形成网络化协同效应，提高数字产业创新能力，既是数字经济高质量发展的关键载体，也是现代产业高质量发展的重要依托。以创新驱动为关键、大力推进数字产业集群创新网络发展，是数字经济高速发展的背景下推动区域经济增长、加快现代化产业体系建设的重要途径。加强数字产业集群及创新网络研究，分析数字产业集群与现代产业高质量发展的内在机理，挖掘数字产业集群创新网络的形成逻辑和主要模式，探索以数字产业集群创新发展推动现代产业转型升级和迈向全球价值链的中高端，有着重要的理论和实践价值。

## 第一节 研究进展

### 一 产业集群的形成动因与内涵

社会化分工和产业集聚种下了产业集群发展的种子。亚当·斯密（Adam Smith）早在其1776年出版的《国富论》中提出"产业专业化分工"这一概念，认为分工密切的企业会为了生产产品而联合形成企

## 第六章 以数字产业集群推动现代产业高质量发展

业"群体"。分工使得资源得到较为合理的配置，推动规模经济的形成。马歇尔在《经济学原理》中提出，同行业企业在特定区域内的集中和汇聚能够提高产业专业化程度，企业在集聚区域内更容易获得更多技术人员、供应商支持并得到知识交流、学习的机会，从而推动技术创新。① 这种强调地理空间分布属性的同行业企业的集聚也被称为"马歇尔产业集聚"。

当产业专业化分工和产业集聚发展到一定阶段时，便会形成由各类规模的企业及其支撑机构在特定的产业领域内紧密联结，经由纵横交错的产业网络关系共同形成的紧密协作的空间组织形态，即产业集群。② 产业集群更强调各行为主体经密切沟通协作而形成的关系网络属性和经济属性，是产业集聚的更高级阶段。M. Porter 最早提出了"产业集群"这一概念，并将产业集群提升到国家战略的高度，认为产业集群是拥有持续竞争优势的有机整体，③ 企业会结合市场需求开展产品创新和技术创新，以获得竞争优势。从本质上看，产业集群是由企业及相关机构通过横向协作、纵向联系以及广泛的社会关系所构成的错综复杂的网络系统。④ 集群内各主体在形式上是分散和独立的，在实质上则是同处于一个在产业链上分工协作的生产网络中，通过开展创新活动以寻求共生优势。从性质上看，产业集群作为一种介于微观企业与宏观经济市场之间的中观空间组织结构，兼具科层制与市场机制的优势，⑤ 具有多元化主体、多样化联系、多要素组合的特点，有着复杂、多层次、非线性的联

---

① ［英］阿尔弗雷德·马歇尔原著：《经济学原理》，彭逸林等译，商务印书馆 2010 年版。
② 黄光辉、林龙飞：《基于因子分析的旅游产业集群评价体系研究》，《数理统计与管理》2012 年第 2 期。
③ M. Porter, "Clusters and the New Economics of Competition", *Harvard Business Review*, No. 6, 1998, pp. 78-89.
④ 马珊珊：《产业集群创新网络研究》，博士学位论文，天津大学，2014 年。
⑤ 张辉：《全球价值链理论与我国产业发展研究》，《中国工业经济》2004 年第 5 期。

系，以及日益凸显的网络化特征。①

## 二 产业集群创新网络的形成机制、特征及影响因素

在对产业集群的产生逻辑、概念及其特征有了较为清晰的认识和研究后，学者们开始围绕产业集群的创新演化、网络化特征等方面展开研究。C. Freeman 最早提出了创新网络的概念，认为创新网络是企业之间进行系统性创新的一种制度安排。② 创新网络的提出为产业集群的发展提供了全新的视角。在创新网络概念的基础之上，学者们在研究产业集群时，其视角从传统的线性模式逐渐演进至网络范式，对产业集群创新网络的形成机制、特征以及影响因素展开了深入探讨。

从产业集群创新网络的形成机制来看，产业集群创新网络是在创新主体及其支撑机构之间长期的正式与非正式的创新关系之中形成与发展的。③ 其中，正式的创新关系主要是基于普通合约或协议而形成的长期稳定的合作创新关系；非正式的创新关系主要是基于社会网络关系，指的是集群内各行为主体通过非市场活动建立起人际关系，进而形成关系资本，④ 以实现知识的高效转移与共享，有效地促进隐性知识的扩散。产业集群创新网络是一个不断演化的动态系统，能够为产业集群创新提供内生动力，由无序向有序发展的过程。⑤

从产业集群创新网络的特点来看，创新网络具有聚集、非线性和多

---

① R. G. Ian, M. Philip, "Industrial Cluster: Complex, Agglomeration and/or Social Network", *Urban Studies*, No. 3, 2000, pp. 513-538.

② C. Freeman, "Networks of Innovators: A Synthesis of Research Issues", *Research Policy*, No.91, 1991, pp. 499-514.

③ 李文博、张永胜、李纪明：《集群背景下的知识网络演化研究现状评介与未来展望》，《外国经济与管理》2010年第10期。

④ 薛卫、雷家骕、易难：《关系资本、组织学习与研发联盟绩效关系的实证研究》，《中国工业经济》2010年第4期。

⑤ L. Xiaotao, "Industrial Cluster Innovation from the Perspective of Complexity Science Management, Computer and Communication Technologies in Agriculture Engineering (CCTAE)", IEEE International Conference, No. 3, 2010, pp. 342-345.

## 第六章 以数字产业集群推动现代产业高质量发展

样性等特征,资源在创新网络中的流动将促使产业集群的有效演进。① 李健等运用生态学视角,深入分析了产业集群创新网络的独特性质,指出产业集群中行为主体的资源竞争和协同合作与生物种群中优胜劣汰、共享生存空间的生存状态存在相似性,② 集群内各主体间形成开放的、分工协作的网络关系并保持一定的差异化,能推动集群的均衡发展。

从产业集群创新网络的影响因素来看,学者们的研究主要集中在两个方面。一方面是基于地理空间视角的产业集群区域创新网络发展研究,部分学者从知识溢出理论研究集群创新网络构建、知识流动和技术转移机制,认为创新主体间的知识共享在创新网络中占据着战略性的位置,集群内的知识溢出效应使得集群内的企业能在最短的时间内最大化地利用集群内的知识和资源,高效地进行创新活动,并产出新的知识溢出,实现知识的共同持有和增值。③ 随着全球化的深入发展,学者们开始重视全球产业集群网络的结构与演化、全球价值链中政府的角色以及全球价值链视角下的产业集群升级等问题。H. Bathelt 等基于跨界网络的全球知识获取,以及不同空间尺度之间的知识网络耦合研究,提出集群创新发展既要重视本地知识溢出,也要重视跨区域的知识获取,④ 依托外商投资和人才引进等机遇嵌入全球集群创新网络,实现全球化布局。⑤ 另一方面是基于社会网络理论、结构洞理论、弱连接理论等探讨集群创新的影响因素,认为产业集群的知识溢出并非一直由于地理邻近而带来正的外部性,⑥ 更多地依赖于创新环境的建设与改善。其中,信

---

① 龚艳萍、陈艳丽:《企业创新网络的复杂适应系统特征分析》,《研究与发展管理》2010 年第 1 期。
② 李健、金占明:《基于生态学理论的产业集群发展》,《科学学研究》2006 年第 S2 期。
③ S. Tallman et al., "Knowledge Cluster and Competitive Advantage", *The Academy of Management Review*, No. 2, 2004, pp. 258-271.
④ H. Bathelt, A. Malmberg, P. Maskell, "Clusters and Knowledge: Local Buzz, Global Pipelines and the Process of Knowledge Creation", *Progress in Human Geography*, No. 1, 2004, pp. 31-56.
⑤ 钟书华:《创新集群:概念、特征及理论意义》,《科学学研究》2008 年第 1 期。
⑥ D. B. Audretsch, M. P. Feldman, "Innovative Clusters and the Industry Life Cycle", *Review of Industrial Organization*, No. 2, 1996, pp. 253-273.

任是知识共享的基石，能够降低企业间的交易成本，提高合作效率和创新效率。① 推动产业集群创新网络的可持续发展，既包括创新政策制度，社会服务系统，创新人才培养和市场环境等外部因素，② 也包括生产要素、网络结构、研发能力、管理能力等内部因素。③

### 三 数字产业集群创新网络的运行机制与发展趋势

在全球化深入发展和开放式创新背景之下，科技创新的跨地域组织和网络化特征越发凸显，④ 数字技术的应用灵活性和高渗透性使其赋能跨行业、跨领域交叉融合的优势不断放大，一系列具有开放性、扁平化、去中心化等特征的平台组织加速崛起，通过提升创新网络综合水平、创新网络链接方式，实现区域创新效率的显著提升。⑤

数字产业集群集聚大量以互联网、电子科技、信息服务等行业为核心的数字技术企业，通过广泛运用大数据、云计算等新兴技术实现集群内资源要素数字化、产业数据共享化、创新服务集约化和平台治理协同化，具有数字技术企业高密度集聚、数字资源高效共享、多技术融合性等特征，⑥ 增强了集群内行为主体参与社会分工的适配性与选择广度，改变了集群内各主体间的契约关系和权力分配关系，推动构建以"链主"企业引领带动、上下游"专精特新"中小企业紧密配套、"产学研用"高效合作的高度灵活性、柔性化的发散状网络形态。这些行为进

---

① 石培哲、张明玉：《信任与全球价值链中产业集群的创新网络构建》，《河南社会科学》2011年第6期。
② 桂黄宝等：《创新氛围对创新型企业根植的影响机制研究》，《科研管理》2024年第6期。
③ W. Xianhua, G. Ji, "Dynamic Evaluation on the Innovation Capabilities of Industrial Clusters", *Information Science and Engineering*, No. 2, 2010, pp. 56-60.
④ 熊鸿儒：《我国融入全球创新网络的位势评估、拓展框架与政策建议》，《经济纵横》2024年第3期。
⑤ 欧阳娟：《数字化如何赋能区域创新效率提升——基于创新网络的作用机制》，《科技进步与对策》2024年第6期。
⑥ 王定祥、李雪萍、李伶俐：《打造有国际竞争力的数字产业集群》，《上海经济研究》2024年第3期。

## 第六章 以数字产业集群推动现代产业高质量发展

一步稳固了集群内产业链、供应链和价值链,为科技创新与产业创新对接提供了更为丰厚的土壤,①进一步提高生产活动效率,是具有网络化、虚拟集聚和生态边界开放特征的新型产业组织形态。②数字产业集群创新网络以新发展理念为引领,是以实现数据、知识、技术、资本等要素优化配置和高效利用为目的而建立起的复杂合作关系,通过知识共享、技术转移、资金融通等方式,实现优势互补和协同发展,形成强大的创新合力。③

在国际区域层面,全球范围内数字产业集群主要分布在美国、亚洲及欧洲等地。例如,美国旧金山的硅谷作为全球科技创新和数字经济的核心区域之一,聚集了谷歌、苹果、思科等众多世界领先的科技公司,在云计算、人工智能、大数据等领域具有强大的研发实力和市场影响力。印度科技之都班加罗尔作为印度最重要的IT产业集群之一,被誉为"亚洲硅谷""软件之都",在软件产业形成了包括软件开发、测试、维护和咨询等环节的完整产业链;英国伦敦科技城作为欧洲最大的科技创新中心之一,聚集了大量的初创企业、投资机构、孵化器和创新加速器,在金融科技、人工智能等领域具有突出的优势。

在国内区域层面上,中国政府先后出台了《"十四五"数字经济发展规划》《数字中国建设整体布局规划》《关于深入实施"东数西算"工程 加快构建全国一体化算力网的实施意见》等文件,为打造具有国际竞争力的数字产业集群提供了强有力的宏观政策指引。中国数字产业集群快速发展,形成了京津冀、长三角、粤港澳大湾区等较为发达的产业经济带,涌现出了中关村科技园区、张江科学城、光谷

---

① 宋林霖、陈志超:《创新性共生:数字产业集群营商环境治理的方向与进路》,《天津师范大学学报》(社会科学版)2024年第2期。
② 王定祥、李雪萍、李伶俐:《打造有国际竞争力的数字产业集群》,《上海经济研究》2024年第3期。
③ 王如玉、梁琦、李广乾:《虚拟集聚:新一代信息技术与实体经济深度融合的空间组织新形态》,《管理世界》2018年第2期。

光电子信息产业园、深圳湾科技生态园等一大批极具时代特色和地域特色的数字产业集群发展案例。由于中国产业集群起步较晚,在发展过程中还面临着一定的挑战。一方面,尽管集群内主体拥有的数据资源十分丰富,但因数据采集、存储、分析能力的不足,数据价值尚未得到充分发挥;另一方面,自主可控的产业生态尚未形成,创新主体之间的联系不紧密,资源、技术和数据流动不畅,集而不群,产业联动性较弱。因此,加快打造具有国际竞争力的数字产业集群,推动形成具有集聚优势、知识溢出优势和技术转移优势的数字产业集群创新网络,成为数字经济高速发展背景下推动区域经济增长、加快现代化产业体系建设的重要途径。

既有文献对数字产业集群和创新网络发展的研究比较多,而将数字产业集群与创新网络相结合起来的研究较为少见;对于产业集群的研究经历了由地域观向网络观、由单集群向多集群的转变,关于产业集群创新网络的研究大多关注某个特定产业创新网络的演化过程,探寻数字产业集群创新网络的形成机制与发展模式的研究文献非常少。在梳理总结学者们相关研究成果及国内外数字产业集群创新网络发展趋势的基础上,本章深入研究数字产业集群创新网络的形成机制与发展模式,为充分发掘利用集群网络潜能、放大数据的规模优势,最大程度提升集群的创新能力,为推动现代产业高质量发展寻找新思路和新策略。

## 第二节 数字产业集群推动现代产业高质量发展的内在机理

### 一 数字产业集群的缘起

产业集群是知识生产与知识溢出并存、创新主体与资源要素高度集

## 第六章　以数字产业集群推动现代产业高质量发展

聚的典型空间形态和产业组织，①形成专业化分工与关联协作的产业集群成为一种全球性的经济现象和富有朝气的区域发展模式。随着经济发展阶段和产业结构变化，资源、人口、投资等传统要素约束矛盾日益突出。在一定的时间和地理范围内，经济运行中作为自然人的劳动力是有限的，可撬动的资源总量也是有限的。仅依靠传统要素难以进一步提升集群产出效率，也无法形成新的竞争优势，传统产业集群难以避免地因行业平均规模增大、资源市场竞争加剧而陷入创新能力不足、产业生态不完善、空间布局固化、环境污染问题突出等困境，加快推动产业集群转型升级势在必行。随着数字技术不断融入经济社会发展的各领域、各环节，中国经济发展从要素驱动、投资规模驱动向创新驱动转变，社会生产由地方空间向流动空间转变，产业间创新边界不断拓展、创新主体不断涌现、创新合作不断深化。②由数字化所带来的信息整合能力和生产协调能力于无形之中改变了传统产业集群的低成本逻辑和劳动密集型的特征，使之逐步向着资本密集型、技术密集型和高创新性的方向发展，开辟出了传统生产力向新质生产力转变的新路径。党的二十大报告提出，"加快发展数字经济，促进数字经济和实体经济深度融合，打造具有国际竞争力的数字产业集群"，③这为实现中国产业集群类型的结构性变革与整体式跃升指明了方向。

数字产业集群在继承传统产业集群规模优势的基础上，融入数据、平台、算法等新型资源要素，依托数据采集与流通、数字技术的应用、数字平台的搭建，将更广泛地理范围内的相关利益主体聚集。既在一定程度上克服了对土地资源、设备、能耗等传统有形要素的制约，也超越了传统产业集群对特定地理区域的依赖。在强调推动区域创新的同时，

---

① 王缉慈：《关于发展创新型产业集群的政策建议》，《经济地理》2004 年第 4 期。
② 滕堂伟等：《三大城市群数字技术专利创新网络演化比较研究》，《经济地理》2024 年第 4 期。
③ 习近平：《高举中国特色社会主义伟大旗帜　为全面建设社会主义现代化国家而团结奋斗——在中国共产党第二十次全国代表大会上的报告》，人民出版社 2022 年版。

也注重集群内主体的自立型发展,推动形成更具有帕累托改进效应的产业空间布局。在数字经济时代,数字产业集群更强调技术、算法、知识产权等无形要素的集中,对传统意义上的土地、设备等有形要素的依赖性大幅下降,具有典型的数字化、智能化、融合性特征。数字产业集群可以是基于地理区位的空间集聚,也可以是基于数字技术的虚拟空间集聚,形成了跨领域、跨产业、跨地域、跨组织的产业集群新范式。①

## 二 数字产业集群推动产业高质量发展的内在机理

### (一) 对数实融合产生"破障增效"的反哺效应,更好地实现以"数"塑"实"

众所周知,数字产业集群是"数实深度融合"下的产物,而数字产业集群是数字经济与实体经济深度融合发展的载体和平台。数字产业集群的发展壮大,反过来会缓解数实融合过程中的诸多难题。数实融合过程中存在数据共享和交易机制不成熟、数字技术应用不均衡、数字技术尚未形成对产品全生命周期和产业链的深度赋能等问题。数字产业集群的发展壮大能够有效缓解数实融合过程中的困难障碍,② 数字产业集群发展生命周期的快速成长期和成熟期,其内部数据交易平台逐步完善和规范,促进了数据资源的合理配置和流通。不仅提高了数据的利用效率,还帮助中小企业更容易获取所需数据,缓解了利用数据的难题。③ 数字产业集群的发展激活了数据要素潜能,促进了要素资源合理流动,打破了区域间的贸易壁垒,助力形成全国统一大市场和推动区域协调发展。④ 数字产业集群还可以通过形成专业化分工体系和产业生态,引领

---

① 夏杰长:《打造具有国际竞争力的数字产业集群》,《经济日报》2024年5月22日。
② G. Evans, "Emergence of a Digital Cluster in East London: Birth of a New Hybrid Firm", *Competitiveness Review*, Vol. 29, No. 3, 2019, pp. 253-266.
③ 杨汝岱、李艳、孟珊珊:《企业数字化发展、全要素生产率与产业链溢出效应》,《经济研究》2023年第11期。
④ 夏杰长、李銮淏、刘怡君:《数字经济如何打破省际贸易壁垒——基于全国统一大市场建设的中国经验》,《经济纵横》2023年第2期。

## 第六章　以数字产业集群推动现代产业高质量发展

企业深度融入全球价值链分工网络与创新网络，助力他们迈向全球产业链、供应链和价值链的核心环节，推动中国产业向全球价值链中高端攀升，在激烈的国际市场竞争中有一席之地，并形成未来国家竞争新优势。

（二）提升产业链、供应链现代化水平，持续推动高质量发展

加快打造具有国际竞争力的数字产业集群，有助于抓住全球产业结构和布局调整过程中孕育的新机遇，探索数字经济与实体经济融合的新形式和新路径。从全国各地发展数字产业集群的实践来看，数字产业集群已经成为很多行业"数"塑"实"的关键抓手，是以数字经济提升制造业供给体系质量的关键途径。当前，中国制造业大而不强的格局还没有改变，供需不匹配的现象比较突出，产业结构亟待优化升级，而数字产业集群的发展壮大就是破解这一难题的重要途径。因为数字产业集群的发展必然带动数字技术的广泛应用，促进企业间资源共享，帮助企业拓展业务领域，实现跨界融通，为制造业创造更广阔的市场需求，引导制造业企业走优质高效的发展道路，从而为经济高质量发展强根基、添活力。

（三）激发企业和区域的创新效应，以更加活跃的创新推动现代产业高质量发展

数字产业集群对现代产业高质量发展的推动作用，更为重要的是其创新效应。创新是现代产业高质量发展的首要之义。进入新的发展阶段，创新与产业发展的互动更加密切、联系更加密切。数字产业集群形成、发展和升级的整个过程中，创新都发挥了重要作用，它是产业集群获取竞争优势和升级演化的关键动力源泉。反过来，数字产业集群又进一步强化了创新。因为数字产业集群创新网络的形成不仅体现了产业内部的协作与竞争关系，还涵盖了知识、技术、资本等要素的流动与整合，产生知识技术的扩散效应，从而带动了更加广泛和更具颠覆性的创新。无疑，拥有数字赋能和创新扩散等优势的数字产业集群具备创新的天然优势，这正是现代产业发展最需要、最紧缺的"元素"。此外，数

字技术和数据要素显著降低了交易成本与要素资源投入，加速了关键性创新资源和优质企业汇集，有效促进企业或行业创新，数字产业集群必然成为创新活动集聚的重要空间。①

总之，大力推进数字产业集群以及数字产业集群创新网络发展，是数字经济高速发展背景下推动区域经济增长、加快现代化产业体系建设的重要途径。为进一步推动创新资源在各个创新主体、创新链条、创新环节之间的通畅流转，全方位激发主体活力，需要深入探究数字产业集群创新网络的形成机制是什么、有哪些发展模式？这对于实现产业环节的高效对接、灵活组合、集中生产，走出一条具有中国特色和国际竞争力的数字产业集群发展之路具有重要的理论价值和实践意义。

## 第三节　数字产业集群创新网络的形成机制

数字产业集群创新网络的形成不仅体现了产业内部的协作与竞争关系，还涵盖了知识、技术、资本等要素的流动与整合，是一个复杂且多维度的过程。在形成过程中，创新主体通过初步结网、加强联系、完善结构和寻求突破，逐渐形成稳定且高效的创新网络。这一过程对于推动数字经济高质量发展、提升区域综合竞争力具有重要意义。

### 一　数字产业集群创新网络的形成条件

（一）对数字资源禀赋的高度依赖与共享是数字产业集群创新网络的形成动能

数字产业集群创新网络对新型基础设施和数字技术、新型生产要素等数字资源禀赋具有高度依赖性与共享性，数字产业集群内行为主体在

---

① 辛璐璐：《数字产业集聚、颠覆式技术创新与城市绿色经济效率》，《学习与实践》2023年第10期。

## 第六章　以数字产业集群推动现代产业高质量发展

依托集群所在区域独特的产业专业化条件和自然资源禀赋的基础上，依靠集群内微观主体对云计算、大数据、人工智能、物联网等新一代信息技术的快速发展和创新应用进行创新活动，通过技术转移平台的建设，围绕创新链、产业链、人才链、资金链进行深度融合与创新，促进知识流动和技术成果的转化与应用，技术基础的扩散效应加速了知识外溢和技术扩散，有助于产业链上下游企业之间的协同创新。上游企业的技术创新可以推动下游企业进行产品升级和服务优化，而下游企业的需求反馈又能为上游企业提供新的创新方向，推动数字产业集群内的企业与其他行业进行跨界融合，为企业带来了更多的市场机会，加速区域知识网络和创新生态系统形成，从而促使集群自身的先发优势不断自我积累和强化。

（二）政策环境激励是数字产业集群创新网络形成的有力推手

政策环境激励在数字产业集群建设中发挥着重要作用，传统产业集群的数字化转型具有外部性特征，单个企业的转型成功往往依赖于生态系统的整体发力，需要立足于产业链和区域集群的整体角度，在标准、技术上做好顶层设计和长远规划。通过不断深化改革，确定集群的定位和发展方向，建立符合集群自身发展的区域资源配置体系、基础设施供给体系，持续优化营商环境，完善产权保护、市场准入、公平竞争等市场经济基础制度。在数字产业集群规划用地、数字信息基础设施建设、数据要素市场建设等方面给予政策扶持，为集群内企业提供更多的税收优惠政策和金融政策支持，帮助集群内形成公平竞争的市场环境，引导集群形成对经济和社会关系网络等特定区域环境的根植性，强化集群主体对区域品牌和地理标识的认同感，推动创新生态的形成。

（三）组织内自我驱动式创新是数字产业集群创新网络形成与发展的重要源泉

传统生产型产业集群的创新行为主要聚焦于提升生产效率，受市场力量驱动，呈现出一种渐进式的边际创新模式。而数字产业集群创新转向了产业前沿和核心技术能力的提升,追求系统性的突破式创新。创新不再是知识溢出下的随机行动,而是以集群内专业性创新部门引导的、组织内自我驱动且目的明确的研发行为。[①] 为应对内外部环境的动态变化,集群内各行为主体以产品、资金、人才为载体,以数据共享平台、数据交换中心等数字化资源整合平台为依托,与环境不断进行数据、物质、能量、信息、资金等交换活动,加快集群内外部的市场信息、技术动态、用户行为等相关数据资源的流通与共享,进一步激活数据要素价值、丰富应用场景,形成新的创新点。通过技术转移、技术合作等方式,实现先进技术的引进、消化、吸收和再创新,形成良性的技术生态循环,提高资源利用效率,形成更加紧密的合作关系,使创新网络呈现出高度的弹性和灵活性。通过不断从环境中吸取从事生产活动所需的各种资源,及时调整、改进和革新其内部要素以维持其竞争力和适应性,持续优化集群组织的网络化结构,以更好地适应外界环境的变化,激发创新网络的活跃性。各主体之间通过共享数据和技术资源的方式,既可以利用彼此的优势和专长,在各自的领域内实现相互促进和共存共赢的局面,也能寻求在共性方面的合作和互相借鉴,有效促进产品创新、降低研发成本,形成自我强化的价值创造循环系统,促进产业链上下游不断延伸拓展、关联产业耦合发展,逐渐依靠产业生态优势吸引更多企业集聚,推动众多企业裂变成长,共同推动集群创新和产业发展。

（四）多元主体与头雁企业是数字产业集群创新网络发展的关键力量

创新涉及人才、资金、科技基础、知识产权等众多要素,这些要素具有分散性与稀缺性,依赖于跨区域、多主体进行要素的有效整合和共享,以实现超出单一主体单独行动所能达到的效果。[②] 在数字化时代,

---

① 邵军:《新发展格局下的产业集群转型升级》,《人民论坛》2024年第2期。
② 李飞、陈岩、王海智:《海外资源整合、全球网络嵌入路径与知识溢出》,《科学学研究》2019年第4期。

第六章　以数字产业集群推动现代产业高质量发展 ▷▷▷

众创平台、开源社区等新兴组织模式为技术交流、创新成果分享提供了平台支持,数字产业集群创新网络的形成和发展需要企业、高校、科研机构、政府、金融机构以及地方政府等多个主体的共同参与,以及产业链各环节企业的紧密协作。头雁企业作为产业的龙头,在整个产业链中处于核心位置,对提升产业集群竞争力起着关键作用。而集群内数量众多、相互联系的主体作为网络结构中的重要节点,各自具备独特的资源和能力,以追求规模经济和集聚经济为目的而汇聚到一定的地理空间内,并在网络中形成互补关系。在数字经济时代,头雁企业能够引领中小企业群雁创新发展,形成基于数字化的新雁阵生态体系,通过平等的合作关系进行长期性的创新合作,实现知识学习、技术共享,获得集群企业的运输成本、互动成本和信任成本大幅降低而带来的"内部经济",还能产生因技术外溢等资源共享带来的"外部经济",[1]进一步改进集群内部主体之间、集群与社区之间、集群与外部市场之间的交流,大大提高了集群总体生产效率,推动集群创新在更大规模范围内展开。

（五）非平衡性与内在随机性动力是数字产业集群创新网络形成与发展的核心特征

在数字产业集群中,集群成员之间的创新能力和发展水平存在不平衡,创新所需信息和资源的分布各有差异,其创新投入和产出以及创新成果的形成在创新网络中的分布均存在不平衡性。随着时间的推移,创新成果在集群成员之间传播,提升了知识传播和交流的效率,但不同企业吸收和应用创新成果的能力不同,根据市场需求调整创新策略的速度和效果存在差异,创新网络的中心度、节点数量、节点密度等要素不同,形成了非平衡的发展态势。产业集群理论认为,集群内各种类型的主体具有不同的特征和优势。基于对集群整体优势的依赖和寻求自身发展利益最大化的目标追求,通过内部共生机制提高自身的市场竞争力,

---

[1] 刘芬、邓宏兵、李雪平:《增长极理论、产业集群理论与我国区域经济发展》,《华中师范大学学报》(自然科学版) 2007 年第 1 期。

共同推动产业体系的演进和产业的发展。① 在集群创新网络中,信息、人员、资金等要素在节点企业间频繁流动变化,创新主体在与外部环境进行信息、能量、物质交换时,某一主体的微小变动会经网络作用的放大,破坏网络创新系统的平衡;同时推动创新网络寻求再平衡,推动集群创新网络系统由无序状态向有序发展演进。

### 二 数字产业集群创新网络的形成逻辑

(一)数字产业集群创新网络形成于加快构建新发展格局的时代背景

构建以国内大循环为主体、国内国际双循环相互促进的新发展格局,是在中国经济发展进入新阶段、面临新挑战的背景下提出的重大战略决策。从外部环境来看,当前,外部环境复杂性、严峻性、不确定性上升,外需导向型的产业集群发展模式面临挑战,需要将过去以外贸导向的集群转变到"双循环"导向的集群,形成中国参与国际竞争和合作的新优势;从内部环境来看,随着中国经济向高质量发展迈进,产业集群建设亟待加快实现从依赖外需驱动到内外协同共进的发展模式转型。

随着数字化技术的高速发展,数字经济正成为拉动经济增长的重要力量。通过数字化加快形成产能与内需高效匹配的畅通渠道,使得发展要素和资源更易于被获取,推动产业组织和社会分工持续深化,促进多元主体参与的开放式合作形成。一方面,针对国内市场中的信息不对称、信息错配问题,数字产业集群创新网络以数字化平台组织赋能为着力点,通过汇聚各类创新资源,促进数字技术、数据等生产要素的流动和共享,加强产业链上下游企业的协同创新和合作,推动集群更为广泛地嵌入国内价值链分工网络,推动集群更为精准地对接超大规模市场需

---

① 魏守华、王缉慈、赵雅沁:《产业集群:新型区域经济发展理论》,《经济经纬》2002年第2期。

第六章　以数字产业集群推动现代产业高质量发展

求,从供给和需求双侧驱动产业集群融入国内大循环。另一方面,国内国际双循环相互促进的发展格局也要求产业集群创新网络具备更强的开放性和国际化能力。在全球化背景下,数字经济的发展为各国提供了新的竞争平台,必须要积极用好国际资源,引导先进制造业和高新技术产业进入国内市场、嵌入产业集群、融入产业体系,推进产业集群发展的质量变革、动力变革。加强国际数字贸易交流合作,促进企业内部以及企业之间的知识共享和技术转移,加速新技术的推广和应用,提升自身的创新能力和国际竞争力,更好地融入全球价值链体系。

(二) 数字产业集群创新网络形成于数字经济与实体经济的融合实践

数字经济以信息和通信技术为基础,跨越了以往集群和企业重组的物理条件,越来越多的传统企业结合区位优势和资源禀赋,依托互联网、数字化平台和数据资源进行数字化转型,利用区域内闲置的设备、人才和资本组织生产,加强技术攻关,加强与区域内周边企业、产业链上下游企业之间的交流合作,推动"链主"企业孵化,实现聚链成群、集群成势,使产业集群的创新活动具备了向外延伸的条件与空间。[1]

在数实融合实践过程中,不同领域的企业、机构的技术交流与合作促进了创新资源的共享和流动,为数字产业集群的创新网络构建提供了丰富的创新资源,数字产业集群内部逐渐形成了紧密的创新网络。数字产业集群通过技术创新作用于实体产业链、产业结构、产业要素供需以及产业应用场景等多个方面,推动了产业数字化进程,拓展了实体产业组织分工边界,降低了交易成本,促进新兴产业的发展和传统产业的优化,[2] 实现对实体产业的高效赋能。同时,数字产业集群能够形成以数字技术为核心的高质量场景生态圈,促进新技术、新应用、新业态的涌现,为数字经济和实体经济融合提供示范应用的土壤。实体产业是数字

---

[1] 夏杰长:《打造具有国际竞争力的数字产业集群》,《经济日报》2024年5月22日。
[2] 陈晓东、杨晓霞:《数字经济发展对产业结构升级的影响——基于灰关联熵与耗散结构理论的研究》,《改革》2021年第3期。

产业集群中数字产品与服务的重要运用场域，数字产业集群的发展离不开实体经济的坚实基础。[①] 数字产业集群所产出的数据、技术等成果，需要实体产业进行消化吸收，转化为实际的生产力。数字产业集群所生产的数字产品和服务，其核心价值深深植根于经济社会的发展之中，[②] 在推动经济社会前进的同时，集群也实现了自身滋养与成长。

（三）数字产业集群创新网络形成于有为政府与数字化企业的内外推动

政府不仅要为传统实体经济、数字产业集聚提供良好的基础设施、公共服务和营商环境，还要积极培育本土有影响力的数字技术企业，并通过这些企业的带动，引导与之关联的合作企业、专业化供应商、服务供应商、相关产业厂商和相关机构在周边集聚，推动形成具有完整的、强大的和有国际竞争力的数字产业生态链、价值链的产业集群。近年来，中国政府先后出台了《"十四五"数字经济发展规划》《数字中国建设整体布局规划》《关于深入实施"东数西算"工程 加快构建全国一体化算力网的实施意见》等文件。各地围绕人工智能、大数据、电子信息等数字产业，制定了支持数字经济发展的政策，在税收、金融等方面出台了相应扶持措施以深入推进集群化发展。通过自上而下地加强战略、制度和政策供给等宏观调控，为打造具有国际竞争力的数字产业集群创造了良好的政策环境和贸易环境。

中国数字经济全面发力，高质量发展的数字经济成为建设数字产业集群创新网络的重要支撑。第七届数字中国建设峰会发布的《数字中国发展报告（2023年）》显示，2023年中国数字经济实现稳健增长、数据要素市场日趋活跃，数字经济占GDP的比重超过40%，数字经济

---

[①] 夏杰长、田野：《数实融合培育和壮大制造业产业集群的理论逻辑与实施路径》，《企业经济》2024年第6期。

[②] 王定祥、李雪萍、李伶俐：《打造有国际竞争力的数字产业集群》，《上海经济研究》2024年第3期。

核心产业增加值占 GDP 的比重达到 10%，5G 网络、千兆光网等数字基础设施不断扩容提速，先进技术、人工智能、5G/6G 等关键核心技术不断取得突破。① 在政府的政策引导和制度框架下，数字化企业积极响应社会治理数字化进程中对数据要素和数字技术的多元化需求，通过建链、融链、补链和强链，不断深化与国内实体经济、金融经济以及政府等部门的协作和互动，从而形成强大的竞争力优势，有力推动了数字产业化的蓬勃发展。

## 第四节　数字产业集群创新网络的发展模式

索洛经济增长模型深刻揭示了产业规模增长的多维驱动力，其中既包括劳动力、资本、土地等传统生产要素的支撑，也强调全要素生产率提升的重要性。② 在数字经济时代，数据进入生产过程，成为新型生产要素，③ 带来了知识积累和技术进步的全新方式。传统生产要素、数据资源要素以及生产要素效率共同构成了驱动数字产业集群创新网络形成的核心框架，这一框架衍生出三种发展模式——传统要素驱动型、创新效率驱动型以及数据要素驱动型。这些发展模式并非相互排斥，而是各有侧重，共同推动着数字产业集群创新网络向更高层次、更广领域发展。

### 一　传统要素驱动模式

随着数字技术的不断发展和渗透，传统产业集群逐渐开始向数字

---

① 《2023 年我国数字经济核心产业增加值占 GDP 比重达到 10%》，2024 年 5 月 24 日，新华网，http://www.xinhuanet.com/20240524/23abcd1ecad54b36aa550cf8d16c1d0d/c.html。
② 刘强：《中国经济增长的收敛性分析》，《经济研究》2001 年第 6 期。
③ 谢康、夏正豪、肖静华：《大数据成为现实生产要素的企业实现机制：产品创新视角》，《中国工业经济》2020 年第 5 期。

化、智能化方向转型，传统要素驱动模式下的数字产业集群创新网络发展侧重于通过本地的劳动力、资本积累、土地资源及独特的区位条件等先天优势，结合政策扶持和要素成本优势，将数字技术嵌入集群中的每一个企业、机构和业务流程之中，从而拓展产业链空间、形成自主创新体系。推动数字产业集群的创新网络构建，是实现产业数字化的重要途径。以中国早期的高端装备产业集群为例，其主要依托国家工业布局的战略优势，结合本地劳动力、土地等传统要素的优势，形成了具有一定规模的主导性传统产业。随着数字化转型的深入推进，集群主体开始全面实施全要素、全链条的数字化转型战略，吸引大量数字化转型相关企业集聚，共同搭建一体化的数字平台。

在此基础上，集群内部发展了一系列体系化的数字化转型技术、产品和服务，为行业提供了成熟的解决方案和丰富的应用场景，推动集群竞争力提升。传统要素驱动模式又可以细分为市场导向型模式和政策资本驱动型模式。其中，市场导向型模式指的是区域经济范围内率先出现了专业化市场，为产业集聚的形成创造了重要的市场交易条件和信息条件。市场的衍生和发展促进了产业发展，并形成产业集聚的模式。

义乌模式是典型的市场导向型模式，义乌早期的交通和自然资源劣势明显，工业基础薄弱，从"鸡毛换糖"开始就明确了利用市场的先发优势和集聚功能，发展以小商品流通为主的商贸业。在此过程中，市场始终是推动义乌经济发展的核心动力。中国加入世贸组织后，义乌商人迅速从内贸转向外贸，围绕中小微企业电商产业完善、便捷、规范物流系统、展会经济等配套服务，形成了跨境电商智能化综合物流服务基地。在数字化时代，通过培育信息光电、新能源汽车制造产业集群，培育形成半导体、生命健康产业集群，形成数字技术的产业链体系，助力义乌传统商贸业再上新台阶。2023年，义乌市战略性新兴产业占规上工业总产值的比重为45.8%，"十四五"以来年均增速达30.5%，远高于浙江省10.5%的平均水平。① 通过"兴商建市"战略，义乌实现了市场与产业、城市的联动发展，推进了区域经济工业化、城市化、国际化的进程。

政策资本驱动模式是在市场驱动力偏弱的情况下，通过加大基础设施建设或投资招商政策等手段，引入外部资本和产业资源发展起来。苏州工业园是典型的政策资本驱动模式。作为中国和新加坡两国政府间合作的旗舰项目，苏州工业园区在发展中高度借鉴新加坡等国际先进城市的规划建设经验，以数字技术的新引擎驱动实体经济转型升级，依托已有的数字政府建设和数字化创新成果，通过引入台商、新加坡等东亚发达地区的金融资本和产业资源，围绕生物医药、人工智能、纳米技术应用三大产业创新集群，大力推广"工业大脑+智能工厂"模式，依托数园区经济大脑、企服枢纽、一网通办等25个系统平台建设成果和智能中枢300余项数据资源，形成一套感知企业动态、赋能企业发展的集成化信息系统，实现企业全生命周期的动态感知监测，不断推动产业高端化、智能化、绿色化发展。②

## 二 创新效率驱动模式

创新效率驱动模式下的数字产业集群创新网络发展是以提升创新效率为核心，通过整合创新资源、优化创新流程、加强创新合作等方式，推动数字产业集群高质量发展的模式，可细分为数字产业化发展模式和技术创新牵引模式。数字产业化发展模式依靠数字技术、数据要素和数字平台而发展起来，通过对大数据、云计算、物联网、区块链、人工智能等先进数字技术的广泛应用，以及对数据、算法、平台等数字要素的

---

① 《义乌：向绿向新 加速培育新质生产力》，2024年4月30日，义乌市科技局网，https://www.yw.gov.cn/art/2024/4/30/art_1229129468_59478497.html。

② 《以数字化改革赋能苏州工业园区新型工业化》，2024年1月26日，苏州市人民政府网，https://www.suzhou.gov.cn/szsrmzf/qxkx/202401/66f0a4188258417a8de7a84988c79d81.shtml。

充分整合，实现数字产业集群内企业间的高效协作与创新，不断推出具有创新性和竞争力的数字产品与数字设备，满足市场需求。

在数字产业化的发展模式下，数字产业集群创新网络呈现出显著的数字化特质，不仅成为推动数字技术和数字要素发展的核心力量，还是培育数字产品和数字设备的重要组织形式，是推动数字产业化深入发展的关键途径。技术创新牵引模式以前沿技术多路径探索、交叉融合和颠覆性技术源头供给为核心，集群中的头雁企业掌握着关键数字技术，通过加大在数字经济核心产业领域持续投资、深入研究与创新，不断发挥科技创新的"增量器"作用，推动形成特定方向的数字产业链及相关配套能力，主导集群产业发展方向。由硬件企业吸引带动软件企业集聚发展，通过技术共同研发、升级和扩散形成集群核心竞争力，发挥全产业链优势，建立创新链、产业链高效协同的机制和生态，促进技术创新链和产业链深度融合，释放驱动高质量发展的新动能，推动数字产业集群的创新和发展，逐步向价值链中高端位置提升。

### 三　数据要素驱动模式

数字经济时代，数据要素具有基础性战略资源和关键性生产要素的双重属性，成为产业集群数据融会互通的桥头堡、扶持企业创新成长的孵化器。数据要素驱动模式以人工智能、区块链、大数据等依赖数据要素的数字产业为代表，将数据资源作为推动数字产业集群创新发展的重要资源，以推动数据要素流通作为推动产业集群变革发展的关键内容。通过运用数字技术对集群发展的各类信息数据进行汇集、整合与分析研究、跟踪评价，充分发挥数据的可复制、可共享、可无限增值特性，以数据流的自由流动带动技术流、资金流、人才流、物资流的高效配置，实现模块化、虚拟化、社区化的生产经营。集群内产能、渠道等资源的高效共享，使原本不易集聚的相关企业上下连接贯通，实现集群内外部资本、技术、人才等要素资源的交流合作，形成配套更完整、辐射范围更广、带动力更强的产业共同体,提升产业集群创新能力,达到深入洞察市场需求、优化运营和决策,提升全产业链全要素生产率的目的。

以"中国视谷"杭州数字安防产业集群为例,通过构建以数据为核心的创新网络,围绕杭州"数字安防—视觉智能—智能物联"的产业跃升路径,通过对数据的解析与利用,促进新一轮的研发。集群聚焦高端数字安防制造领域,全力突破高端芯片制造,发展关键器件,进一步延伸产业链条,积极培育新产品、新业态,推动投入资本的价值增值,提高资本要素的边际产出,将集群打造成以视频监控、工业视觉、虚拟现实、自动驾驶等七大领域为核心的"中国视谷",实现了新型要素驱动下的创新发展。

## 第五节 以数字产业集群推进现代产业高质量发展的政策建议

### 一 深化链群互动与全局规划,畅通集群网络内外循环

产业链是产业集群发展的重要纽带,要建立健全产业链融合发展机制,畅通集群内部产业链网络微循环。进一步完善大中小企业融通发展机制,聚焦重点产业链,围绕支撑构建现代化产业体系、实现经济高质量发展的战略性新兴产业和未来产业引进与培育一批生态主导力、国际竞争力强的"链主"企业和龙头骨干企业。中小企业量大面广,是畅通数字产业集群产业链供应链数字化协同的重要力量,要完善中小企业梯度培育机制,着力培育创新型中小企业,细分领域"专精特新"企业和"独角兽"企业等,构建头部企业带动中小企业协同发展的雁阵式格局,鼓励龙头企业和关键核心配套企业通过强强联合,打造技术创新联合体,组建一批产业技术研究院等新型研发机构,在国家、省市等层面研究设立先进制造业集群技术攻关专项,推动国家级集群与国家级

创新平台同步建设，建立"链长"与"链主"常态化互动机制，鼓励中小微企业融入龙头和"链主"企业协作配套链条，形成产业链企业协作共同体，打造一批具有技术突破功能、产业带动作用、结构示范效应、细分领域特色鲜明的数字产业集群。

在此基础上，进一步建立健全规划布局引领机制，做强"一极两核多强"的发展布局，畅通集群内外产业创新网络大循环。京津冀、长三角、珠三角等地区要依托自身的经济、人才、技术等方面综合优势，形成全国数字产业集群发展的标杆案例和典型示范区；中西部地区要把握好"西部大开发""东数西算"战略机遇，依托产业基础、资源禀赋、比较优势和发展特点，明确产业链发展主阵地、协作区功能定位，制定实施差异化的发展路径举措，确保数字产业集群建设与发展中资源获取的便利性，进一步聚焦主导产业和首位产业，依托区域优势实体产业向细分领域延伸，培育壮大具有地域特色的数字产业优势集群，强化区域分工和优势互补，构建先进数字产业集群创新网络空间布局。

## 二 坚持有效市场和有为政府双轮驱动策略

政府要主动引导数字产业集群高质量发展，以国家高新区建设、产业园区建设为依托，引导各地发挥比较优势、制度优势，持续优化营商环境，在数字产业集群规划用地、数字信息基础设施建设、数据要素市场建设等方面成立专项基金，提供更多的税收优惠政策和金融政策支持，健全科技金融体系，完善产学研政融合的科技创新平台、物流服务平台和金融支持平台，为入驻数字产业集群的国内外数字领先企业在产业链对接、研发投入、场景应用创新等方面提供全方位政策支持，促进产业集群内组织和企业协调合作，加大对中小企业的数字化转型支持，推动园区平台、产业服务平台和工业互联网平台等对中小企业延展服务边界，为中小企业创新发展赋智赋能。

通过构建产学研协同人才培养模式，畅通企业与高校的人才输送渠

## 第六章 以数字产业集群推动现代产业高质量发展

道,形成有广泛吸引力的人才评价和激励制度,进一步完善企业数字技术培训体系,促进科研成果转化,以数字领先企业为牵引、以数字化平台为载体,鼓励企业跨集群、跨区域开展合作与创新活动,建立创新平台及研发中心,推动产业链上下游网络化协作和跨产业合作,打造自主可控、高效协同、共赢共生、融通发展的产业生态。维持公平开放的市场竞争秩序,加强数字经济领域反垄断竞争规则制定,鼓励技术创新与适度竞争,强化知识产权保护体系建设,加快国家数据安全管理制度有效落地。

### 三 优化数字产业与实体产业的良性互动

推动数字产业集群发展必须从数字产业本身和上下游产业的数字化上发力。在数字产业化方面,建立健全创新引领机制,深化产业链科技创新联合体改革,发挥制度优势,围绕重点产业链优化创新资源配置,加强对关键共性技术的研发创新支持,实现核心技术联合攻关,加快推动代表国家战略方向、创新密度高、市场潜力大的产业集群化发展,突破一批关键共性技术,促进一批重大技术创新成果产业化,补齐发展短板,发挥科技创新的"增量器"效应,前瞻谋划布局发展战略性新兴产业和未来产业,实现产业、科研与创新活动的互融互嵌。

在产业数字化方面,要完善大数据、人工智能、物联网、云计算、区块链、跨境支付等数字技术基础设施建设、生活场景搭建,集约高效建设5G、卫星互联网等新型信息基础设施,为产业集群数字化转型提供基本支撑。通过建立不同地区、行业、企业的数据共享平台,最大化数据价值,缩小数据鸿沟,形成线上与线下相结合的合作方式,推动数字技术向传统产业渗透拓展,实现产业全链条、全流程的数字化改造,促进数字产业和数字技术的更新迭代与创新扩散。要推动集群绿色化、可持续发展,以数字化创新赋能生态环境改善,降低数字产业对资源的依赖,强化产业绿色低碳技术攻关,大力开发推广绿色低碳工艺、技术、装备和材料，建设绿色工厂、绿色园区，培育绿色供应链，推动产业集群绿色化、低碳化发展。

**四 以全球化视野谋划推动集群科技创新**

以全球化视野谋划和推动科技创新，营造与国际接轨、更加便利规范的高水平开放创新生态。围绕重点领域加快培育引进一批具有国际竞争力的头部领军企业，优化政策框架，提供税收优惠、资源倾斜、资金扶持及市场准入便利，构建具有竞争力的国际化营商环境，有效吸引外资数字技术企业入驻，引入先进的国际服务标准与模式，实现集群数字化服务水平的全面提升。

国家级平台是数字技术创新与应用的高地，通过积极推进国家数字经济创新发展试验区、国家区块链创新应用试点及国家人工智能创新应用先导区等项目，扶持培育一批龙头企业、"群主"企业及"链主"企业，积极挖掘并培育具有潜力的新兴数字企业，通过提供创新孵化、资本对接及市场拓展等全方位服务，助力其成长为具有国际影响力的标杆企业。

完善国际科技创新合作项目的资助和激励机制，鼓励数字领先企业和创新机构牵头实施重大技术攻关项目、构建创新联合体和新型研发机构，持续加强基础科学和前沿领域的资金投入力度，提高自主研发能力，并努力增进与更广泛发达经济体之间的科技联系及创新交流，探索基础前沿领域研究国际合作的新模式、新机制，积极开展与国际衔接的技术标准和监管治理体系规则的制定，深度参与国际数字经济规则的制定和讨论，为数字技术企业公平、有序地参与国际贸易及投资，提供技术服务创造良好的制度氛围，加强与国际市场的对接与合作，促进国内外数字企业间的技术交流、业务合作与资本融通，推动集群优势数字产品、数字技术、数字企业"走出去"，培育壮大内外互补的集群创新双循环通道。

# 第七章 数字赋能现代农业高质量发展

中国是农业大国，重农固本是安民之基、治国之要。数字经济时代，数字技术与实体经济加速、深度融合，不断开创经济发展的"新赛道"，构筑经济发展的新动能。农业作为实体经济的基础支撑，将在数字化的强大引擎驱动下，加速推进现代化进程，实现高质量发展，迈向农业强国。本章在厘清现代农业高质量发展内涵特征基础上，阐释中国农业发展的成就，分析我们与农业强国之间的差距，探索数字赋能农业高质量发展建设的作用机理和实施路径。

## 第一节 现代农业高质量发展的内涵特征

### 一 现代农业高质量发展的内涵特征

2018年1月2日，《中共中央 国务院关于实施乡村振兴战略的意见》（以下简称《意见》）指出，必须坚持质量兴农、绿色兴农，以农业供给侧结构性改革为主线，加快构建现代农业产业体系、生产体系、经营体系，提高农业创新力、竞争力和全要素生产率，加快实现由农业大国向农业强国转变。作为新时代全面推进乡村振兴的战略指引，《意见》从发展理念、发展主线、发展目标等方面现明确了现代高质量发展的基本标准和内涵。

通过对现有文献的梳理，可以从如下四个方面理解现代农业高质量发展的内涵特征。第一，农业供给保障能力强。粮食安全是"国之大者"，农业强国应当把确保重要农产品特别是粮食供给作为首要任务，把提高农业综合生产能力放在突出位置，保障本国农产品供给。第二，农业生产具有高生产率。数字化、机械化、智能化等现代要素向农业领域投入和强化，能够提高农业劳动生产率，使农业高效发展。① 第三，农业生产经营组织多元化。长期以来，中国农业是以小农户经济为主体，要发挥规模经济效应，实现规模化生产，需要进一步变革当前的生产经营组织形式，集体化、合作化、企业化、家庭化并存共进。第四，农业具有国际竞争力。无论是农业优质化、安全化、绿色化、品牌化，还是农业市场实现国内、国际"双循环"，都致力于培育较强的国际竞争力。②

## 二 现代农业高质量发展的着力点：建设农业强国

农业作为国民经济和社会发展的基础产业，其重要性不言而喻。长期以来，中国农业大而不强，现代农业发展基础比较薄弱。因此，我们要把推进现代农业高质量发展作为建设现代化产业体系的基础环节。现代农业高质量发展和建设农业强国息息相关，前者是基础，后者是目标。现代农业实现了高质量发展和可持续发展，农业强国建设就迎刃而解。在很多学者看来，农业强国主要表现为农业是否有比较优势和国际竞争力，这也是现代农业高质量发展的基

---

① 焦长权、董磊明：《从"过密化"到"机械化"：中国农业机械化革命的历程、动力和影响（1980—2015 年）》，《管理世界》2018 年第 10 期。

② 夏杰长、孙晓：《数字化赋能农业强国建设的作用机理与实施路径》，《山西大学学报》（哲学社会科学版）2023 年第 1 期。

本标准和主要要求。姜长云等用人均GDP、城镇化率、农业劳动生产率、农业劳均固定资产形成总额、农业从业人数占比等关键指标对中国农业发展水平进行了国际比较，划定了农业强国的国家范围，即美国、加拿大、澳大利亚、法国、德国、意大利、荷兰、丹麦、以色列、日本。[1] 笔者借鉴以上文献对农业强国的范围划分，选取农村人口人均耕地面积和农业劳动生产率等两个指标来分析中国农业发展的比较优势以及与农业强国的差距，利用中国农业部门出口在国际市场的份额来分析中国农业的国际竞争力。

农村人口人均耕地面积是决定农业发展水平的基础禀赋。人多地少是中国的基本国情，中国农村居民人均耕地面积远低于印度、澳大利亚、俄罗斯和美国的人均水平。以2020年为例，农业强国的农村居民人均耕地面积为0.068平方千米，几乎是中国同期的7倍。从耕地面积角度，人均耕地面积越大的地区，越有利于通过机械化生产实现农业大规模经营。从生产组织方式角度，集体化为农业机械化提供了较好的条件，且农业生产由对人力的依赖转向对机械动力的采用，[2] 劳动生产率大为提高。长期来看，土地是不可再生资源，中国农村居民的人均耕地面积水平较低且以小农户生产经营为主是中国的基本国情和农情，实现农业生产组织集体化，以集体化推动规模化、机械化生产，是提高耕地利用效率的有效途径。

农业劳动生产率是体现耕地利用效率和农业发展效率的重要指标。中国农业劳动生产率具有稳步提升的趋势。2010年之后，中国农业劳动生产率超过全球农业劳动生产率平均值。然而，与农业强国的差距仍然较大。从绝对差距来看，1997年中国农业劳动生产率为1363美元，

---

[1] 姜长云、李俊茹、巩慧臻：《全球农业强国的共同特征和经验启示》，《学术界》2022年第8期；魏后凯、崔凯：《建设农业强国的中国道路：基本逻辑、进程研判与战略支撑》，《中国农村经济》2022年第1期。

[2] 焦长权、董磊明：《从"过密化"到"机械化"：中国农业机械化革命的历程、动力和影响（1980—2015年）》，《管理世界》2018年第10期。

农业强国平均为35123美元,二者相差33760美元,这一差距到2019年达到62567美元,30年之间差距几乎扩大了一倍。

农业出口在国际市场上的份额体现了该国农产品的国际竞争力。柯炳生把农产品的国际竞争力可以概括为价格竞争力、质量竞争力和信誉竞争力三个方面,具体表现为农产品的出口情况。① 屈小博和霍学喜则通过显性比较优势、贸易竞争力指数和农产品国际市场份额来评价一国农产品在国际市场中的竞争力。② 借鉴后者,且考虑数据可得性,可以通过农产品出口所占国际市场份额来比较中国与农业强国的农业国际竞争力。中国农产品在国际市场的份额逐步提升,向农业强国的平均水平收敛。1991—2021年,中国农产品占全球农业出口的比重从0.017增长到0.036;2021年,中国农业在国际市场的份额开始高于农业强国的平均水平,在国际市场的竞争力大幅度提升。然而与美国相比,中国农业在国际市场的份额明显低于美国的市场份额。1997年以来,美国农业在国际市场的份额保持在0.12—0.13,2020年美国农业在国际市场的份额为0.126,约为中国的4倍。这充分显示中国农产品在国际市场上的竞争力明显不足。③

综合上述分析,中国农业现代化的稳步推进显著提高了中国农业的发展水平,但与世界上其他农业强国相比,中国农业在生产规模、劳动效率、国际竞争力等方面仍有较大差距,与农业高质量发展的要求相比,仍有不小距离。未来,中国要实现农业强国目标,需要不断开拓新道路、探寻新动能、发展新业态。

---

① 柯炳生:《提高农产品竞争力:理论、现状与政策建议》,《农业经济问题》2003年第2期。
② 屈小博、霍学喜:《我国农产品出口结构与竞争力的实证分析》,《国际贸易问题》2007年第3期。
③ 夏杰长、孙晓:《数字化赋能农业强国建设的作用机理与实施路径》,《山西大学学报》(哲学社会科学版)2023年第1期。

## 第二节　数字赋能现代农业高质量发展的作用机理

数字化对农业发展的影响是全场景的，深入农业生产、经营、流通的各个领域，成为推进农业现代化和建设农业强国的重要动能。在生产要素领域，农业新型数据要素在各领域的应用，实现了对其他要素的投入替代和价值倍增作用；在农业生产领域，数字技术与农业生产的融合，加速了智慧型现代农业生产经营体系的构建，提高了农业生产效率；在农业流通领域，数字化助推供需的有效对接，智慧物流、智慧仓储降低了农产品的流通成本，实现了小农户与大市场之间的连接；在农业生产经营组织方面，数字化有效挖掘了新型农业生产经营组织的生产潜能。

### 一　数字技术引导要素资源向农业集聚

生产要素是各类主体开展生产经营活动所需的资源和条件，是国民经济运行的基础保障。从农业社会到工业社会，再到现代信息社会，生产要素的外延随着生产力水平的提高和生产关系的变革不断扩展。舒尔茨最早在其著作《改造传统农业》中提出"传统农业"的概念，将传统农业定义为"不使用现代要素的农业生产"，即传统农业生产主要依托土地、劳动力等要素的投入。[①] 农业本身所具有的产业周期长、风险不确定性多、投入产出效益低等特性，阻碍了资本、技术等现代生产要素向农业领域的流动；现代生产要素的缺失，进一步降低了农业的产出效率，导致诸多国家或地区尤其是发展中国家仍未走出"贫穷但有效"的农业发展困局。

实现农业高质量发展的目标，必须把传统农业改造为现代农业；把

---

① ［美］西奥多·W. 舒尔茨：《改造传统农业》，梁小民译，商务印书馆2006年版。

传统农业改造为现代农业，唯有引入先进的现代生产要素。大工业生产的发展引入了资本、技术、管理等先进的生产要素，极大提高了工业生产效率和对经济增长的贡献率。数字经济时代，数据成为继劳动力、土地、资本、技术和管理之后的新型生产要素。数据要素源于并融入经济社会发展的诸领域、各环节，通过发挥对传统要素的投入替代、配置优化和价值倍增等作用，成为现代社会的基础性要素。

农业生产、流通、销售的全流程积累了包括耕地信息、生产经营主体信息、农产品市场交易信息、遥感节点所得数据等大量数据。通过对这些数据进行收集存储、标准化处理和特定算法分析，可以发现农业生产经营过程中各种内在规律，以此开展对农业生产的智能监测与风险预警、农产品供需的有效对接以及农业知识与技能的积累和传承等。田间地头的数据正成为新的生产要素，与算力、算法技术形成合力，共同优化农业生产经营中的要素配置。

数据要素还与移动互联网、物联网、人工智能等现代信息技术形成双引擎，有效疏通了农业引入资本、人才等要素的障碍。传统金融服务农村长尾客户主要面临触达难、风控难、盈利难等痛点。[①] 数字技术与金融服务双向融合催生数字金融服务模式，通过线上业务、数据分析等手段，降低了金融服务农业生产经营主体的运营成本，拓展了金融服务的覆盖范围，精准实施风险防控，使得资本要素在农业农村领域加速流动，金融体系的普惠效应日益显著。此外，农业农村领域正成为数字技术应用的一片新蓝海，吸引各类人才带科研成果入乡转化和回乡创业，从而激发新型人口红利。

## 二 数字技术助力农业产业链全链路的贯通与升级

产业链是按照价值链分布的各企业或者实体之间的链条式关联关系

---

① 孙晓、罗敬蔚：《金融科技赋能乡村产业振兴的核心优势与基本模式研究》，《学习与探索》2022年第2期。

和时空分布形态，它涵盖产品生产或服务提供的全过程，是产业组织、生产过程和价值实现的统一。① 农业产业链是农产品产前、产中、产后等一系列环节共同形成的网络结构，产业链上各个环节之间的协作程度决定了整个农业产业链的长度和韧性，任何一个环节的短板或缺失都将影响整个产业链的价值。数字化对农业产业的赋能效应，不仅加速了产业链上各个环节或实体的数字化升级，而且为整个产业链实现协同创新提供了技术方案，助力农业产业实现横向延伸和纵向连接的"双向一体化"。

数字技术有效提升了农业生产效率。数智农业是数字技术应用于农业生产领域的典型模式，它"以互联网信息系统为基础，以涉农数据资源为关键要素，以先进数字设备与技术为手段，是以智能化管理与决策为支撑的可持续、高效率的现代农业形态，具备生产基础设施数字化、涉农数据要素化、技术终端智能化、参与主体多元化等基本特征。"② 目前，中国正在探索并推广智慧农场、智慧牧场、智慧渔场建设的有效模式，推动数字技术与农机装备、标准化生产、风险防控、质量安全监管等农业各个环节的有效融合，实现农业生产管理的科学化、规模化与标准化，这对于转变农业生产方式，提升农业生产的数字化、智能化和精准化水平具有重要意义。

数字技术大幅提升了农产品流通效率。传统农业面临的一个突出问题就是小农户在对接大市场的过程中困难重重，这一方面是由于信息不对称导致的农产品供需不匹配；另一方面是由于流通技术不高导致的流通效率过低。据统计，中国农产品流通环节损失率高达20%—30%，远高于发达国家5%左右的水平。数字技术在流通领域的应用有针对性地

---

① 黄群慧、倪红福：《基于价值链理论的产业基础能力与产业链水平提升研究》，《经济体制改革》2020年第5期。

② 孙晓、夏杰长：《产业链协同视角下数智农业与平台经济的耦合机制研究》，《社会科学战线》2022年第9期。

解决了以上两大难题。具有技术和商业优势的平台企业通过在各农产品主产区建立大型数字农业产地仓，并与生态伙伴建立协管仓，辐射全国核心农业产区；整合零售分销渠道，与遍布全国的销地仓和线上线下零售渠道，形成数字化仓配矩阵和分销网络；针对快递"下乡不进村"痛点，启动以"快递共配+农货上行"为主的乡村快递物流智慧共配项目，促进产销顺畅对接。由此建立起数字化的供应链协同共享体系，使得农产品流通效率大幅提升。

数字技术融入农业产前、产中与产后，提升了全链条管理的精细化和各环节的联结度。农业产前阶段，利用大数据技术对生产、流通、销售等渠道的历史数据进行整理和分析，预测可能的产量、效率、品类需求等，科学制定生产规划，避免盲目投入。产中阶段，利用卫星遥感、物联网、人工智能等技术，对农业生产进行实时观测、自主浇灌与施肥、风险预警、有效处置等数字化管理，助力农作物高质高产。产后阶段，通过供应链优化、分层销售、分级定价等，切实提高了生产经营主体的经济收益。农业产业的全链路数字化和有效贯通，推动农业降本增效提质和农民增收，是现代农业发展的必然趋势。

### 三 数字技术打造农业产业价值链

价值创造过程是生产要素依次经过不同的生产环节，在各种生产工具的作用下最终形成具有使用价值和价值的产品或服务。农业数字化产业链上的各个环节之间发生大量的技术、信息与供需的流动，以数字技术为底层逻辑，数据要素进入农业生产函数，使得其他生产要素的使用质量、组合效率得以提升，并在农产品供给与需求之间形成"适需生产—消费者满意—收益提高—有针对性地改良—产品质量更高"的正向反馈机制，最终实现了产业链不同环节、不同主体之间的价值共创与共享。同时，数字化大大拓展了农业的产业边界和功能外延，促进农业与旅游业、文化创意产业等其他产业融合发展，培育出

"农业+"多产业的融合新业态,不同产业、不同类型的主体基于价值共创目标形成利益联合体。农业价值链与产业链各环节实现双向融合发展。①

农业产业的共创价值不仅包含先进技术的应用、产品和服务的创新、人力资本的提升等,而且包含特色农产品的品牌效益。品牌是给拥有者带来溢价、产生增值的一种无形资产。一方面,品牌是对产品和服务质量的保证;另一方面,品牌是经营者形成差异化定位、扩展消费市场的有效工具。培育和塑造特色农产品品牌已成为新型农业生产经营主体的共识。品牌形成后既可以增强各地区特色农产品的市场辨识度,强化保证质量品质的约束;又可以增加农产品的品牌附加值,使得农民收入有所提高。在特色农产品品牌塑造过程中,农业生产经营主体主动将地域特征、传统文化等特色资源融入其中,通过多元化的传播渠道,如直播带货、线上展销会等,向消费者传递有效信息。特色农产品品牌形成后,还会倒逼各类农业生产经营主体将农业科学技术成果与农业生产紧密结合,制定特色农产品的行业标准和生产流程指标,打造适需生产的高质量特色农产品,进一步强化农业产业价值链的韧性。数字化助力延伸产业链、拓宽价值链、筑牢利益链。②

### 四 数字技术重塑农业产业组织形式

"大国小农"是中国的基本农情。"小农"是以农户为基本生产单元、生产经营规模小、生产工艺简单的农业组织形式,它通常缺乏组织性、技术含量低、抗风险能力差。中国要实现农业强国目标,不得不对传统的小农经济进行改良,形成新型农业生产经营组织,从而更好地将

---

① 洪银兴:《围绕产业链部署创新链——论科技创新与产业创新的深度融合》,《经济理论与经济管理》2019 年第 8 期。
② 肖咏嶷、夏杰长、曾世宏:《共同富裕目标下数字经济促进农村产业融合发展的机理与路径》,《山西师大学报》(社会科学版)2022 年第 11 期。

现代生产要素引入农业领域,提升产业效率和产业稳定性。

数字技术正在挖掘小农生产潜力,加速重构农业产业组织形式,孕育各类数字化生产合作组织、销售合作组织。这些数字化农业组织能够有效带动各种规模的农户发挥积极作用,促进农户利益、品牌效益和产业价值的同步增长。浙江省象山县的柑橘产业便是借力数字化重塑产业组织形态、走出高价值农业之路的成功案例,"象山红美人"已成为全国知名的柑橘品牌。首先,当地柑橘种植大户招募周边中小农户成立合作社,向社员提供数字技术指导,收购小农产品,减轻小农市场风险,形成技术赋能、渠道共享、风险分担的稳定合作关系。其次,小农借助电商渠道形成销售合作联盟,联盟为会员提供销售平台,统一定价,指导橘农分类、分层销售,从而形成规模化的供给和服务能力。最后,小农和种植大户形成产业联盟,种植大户拥有丰富的数字化经验,产品品质能够匹配高端新零售平台和数字化流通的要求,大农通过向小农传授数字化经验提升其数字化参与意识和能力。产业联盟还发动青年返乡农民学习数字种植技术,提高了青年农民的种植积极性。

## 第三节 数字赋能现代农业高质量的主要路径

### 一 借力数字乡村建设,夯实农业数字化发展的新基建

数字乡村是引领乡村振兴的战略方向,是建设数字中国的乡村引擎。其中,数字基础设施升级行动是数字乡村建设的重点任务。乡村数字化基础设施建设,不仅涉及新兴基础设施在农村地区的布局,逐步实现城市农村"同网同速";还包括对农村传统基础设施的数字化改造,构建起包括智慧水利、智慧交通、智慧电网、智慧物流等在内的智慧系统。依托乡村数字化基础设施的完善与升级,既可以缩小城乡之间的数字化基础设施差距,从根本上抑制城乡数字鸿沟的拉大;又可以整体带

动农业农村现代化发展,成为数字化与农业农村深度融合的基础支撑。

近些年来,中国广大县域成为数字乡村建设的核心节点,在数字化基础设施建设和布局中发挥着重要作用。推进数字乡村建设,各地需要基于本地资源禀赋、现有信息化基础和经济社会发展水平,切实以需求为导向,聚焦技术集成、资源整合、互联互通、示范应用等重点环节,探索构建集约高效、绿色智能、安全适用的乡村数字化基础设施,因地制宜地走出具有地方特色的数字乡村建设之路。

**二 整合农业数据要素,提升数据价值链的全生命周期价值**

数字经济时代,作为新型生产要素的数据正与新兴信息技术成为双轮,驱动数字经济与实体经济深度融合。2013 年,H. G. Miller 和 P. Mork 提出数据价值链的概念,从数据全生命周期角度将其划分成数据发现、数据集成和数据探索三大过程。① 在农业数字化发展过程中,积累了大量生产、投入、营销、流通等环节的数据资源。一系列数据形成完整的价值链,突破了组织边界的藩篱,不仅可以在组织内部通过数据的连接交互而创造价值,而且可以实现不同部门之间的数据连接,使政府、互联网平台以及其他相关主体的数据都能够与生产经营的各个环节产生关联。不同领域与环节数据要素的整合与流通成为农业数字化发展的信息支撑。②

数据要素区别于传统要素的一个重要特征,就是其价值贯穿于全产业链条中。农业数据本身来源于具体的农业经济活动,又能通过价值挖掘与整合反馈至各领域、各环节,作出相应的分析与预测,从而指导农业经济活动,提高农业产出效率,提升农业产业链价值。数据要素的价值已在诸多数字化农业场景中得到了验证。例如,在园艺作物种植中,采用数字技术,通过各种传感器、摄像头把采集到的温度、湿度、光

---

① H. G. Miller, P. Mork, "From data to decesions: a value chain for Big Data", *IT Professional*, No. 1, 2013, pp. 57-59.
② 夏杰长:《以数字经济改造农业产业化服务体系》,《经济日报》2020 年 7 月 15 日。

照、水分、矿物质元素、肥料、二氧化碳等数据传入中控系统，使每片叶子的长宽、植株茎粗、植体长度、果穗数量、每串果穗的挂果数量等数据得以量化，从而打造农业生产方程式自动算法，形成"农业种植大脑"，精准指导农业活动。

### 三 坚持创新驱动，积极探索新技术、新模式

创新是农业数字化发展的根本动力。具体来说，"创新就是建立一种新的生产函数"，即"把一种从来没有过的关于生产要素和生产条件的新组合引入生产体系"①。这些新组合包括"新产品、新技术（方法）、新市场、新供给、新组织"。在竞争性环境中的新组合会打破旧组合的平衡，从而"意味着对旧组合通过竞争而加以毁灭"。数字化与农业产业融合更新了传统生产技术，丰富了交易品类，拓展了交易时空，加快了交易速度，提升了产业效益。未来，实现农业强国目标要始终坚持创新驱动效益提升，加快农业数字化技术创新，以技术创新引领产品创新、模式创新与服务创新，规范数据的要素化过程，释放数据生产力，探索更加丰富多元的数字应用场景。②

#### （一）技术创新

科技创新是带动农业数字化发展的核心动力，而现阶段发展面临的主要约束在于科技创新不足。以数智农业为例，其发展的主要障碍在于科技短板突出，集中体现在底层技术支撑不足、核心关键技术研发滞后。半导体、操作系统、数据库等核心技术遭遇一系列"卡脖子"难题，传感器国产化、精确度、集成度、抗逆性都不高，专用智能芯片等技术尚在研发阶段。

突破技术瓶颈的当务之急在于制定农业数字化技术发展路线图，重

---

① ［美］约瑟夫·熊彼特：《经济发展理论》，何畏等译，商务印书馆1990年版。
② 夏杰长、孙晓：《数字化赋能农业强国建设的作用机理与实施路径》，《山西大学学报》（哲学社会科学版）2023年第1期。

点攻关基础技术、通用技术和关键技术，超前布局前沿技术。① 在农业生产、加工、流通等领域广泛应用物联网、区块链、人工智能等新技术，加强农机装备技术创新，推进适用各种作业环境的智能农机装备研发，利用传感器、动植物生长信息获取及生产调控机理模型等，推动农机农艺和信息技术集成研究与系统示范，加速构建数字化、智慧型现代农业生产经营体系。

（二）产品创新

产品创新是市场牵引和技术推进共同作用的结果。从市场角度看，产品品质是市场竞争力的核心内涵，提升品质是获得竞争优势的主要途径，而品质的优劣是由市场来定义和诠释的。从技术角度看，数字技术的应用为市场设计了便利、快捷的质量评价机制和信息反馈机制，使消费者和生产者之间的信息交流更加对称。对于农业生产经营而言，利用数字化机遇加速农产品的品类与质量创新是农业数字化发展的题中之义。当前，中国农业发展面临的一个重要现实就是育种技术不高、种业国际市场竞争力不强，真正能够参与国际种业竞争的品种较少，这严重制约了中国农产品的高质量供给。因此，以数字化倒逼产品本身的创新成为必然选择。

中国具有好口碑、高价值、广受市场青睐的优质农产品，均注重产品本身的持续创新，以品质维系品牌生命力，以品牌获取高附加值。其间，联合科技企业和相关科研院所的力量，为区域品牌发展提供了持续动力。一些地方特色农产品品牌通过与互联网科技企业合作，同时引入在国内外掌握先进农业研发技术的企业和高校，各合作方发挥自身的比较优势，联合打造"智慧育种"平台，突破农业技术壁垒和基础研发困境，实现作物育种的全流程数字化管理，通过模拟作物生长气候、土

---

① 《数字乡村发展行动计划（2022—2025年）》，2022年1月26日，国家互联网信息办公室网站，http://www.cac.gov.cn/2022-01/25/c_1644713315749608.htm。

壤以及生长周期等信息，综合各类数据进行智能育种决策，从而大大缩短育种时间。

（三）模式创新

数字化助推农业全产业链升级和贯通，使不同产业环节之间的技术合作、信息交流和价值共创更为畅通，各种新模式、新应用不断产生；数字化拓展了农业多种功能，促进农业与旅游业、文化创意产业等其他产业的融合发展，培育"农业+"多产业融合农业新业态。这些新业态、新模式与新应用有效提升了农业发展的广度和深度，拓宽了农民增收渠道的宽度。

数字技术催生新模式，新模式形成新产业。基于数字技术创新和数据要素引导的新模式，是以客户价值创造为中心、更加高效的信息匹配模式。当前，农产品电商在中国发展成效显著。从传统电商到直播电商，再到社区电商，其商业运作模式不断升级，同时为生产端和消费端提供精准商业服务。社区电商是互联网企业参与农业现代化建设的有益探索。电商平台依托特有的数字技术和完善的农业基础设施，打通产销全链路，一头连接农产品基地，另一头通过社区小店连接千家万户，把居民零散的消费需求集中起来，形成批量化订单再向上游组织货源，构建了一张从农田到餐桌的直供直销网络，使得供需匹配更加精准，最终实现以销优产、以销定产。

新零售平台催生订单式农业模式。新零售是基于数字技术的新业态，以大数据洞察需求，将需求信息反馈至生产环节，以需定产，促进农产品生产过程中的规模化、标准化，形成订单农业模式。这种模式实现了消费互联网与产业互联网的有机融合。一些新零售行业的领跑企业，与全国各优质农产品产地签订订单合同，将优质农产品引向了全国大市场，提供了稳定的销售渠道。新零售平台对农产品口味、大小、品种的高标准，还激励农户主动运用科技手段进行土壤、水质监测，运用无人机作业施肥等，实现增产增收增效的多重目标。

## (四) 品牌创新

长期以来，中国农产品品牌建设滞后，产品附加值偏低，农业生产者收入难以获得提高。品牌作为产品本身的一部分，能够为产品带来价值溢出效应。在数字化进程中，如何讲好品牌故事、维护品牌形象、获取品牌效应，已成为农业生产经营者面临的一个重要议题。

品牌故事是品牌文化的有效载体，是对品牌文化的生动诠释。农产品是自带产地故事属性的产品，其产品特征体现了产地的自然环境、历史背景和人文因素。地方独有的自然和人文环境赋予农产品品牌独具特色的文化价值。利用电商平台丰富的注意力资源和复制边际成本递减甚至趋于零的优势，农业主体在线上开展数字营销，广泛传播产品本身特色和品牌故事，打造区域农产品公用品牌，进而形成区域文化产业，使地方文化符号和文化创意向农业产业渗透，嵌入农产品品牌设计与营销等环节，挖掘农业的文化价值，提升农产品的溢价能力。

打造品牌生态圈已成为维护区域公用品牌的重要手段，即用地区母品牌的知名度带动子品牌的构建，再用子品牌的高溢价推动母品牌价值提升。通过"母品牌+子品牌"的销售模式，实行"统一包装、统一质量、统一价格"，既维护地方品牌形象，又能调动农户的生产积极性。基于对首批入选《中国农业品牌目录（2019）》的300个农产品区域公用品牌发展现状的量化分析发现，2021年300个农产品区域公用品牌在阿里电商平台上保持了良好发展势头，销售总额达到42.4亿元，较2020年增加了7000万元；大部分品牌农产品的平台销售价格高于同类产品的平均价格，品牌溢价能力持续增强。[①]

## (五) 服务创新

数字技术嵌入农业经济领域带来信息、支付、信用等服务的创新，有效支持了农业生产经营活动的运营。以金融服务为例，新兴的互联网

---

① 《阿里电商培育农业品牌研究（2022）》，2022年8月11日，阿里研究院网站，http://www.aliresearch.com/cn/presentation。

银行日益成为普惠金融业务的重要力量,通过云端组织架构、线上业务开展、模式灵活便捷等,使得金融服务"三农"、小微的效率大大提升。2020年,网商银行推出了名为"大山雀"的卫星遥感信贷技术,农户只需在手机地图上圈出自己的地块,银行和当地农业农村部门记录的土地信息交叉比对,验证通过后再利用人工智能算法从卫星图像中识别出地块上农作物面积、作物类型,并通过风控模型预估产量和价值,从而向农户提供贷款额度合理、还款周期科学的信贷产品。目前,全国已有数十万种粮大户通过"大山雀"成功获得贷款。

**四 发挥科技企业市场主体作用,挖掘其经济价值和社会价值**

互联网科技企业具有显著的技术、数据和商业优势。作为数字经济时代的重要市场主体,科技企业的巨大潜力应该被充分开掘并用来带动整个经济社会的全面数字化。科技是互联网科技企业的显性基因,它们既是新技术的应用者,更是新技术的研发者和传播者。在业务拓展中,科技企业积累了大量数据资源,这些数据资源将释放巨大的现实生产力。科技企业不断创新商业模式,商业模式的创新不只带来财富的积累,还越来越多地参与社会问题的解决,践行企业社会责任,发挥企业社会价值。

近年来,科技企业积极响应国家战略安排,参与社会建设,尤其是在乡村振兴战略中价值逐渐显现。未来,要持续调动科技企业在农业强国战略中的巨大能量。首先,引导现有业务更加深入地向农村市场下沉,如电子商务、社交媒体、智慧金融、在线旅游等产品和服务下沉到乡村,可以促进多产业形态、多业务类型跨界融合发展。其次,鼓励开发针对农村市场的新系统、新应用,新系统、新应用要符合农业生产经营主体的认知水平和使用习惯,力争简明、方便、易操作。最后,地方政府要加强与科技企业的合作,通过政策支持、基础设施完善、营商环境优化等手段,吸引更多的科技企业扎根县域、扎根农业。

## 五 依托全民数字技能提升，缩小城乡数字鸿沟

数字经济时代，数字素养与技能成为衡量国民综合素质的重要维度。数字技术在涉农领域的渗透、融合与应用，离不开涉农劳动力数字素养与技能的全面提升。但整体而言，中国国民数字素养与技能水平有待进一步提升。尤其是，农村劳动力文化水平普遍偏低，对数字技术接受能力普遍偏弱，城乡数字鸿沟依然比较严重，使得在经营管理层缺乏既懂技术又懂管理的综合性人才，普通从业人员过低的数字素养使新技术、新模式在农业领域的推广与应用受到阻力。

加速新型职业农民培育、提升涉农劳动力数字化水平和能力成为建设数字乡村、助推农业强国的题中之义。一方面，应建立多层次农村数字人才建设体系，发挥本土企业、职业院校、培训机构、公益组织的作用，加强对涉农劳动力的数字化技能培训，借助在线形式扩大农业科技知识的普及范围，形成一支深耕农业、懂技术、善经营的新型职业农民队伍。另一方面，发挥各级政府作用，完善政策配套，多渠道、多形式地鼓励支持高校毕业生、城市人员以及农民工入乡返乡创新创业。近年来，各类入乡返乡人员利用"互联网+"创新创业的规模逐年扩大，农业从业人员正从单纯的生产者向生产经营者转型，利用"数智化"新农具积极参与数字乡村建设。此外，科技企业的人才红利持续向农业农村领域释放。例如，越来越多的科技企业设立"乡村特派员"项目，选派资深员工为农业农村提供数字化运营方案，并通过拓宽新渠道、打造新品牌、优化供应链、引入数字化产业等方式，吸引更多人才到县域和乡村创业，使县域数字经济人才队伍不断壮大，为县域可持续发展注入新活力。

## 六 推进高水平对外开放，积极发展跨境电商，构建农产品"双循环"新发展格局

推进高水平对外开放，是构建新发展格局、推动高质量发展的一个

重要抓手。自加入世界贸易组织以来，中国农产品出口优势相对减弱，贸易逆差逐年扩大。其中的一个重要原因就是农产品出口成本高企。跨境电商作为一种新兴贸易形态，通过线上操作、非接触式交货、多边化对接、全球化供应链布局以及跨境电商+海外仓本土化运营等优势，使农产品生产企业能够直接对接全球市场，有效降低了农产品出口成本，优化了农产品贸易流程，成为推动农产品出口规模扩大、稳定农产品外贸的重要力量。这对于加快形成中国农产品"双循环"新发展格局意义重大。

这些年，中国跨境电商逆势上扬，逐渐成为中国对外贸易发展的新生力量。在数字技术的加持下，跨境直播、数字展会、社交电商、大数据营销等线上线下融合、境内境外联动的新模式不断涌现。中国政府在部署推动农产品跨境电商高质量发展方面做了大量工作。其中，设立跨境电子商务综合试验区是一项重要举措。自2015年国务院同意在杭州设立跨境电子商务综合试验区以来，共有6批132个城市和地区获批设立跨境电子商务综合试验区，[①] 覆盖了全国大部分省（自治区、直辖市）。未来，要在政府支持和各类集成信息技术的支撑下，跨境电商逐步与新零售、社交电商、直播电商、传统贸易等形成融合发展态势，打造乡村电商产业集群。数字化正在助推跨境电商成为中国农产品开拓海外市场、畅通国内国际"双循环"的新途径。

---

① 《国务院关于同意设立中国（杭州）跨境电子商务综合试验区的批复等》，2015年3月12日，中国政府网，http://www.gov.cn/zhengce/xxgk/index.htm。

# 第八章 数字赋能制造业高质量发展

自18世纪中叶工业革命以来，世界强国的兴衰史和中华民族的奋斗史反复证明，没有强大的制造业，就没有国家和民族的强盛。制造业是实体经济的基础，也是科技创新的主战场，推动制造业高质量发展是建设以实体经济为支撑的现代化产业体系的关键环节。因此，加快建设以实体经济为支撑的现代化产业体系，要在基本稳定制造业比重的前提下，着力推动产业转型升级，实现制造业高质量发展，加快建设制造强国。我们正迎来数字经济时代，数字经济和实体经济深度融合是大势所趋，以数字赋能制造业高质量发展，是我们建设制造业强国和构建现代化产业体系的必然选择。

## 第一节 制造业高质量发展的内涵特征

### 一 制造业高质量发展是经济高质量发展重中之重

发展是党执政兴国的第一要务，高质量发展是全面建设社会主义现代化国家的首要任务，进一步凸显了发展质量的全局和长远意义。2023年12月召开的中央经济工作会议，深入总结新时代做好经济工作的规律性认识，明确提出"必须把坚持高质量发展作为新时代的硬道理"。[①]高质量发展是充分体现新发展理念的发展，包括生产效率和规模显著提升，产业持续升级，发展动力创新迭代，发展环境日趋完善，综合效益不断增强，人民能够更加公平地共享发展成果等。中国社会主要矛盾已经转化为人民日益增长的美好生活需要和不平衡不充分的发展之间的矛盾，发展中的矛盾和问题集中体现在发展质量上。进入新发展阶段，中国经济发展模式已由"高速度增长"转变为"高质量发展"。走高质量发展道路，已经是全党全国人民的共识。

制造业是立国之本、强国之基。制造业高质量发展是中国经济高质量发展的重中之重，是建设现代化产业体系的关键支撑。目前，中国制造业在规模和门类不断扩大和完善的过程中，始终存在高端装备缺乏、关键零部件、核心技术等受制于人的短板，始终面临着制造业附加值低、价值链和供应链控制力弱的问题。利用新一轮科技革命和产业变革所创造的机会窗口，抢占先进制造业的制高点，打造坚实的产业基础，实现产业链的现代化和价值链位置的攀升，已成为迫在眉睫的重要任务。[②]那么，我们如何界定制造业高质量发展的基本内涵呢？制造业高质量发展又有哪些重要特征呢？

## 二 制造业高质量发展的内涵特征

制造业高质量发展，是与新型工业化道路要求相一致，以创新、集约、绿色、高效和融合为主要特征，且能够很好地满足人民日益增长的美好生活需要的发展，是体现新发展理念的发展。高质量，既要有"量"，更要有"质"。具体而言，制造业的发展如果满足了如下五个特征条件，就可称之为"高质量发展"。一是产业规模庞大。规模是反映

---

[①] 任理轩：《必须把坚持高质量发展作为新时代的硬道理》，《人民日报》2024年1月8日。
[②] 杨虎涛：《制造业高质量发展既要重"量"更要重"质"》，《经济日报》2020年12月30日。

了制造业发展实力的基础指标，对于我们这样的发展中大国而言，必须有成熟健全的现代制造业体系，制造业占比基本稳定，且有一大批实力雄厚的高技术制造业、装备制造业和战略性新兴产业。二是产业结构合理。结构是反映制造业和其他产业协调与否的重要指标，是制造业高质量发展的重要支撑。合理的产业结构，包括各产业之间和产业链各环节之间协同互助，而且有先进优化的产业组织结构，大中小企业并举发展、协同互助。三是质量效益良好。质量效益是高质量发展的内在要求，表现为制造业生产技术水平高、产品附加值高和劳动生产率高，占据价值链中高端环节，且有很好的品牌声誉和较高的产业链整体运作效率及成本控制能力，是制造业高质量发展亟待突破的关键环节。四是强大的持续创新发展能力。创新是高质量发展最重要的"引擎"，体现了高端化发展能力和长期发展潜力，表现为自主创新能力强、信息化发展水平高和节能减排标准高。[①] 五是"集而成群"的协同合作。中国制造业发展普遍存在"集而不群"的问题，发展先进制造业集群是推进新型工业化和建设制造业强国的重要举措。只有走集群发展之路，才能实现产业链上下游企业以及处于产业链同一环节企业、同一产业所有集群成员，在一定区域聚集并且相互协作，将最大限度提高制造业综合竞争力，是制造业高质量发展的必由之路。[②]

## 第二节　筑牢以制造业为核心的实体经济

党的二十大报告指出，坚持把发展经济的着力点放在实体经济上，推进新型工业化，加快建设制造强国、质量强国、网络强国、数

---

[①] 夏杰长、高红冰等：《扎根实体经济：创新与重塑》，中国发展出版社2023年版。
[②] 栾云波、田珍都：《把发展先进制造业集群摆到更加突出位置》，《大众日报》2024年1月9日。

字中国。① 实体经济高质量发展是全面建设社会主义现代化国家新征程上的重要任务，是建设现代化产业体系的根本指向。作为实体经济部门最重要主体和核心支撑，制造业发挥着为全面建设社会主义现代化国家奠定物质基础的重要作用，推动制造业高质量发展是实现中国经济高质量发展和建设社会主义现代化强国的重要举措，也是夯实实体经济的关键所在，更是现代化产业体系建设的根基。

## 一 制造业：实体经济的核心支撑

### （一）制造业是实体经济最核心的构成

从实体经济的组成结构来看，制造业是实体经济最核心的构成。常用的实体经济划分框架是基于产业视角，从功能角度以"宽实体、窄虚拟"划分，将第一、第二产业与除金融业和房地产业以外的第三产业作为实体经济。在此基础上，可以进一步将实体经济划分为三个层次，其中第一个层次的实体经济是制造业，也是实体经济最核心的部分，是最狭义、最重要的实体经济。② 2023 年中国全部工业增加值为 39.9 万亿元，占 GDP 的比重为 31.7%，制造业规模连续 14 年位居全球第一，制造业增加值占全球的比重约为 30%。规模庞大、产业体系完备的制造业是实体经济高质量发展的主引擎，为实现中国式现代化提供了强大的物质技术基础。

### （二）制造业是实现价值和创造功能的重要产业

从实体经济的功能作用来看，制造业是实现价值创造功能的重要产业。实体经济是指一个国家生产的商品价值总量，它涉及物质产品和服务的生产与流通等，是基于三大产业生产、流通、分配和消费全流程的经济活动，是国民经济的血脉，是强国之本、兴国之基。因此，实体经

---

① 习近平：《高举中国特色社会主义伟大旗帜　为全面建设社会主义现代化国家而团结奋斗——在中国共产党第二十次全国代表大会上的报告》，人民出版社 2022 年版。
② 黄群慧：《论新时期中国实体经济的发展》，《中国工业经济》2017 年第 9 期。

济被认为是人类经济社会活动的基石，它为社会的持续发展与人的正常生活提供了必要的物质和技术支持。制造业以物质资料的生产与再生产为主要产业活动，是满足生活消费、社会生产和公共需要的重要生产部门。制造业能够促进经济增长、创造大量就业岗位、丰富产品和服务、促进科技创新和进步、推动产业升级和结构优化，是物质和财富创造的重要来源。作为实体经济实现价值创造功能的关键产业，制造业已成为应对外部冲击、保持经济社会稳定、增强经济韧性的重要保障。

（三）制造业是数字经济和实体经济深度融合的关键载体

从实体经济的发展趋势来看，制造业是数实融合的关键载体。加快推进数字产业化和产业数字化，促进数字经济和实体经济深度融合，是把握新一轮科技革命和产业变革机遇、实现高质量发展的重要国家战略。党的二十届三中全会通过的《中共中央关于进一步全面深化改革推进中国式现代化的决定》指出，要健全促进实体经济和数字经济深度融合制度。加快推进新型工业化，培育壮大先进制造业集群，推动制造业高端化、智能化、绿色化发展；加快新一代信息技术全方位全链条普及应用，发展工业互联网，打造具有国际竞争力的数字产业集群。

为促进实体经济高质量发展，中国积极推进数实深度融合，尤其重视制造业数字化升级。2016年以来，中央和地方层面接连出台了约60项有关产业数字化的产业促进政策，其中工业互联网、智能制造等为重点领域。[1] 制造业是数字技术等新兴技术与模式创新应用和产业化商业化转化的重要领域，人才、资金、技术、硬件设施等诸多创新要素都源于制造业。制造业通过设立创新中心、探索工业互联网和5G全连接工厂、推进产业数字化、实施智能制造试点示范行动、培育先进制造业集群等一系列措施积极探索数实融合的有效路径，成为促进实体经济与数字经济在更广范围和更深层次融合的重要载体。

---

[1] 朱太辉、张彧通：《产业数字化的政策框架与发展模式研究》，《智能社会研究》2023年第3期。

（四）保持制造业比重基本稳定对壮大实体经济至关重要

产业结构演变趋势是服务业占比越来越高，制造业占比相对下降。发达国家的产业结构变化和中国改革开放40多年来的产业演变，都显示出这一特点和趋势。但是，这并不意味着这个趋势就是理想的选择。近些年，这些发达国家充分意识到制造业比重不断下降对现代产业体系的危害，纷纷提出了"再制造化"或"再工业化"的主张。谭洪波和夏杰长认为，在完全跨越中等收入阶段以前，一国过早去工业化往往会使经济长期陷入中等收入阶段，比如巴西、阿根廷、委内瑞拉和哥伦比亚等国，这些国家在未完全跨越中等收入阶段时就开始了去工业化过程。① 相反，那些成功跨越了中等收入阶段、迈进高收入行列的国家，其制造业比重在跨越中等收入阶段的过程中基本保持稳定，直至完全达到高收入水平并维持一段时期后，制造业比重才逐步下降。

当然，现代经济体系和产业融合背景下，新型工业化和现代制造的方法、要素和内容跟过去完全不同了，他们越来越依托知识服务要素投入来实现现代制造业规模扩张和竞争力提升。"十四五"以及未来较长一段时期，保持制造业比重基本稳定有助于中国成功跨越中等收入阶段。无论从哪个角度讲，我们在推进"两业融合"战略进程中，不能失之偏颇，必须要兼顾现代服务业和先进制造业两个方面，在积极发展现代服务业的同时，也要保持制造业比重的基本稳定。② 强大的制造业是国之利器的"基石"，是中国实体经济的核心和关键，中国经济行稳致远的"根基"，也是中国摆脱外部势力"锁喉"的关键，坚持自主创新，在产业融合互促中实现产业升级，是制造业高质量发展和不断壮大

---

① 谭洪波、夏杰长：《协调服务业与制造业关系 发展现代产业体系》，《光明日报》2020年12月17日。

② 夏杰长、倪红福：《中国经济增长的主导产业：服务业还是工业？》，《南京大学学报》（哲学·人文科学·社会科学）2016年第3期。

实体经济的必然选择。

## 二 以制造业和服务业融合发展壮大实体经济

服务经济的迅速发展，尤其是数字技术的出现，颠覆了服务业"鲍莫尔成本病"的传统认知。随着生产性服务业的迅速崛起，制造业服务化和服务型制造越来越成为现代产业的新的组织形态。

虽然在现有的统计制度下，无法从数据上直观得出"两业融合"的规模体量，但是考虑到"两业融合"的一个重要载体是日益普及的数字化技术应用，因此，可以从工业互联网的角度进行观察。《中国工业互联网产业经济发展白皮书（2023年）》数据显示，2022年，中国工业互联网核心产业增加值达到1.26万亿元，同时带动渗透产业增加值3.20万亿元，工业互联网产业增加值总体规模达到4.46万亿元，占GDP的比重为3.69%。这组数据很好地展现了"两业融合"的规模，以及近些年中国在"两业融合"方面取得的长足进步。与此同时，"两业融合"所带来的生产方式的柔性、智能、精细化转变，使制造业企业延伸了服务链条，促进了生产增值，推动了制造业朝高端、智能、绿色、服务方向发展，在无形之中催生了制造业竞争新优势。刘斌等的研究就发现，制造业服务化不仅提高了中国企业价值链的参与程度，而且显著提升了中国企业在价值链体系中的分工地位，这一作用渠道主要是通过制造业服务化、通过垂直效应（产品质量）和水平效应（产品技术复杂度）提升了企业出口产品品质来实现的。[1] 张峰等则认为，在应对国外产品进入中国市场的竞争中，服务型制造有助于改善企业在进口竞争中的经营绩效。[2] 姚战琪的研究发现，制造业服务化既能够显著提高中国制造业的显示性比较优势指数，也能够提高中国全球价值链的

---

[1] 刘斌等：《制造业服务化与价值链升级》，《经济研究》2016年第3期。
[2] 张峰等：《进口竞争、服务型制造与企业绩效》，《中国工业经济》2021年第5期。

前向参与度。①

如今，数字经济在飞速发展。借助于数字技术，现代制造业日益呈现出智能、柔性和高效的发展趋势。比如，机械设备的远程控制、产品的全生命周期管理和柔性化、个性化的生产组织方式已经越来越普遍。这改变了过去制造业企业与消费者之间相对较远的联系，在提升了制造业企业对市场响应能力的同时，也大大改善了消费者的效用函数，从而在供需两端共同发力，推动了形成了新的更高水平的供需平衡。

整体来看，通过"两业融合"，实现现代服务业和先进制造业的耦合共生，既是有效应对当前全球产业链供应链横向调整和纵向压缩变化的有力武器，也是顺应产业结构变迁和技术变革的趋势使然。"两业融合"所孕育出的新动能，开拓了制造业和服务业协同发展的"第二曲线"，② 这奠定了壮大实体经济的重要根基。

## 三 "两业融合"壮大实体经济的基本条件

在产业融合成为现代产业发展显著特征的背景下，以"两业融合"壮大实体经济，势在必行，但需要满足一系列条件才有可能变为现实。

### （一）生产性服务业实力比较强大

美国和其他部分西方发达国家，正是凭借具有国际竞争力的生产性服务业，从而牢牢占据了全球价值链分工的顶端。因此，促进"两业融合"的重点和主攻方向，应该是扎实提升生产性服务业的水平，重点做好研发设计、信息技术、金融、物流、检验检测认证和品牌管理等生产性服务业，引导企业以产业升级需求为导向，打破"大而全""小

---

① 姚战琪：《生产性服务中间投入、制造业服务化对中国制造业出口的影响——基于全球价值链视角的研究》，《北京工商大学学报》（社会科学版）2019年第4期。
② 于洋、杨明月、肖宇：《生产性服务业与制造业融合发展：沿革、趋势与国际比较》，《国际贸易》2021年第1期。

而全"的格局，分离和外包非核心业务，不断提升服务供给质量。

### （二）对待新业态发展比较包容

信息科学技术的发展，使依托于人工智能、大数据、云计算、区块链等新技术的新应用快速发展。这些新模式新业态在给传统的生产组织方式带来产业链供应链和价值链不断重构的同时，也给现有的监管体系带来巨大挑战。对于监管部门来说，要及时补上监管短板，强化消费者权益保护意识。通过出台"两业融合"负面清单，建立包容审慎监管规则，加强数字时代的公共基础设施建设等措施，引导新业态健康发展。

### （三）"两业融合"统计制度初步建成

当前，"两业融合"给国民经济统计体系带来了巨大的挑战，主要是由于不断消失的产业边界，使得部分增加值可能在制造业和服务业领域被重复统计，而新业态、新模式也可能使其真实增加值存在错统、漏统和误统现象。因此，加大对"两业融合"经济现象的统计监测，充分应用统计数据，全面认识"两业融合"现状，提出与经济发展相匹配的监测评价和统计方法，为正确认识"两业融合"的发展趋势提供科学支撑。

### （四）数字化转型比较成熟

数字技术的飞速发展使数据这一生产要素的价值被彻底激活，这使我们不得不调整生产组织方式，以应对和适应数字技术变革所带来的挑战。在制造业领域，数字技术催生出了智能制造、柔性生产和产品全生产周期管理等多种全新的组织方式，这也大大提升了全社会资源配置的效率。因此，在"两业融合"的过程中，要抓住数字化这一牛鼻子，把数字化转型作为服务业和制造业融合的抓手，利用数字技术对传统产业链和供应链进行智能化改造，从而促进实体经济的高质量发展。

### （五）有利于"两业融合"的创新体系比较成型

创新有利于提高全要素生产率，通过"两业融合"壮大实体经济需要构建强有力的创新支撑体系。国际经验显示，依托关键核心技术和知识产权保护，牢牢占据全球产业分工的优势地位，是西方发达国家掌握全球产业链、供应链话语权的重要手段。构建创新支撑体系，首先，是人才队伍建设，要逐步通过教育体制改革，建立职业教育和普通高等教育有机配合的多层次人才队伍。其次，要进一步优化现有的"双创"体系，建立"卡脖子"重点技术攻关团队，畅通技术成果转化的隐形壁垒。最后，是用好金融工具，大力发展风险投资和私募股权投资，建设好多层次资本市场，为创新企业成长壮大做好支撑。

## 第三节 数字赋能制造业高质量发展的作用机理

### 一 数字技术直接推动了制造业企业科技创新

科技创新是制造业企业发展和壮大的第一动力。但与传统经济背景下的科技创新相比，数字技术的影响大不一样。比如，凭借大数据、云计算等数字技术有效降低了企业生产经营过程中的边际投入，提高企业研发投入，进而提升科技创新水平。[①] 又如，作为数字技术和金融相结合的新兴业态，数字金融的发展降低了信息不对称水平和金融服务门槛，拓展了制造企业的融资渠道。特别是对小微企业而言，通过金融资源的优化配置缓解制造业企业在创新方面的融资约束，为科技创新提供资金支持。再如，数字化平台的建立和完善也促进了制造业企业间甚至是产业间信息共享和技术交流，将平台经济转化为知识流动网络，促进网络内部创新主体间的联结。当前，科技创新的复杂程度不断提高，创新主体自身的知识技术总是有限的，而基于数字化平台的知识共享和协同则可以突破这种局限，从而增强创新主体获取外部创新资源的能力和

---

① 李健、张金林、董小凡：《数字经济如何影响企业创新能力：内在机制与经验证据》，《经济管理》2022年第8期。

提升自身科技创新水平。

**二　数据要素直接推动制造业企业降本增效**

数字经济时代，数据要素已经成为关键生产要素。在以往经济发展中，土地、劳动、资本和技术是最基本的生产要素，然而在数字经济时代，数据逐渐成为重要性丝毫不亚于传统生产要素的新生产要素。[①] 数据要素能有效协同资本和技术要素，实现要素的倍增效应，提升资本投入和工业发展效率。在产品设计和生产环节，基于数据要素承载的丰富信息，优化产品设计，价值创造由产品研发转向与消费者协同共创，通过数据共享实现产品数字化设计，变革产业部门生产模式。[②] 在存货管理环节，制造业企业一般面临较多的原材料采购和库存商品管理活动，利用数据信息和数字技术可以显著提高智能管理水平和管理效率。相关数据表明，现有的110家智能制造示范工厂通过智能制造工程等改造行动，强化对数据要素和数字技术的应用，平均提升了生产效率32%、资源综合利用率22%，降低产品研发周期28%、运营成本19%、产品不良率24%。[③] 数据要素大力推动制造业等工业企业实现降本增效。在财务管理环节，通过数据分析识别企业资金流向和投融资需求，优化企业风险管理，具有重要数据要素的企业还可以推动数据资产化获得资产性收益，充分利用数据价值。数据要素从全流程推动了工业尤其是先进制造业与现代服务业的深度融合。消费端需求和偏好变化储存在数据中并瞬时传递到生产端，延伸制造业的服务链条，发展出用户直连制造智能工厂等规模定制和个性化定制模式。

---

[①] 刘悦欣、夏杰长：《数据资产价值创造、估值挑战与应对策略》，《江西社会科学》2022年第3期。

[②] C. K. Prahalad, V. Ramaswamy, "Co-opting Customer Competence", *Harvard Business Review*, Vol. 78, No. 1, 2000, pp. 79-90.

[③] 何立峰：《关于数字经济发展情况的报告——2022年10月28日在第十三届全国人民代表大会常务委员会第三十七次会议上》，《中国改革报》2022年11月18日。

### 三 数实融合激发"智造"新活力

制造业是立国之本、强国之基,承担着经济高质量发展的主要任务。但制造业创新普遍具有"量大质低"和"策略性迎合"等特征①,所以,要实现制造业高效优质发展,必须有不一样的思路。这就是积极推进数字经济和实体经济的深度融合。欧阳日辉和龚伟认为,数字经济和实体经济深度融合是指以推动数字技术与实体经济深度融合为主线,通过数字技术、应用场景和商业模式的融合创新,推进实体经济业务逻辑重构、组织形态变革、价值模式创新的过程。② 当前,中国正处于工业大国向工业强国迈进的重要关口期,数实融合发展在各大产业继续扩展,全面融入生产生活,为制造业突破创新瓶颈、实现数字化转型和高质量发展提供技术支持与动力引擎。

#### (一)以数实产业融合为基石,推动"智造"创新

在数实融合过程中,产业融合作为核心方式,改变了传统产业体系的固有格局,推动着"智造"的加速创新升级。数实产业融合过程并非一蹴而就,而是经历了从技术到产品、从业务到市场的逐步深化。数实融合通过数据打通产业链各环节,实现业务和技术在多产业、多链条中的串联与协同,推动了实体经济和制造业生产模式、运营模式的根本性变革,更催生了新的企业形态和产业生态。随着工业化进程的推进,产业结构实现了从轻纺工业到重化工业,再到高新技术工业的演变,推动了技术的不断进步和产业的持续升级。在数实产业融合的基础上,实体经济得以形成新的细分产业、产业链得以延长,不仅促进了产业之间的关联作用,更为"智造"的创新升级提供了坚实基础。

---

① 黎文靖、郑曼妮:《实质性创新还是策略性创新?——宏观产业政策对微观企业创新的影响》,《经济研究》2016年第4期。
② 欧阳日辉、龚伟:《基于价值和市场评价贡献的数据要素定价机制》,《改革》2022年第3期。

（二）以数实技术融合为引领，推动"智造"提质

数实融合以数实技术融合为引领，从传统的信息化软件工具的单项或集成应用迈向了围绕"数据+算力+算法"的技术与产业深度集成创新的应用阶段，推动"智造"迈向更高层次。在融合范围上，数实融合发展突破了单个企业或特定领域的局限，数字技术不断向产业链上下游、产业集群乃至整个行业生态延伸，有力地推动了产业结构的优化和升级；在制造业各环节中，数实技术融合推动实现产业层面的数字化、网络化和智能化发展。在生产环节，借助大数据和云计算等技术，企业能够精准预测消费者偏好和市场需求、对供需进行科学有效匹配，实现了生产要素的优化配置与高效协同。在经营环节，通过数据挖掘和分析，优化了销售计划和个性化服务响应；同时，利用工业软件、大数据分析等技术，实现了对企业运营绩效的可视化监测和精准决策，提升了运营管理效率，进一步推动传统工业化向新型工业化的转变。[1]

（三）以数实生态融合为目标，推动"智造"增效

数实生态融合的核心在于实现技术创新与商业模式创新的双轮驱动，在此过程中，数据作为核心生产要素发挥着至关重要的作用，围绕数据的价值挖掘和应用构建起数字经济与实体经济深度融合的数字生态，为智造提供了广阔的应用场景和发展空间。"智造"在数实生态融合中的崛起，不仅体现在技术创新和商业模式创新上，更体现在对工业产品与服务供需结构的优化上。通过工业大数据对生产流程的深入研判，企业能够降低采购成本及交易费用，提升工业经济运行效率。此外，借助工业大数据对生产过程进行精准建模和实时优化，有助于加速智能工厂、智能车间等系统解决方案的形成，从而进一步推动中国新型工业化的智能化转型。[2]

---

[1] 焦勇、包龙杰：《数字孪生技术优化制造业企业的决策机制研究——基于数字经济技术层面的考察》，《现代管理科学》2022年第2期。

[2] 任保平、李婧瑜：《以数实融合推动新型工业化的阶段性特征、战略定位与路径选择》，《经济与管理评论》2024年第2期。

**四　数实融合重塑产业集聚模式，培育和壮大制造业集群**

数据要素是数字经济时代最关键的生产要素之一，显著降低不同地理区位企业之间的交易成本，使产业集聚逐渐突破地理区位限制，通过线上协作实现规模经济，并对产业集聚模式进行了三种形式的改造：一是在同一空间的协同式地理集聚向分离式地理集聚转变；二是产业集群中的生产性服务业在线上集聚；三是生产性服务业与制造业同时线上集聚协同。① 随着生产性服务业的可贸易程度变高，生产性服务业向人力资本集中的大城市集聚，数字经济为生产性服务业与制造业的地理分离提供条件。随着数字技术的发展和大城市集聚成本的提升，生产性服务业开始向线上集聚。例如，猪八戒网就是典型的生产性服务业集聚平台。制造业在线上集聚的进程要比生产性服务业更为滞后，然而工业互联网、人工智能、数字孪生技术等信息技术的发展，可对制造业各环节进行深度解构，产品有望在线上协同生产，实现制造业在线上集聚。当产业集聚从地理邻近转向线上集聚后，本地的制造业企业就可以在全国或全球配置资源，而不再局限于制造业企业所在地的资源禀赋水平，进而提升制造业的整体竞争力。② 当前，我们面对全球数字经济浪潮的深刻变革和产业融合发展的大趋势，打造具有国际竞争力的先进制造业集群，是提升制造业综合竞争力和国际影响力的重要举措。

## 第四节　数字赋能制造业高质量发展的主要路径

**一　以创新驱动培育制造业新质生产力**

制造业高质量发展的重要目标就是培育制造业新质生产力。创新是

---

① 谭洪波、夏杰长：《数字贸易重塑产业集聚理论与模式——从地理集聚到线上集聚》，《财经问题研究》2022 年第 6 期。
② 夏杰长、田野：《数实融合培育和壮大制造业产业集群的理论逻辑与实施路径》，《企业经济》2024 年第 6 期。

新质生产力的鲜明属性，是最重要的要素。未来，应进一步将数字技术创新与变革作为主攻方向之一，加速实现数字技术等核心技术自立自强，不再受制于人。创新需要坚实的基础研究和原始创新支撑，同时应提早谋划和布局，重点发展具备先发优势的关键技术，重视引领未来产业发展的关键前沿技术创新，以产业转型升级为核心目标，释放数字技术的驱动作用、连接作用和渗透性，推动数字经济与实体经济深度融合，在数实融合中推动经济高质量发展和产业升级。企业是科技创新的主体，必须筑牢这个基本理念，不能越俎代庖。企业作为构建现代化产业体系的基本单元和推动高质量发展的力量载体，一头连着科技，另一头连着产业，是实施科技创新和产业创新融合发展的微观主体。因此，要坚决打破束缚企业创新的体制机制障碍，充分发挥企业在科技创新和产业创新中的主体地位。

以新质生产力引领制造业高质量发展，必须发挥市场和政府的双重作用。首先，要尊重市场规律和企业家的创新精神，促进各类创新要素向企业集聚，支持企业提升创新能力，全面激发企业创新活力。其次，要充分发挥社会主义制度优势和新型举国体制优势，加快突破一批核心技术，尽早摆脱被发达国家"卡脖子"等问题。政府在这方面可做很多工作。比如，鼓励跨地域企业、高校、科研院所等组织开展数字经济领域的技术攻关和协同创新，通过城市间产业联系，降低知识流动成本，不断增强创新主体的科技创新水平，提高数字技术异地孵化转化效率，扩大正向空间溢出效应。

## 二 以新型基础设施建设助力制造业企业转型升级

新型基础设施主要由信息基础设施、融合基础设施和创新基础设施三部分内容构成。5G、人工智能、区块链、工业互联网、物联网、数据中心等新型基础设施在推动传统制造业企业向智能化、数字化转型，从而帮助企业生产提质增效，从"制造"向"智能制造"升级等方面，发挥了积极的作用。政府应以金融创新引导投资方向，鼓励和支持新型基础设施建设。一要设立国家重大项目专项基金，以有限财政资金发挥引领作用，撬动商业融资和民间资本，多方合力支持"新基建"项目建设，如推进"专项债+PPP"组合试点，鼓励民间资本规范有序参与新型基础设施项目建设，合理发展大数据、物联网、5G+、制造业互联网、云计算和人工智能等新技术，赋能制造业等实体产业发展。二要鼓励金融机构应用"互联网+供应链"的创新金融服务模式，由供应链中信誉较高的核心企业与金融机构达成一种面向制造业企业"授信"模式，以支持制造业企业发展的融资需要。三是推进算网融合，打造全国一体化算力网络，实现算力的高效分配和利用，促进"东数西算"、"冷热协同"、跨域共享的发展模式，以此帮助西部地区发展先进制造业。

### 三 以智能制造增强制造业核心竞争力

关于智能制造的定义，目前还没有统一说法。结合产业演进及其技术支撑的现实，可以做出如下定义：智能制造是基于算力、算法、数据等关键要素和技术与先进制造技术深度融合，贯穿于设计、生产、管理、服务等制造活动的各个环节，使机器逐步具有人类的智能，即在制造过程中能进行诸如分析、推理、判断、构思和决策等智能活动，是新质生产力的典型代表。在这一背景下，需要着力夯实人工智能底座技术，实现产业基础高级化。

（一）推动科技创新与产业发展的紧密结合，培育新兴产业和新技术

颠覆性创新对传统产业产生了全面冲击，推动了传统产业的转型升级和重构，加强现代化产业体系中数字产品（如生成式人工智能等）的自主创新力度，并构建国产化算力产业体系。人工智能底座技术是人工智能应用的基础和保障，也是人工智能产业的核心竞争力所在。在数实融合的背景下构建现代化产业体系中各产业的核心竞争力，需要在算

力、算法、训练框架、数据资源、人才储备等多个层面提升科研原创能力，以颠覆性的科研原创带动诸如人工智能等新兴产业大发展。

（二）妥善处理好人工智能等科技进步所带来的一系列潜在挑战

在人工智能等新技术的推动下，现代化产业体系将面临知识产权、数据安全、算法偏见等方面的一系列不确定性风险，需要认真加以处理。其一，处理好知识产权的问题。知识产权是科技创新的重要成果，也是科技创新的重要动力。保护知识产权，既是尊重创新者的劳动成果，也是激励创新者的创新活力，促进数实融合与现代化产业体系高质量发展的必要条件。其二，处理好数据安全问题。数据是数字经济的基础资源，也是科技创新的重要因素。保护数据隐私，既是维护个人和组织的合法权益，也是促进数据开放和流通，实现数据价值的必要条件。要不断完善数据保护法律制度，加强数据的收集、存储、处理、使用、传输、删除等环节的监管，打击数据泄露、窃取、滥用等行为，维护数据安全秩序，建立健全数据保护的责任、义务、权利、制度等机制。[①]

## 四　以"两业融合"拓展制造业发展空间

产业融合是现代产业发展的新特点和新趋势，尤其是制造业和服务业融合发展问题，备受关注。[②] 在数字经济时代，基于数字技术的广泛应用，制造业和服务业的融合发展更加紧迫，也更具空间。要充分发挥数字技术的应用广泛和渗透力强的特点，助力制造业和服务业的深度融合，以此拓展实体经济发展新空间。

（一）以产业链龙头企业为牵引推进"两业融合"

"两业融合"涉及面很广，包括供应链协同、创新能力共享、数据协同开放、产业融通发展、协同研发与设计、技术扩散与交互、流程外

---

[①] 胡东兰、夏杰长：《数据作为核心要素的理论逻辑和政策框架》，《西安交通大学学报》（社会科学版）2023年第2期。

[②] 刘奕、夏杰长：《生产性服务业集聚与制造业升级》，《中国工业经济》2017年第7期。

包等专业化服务。在这个过程中,企业的规模和性质不尽相同,其作用大小自然不尽一样,对新质生产力发展的影响有强有弱。这种情况下,要充分发挥产业链龙头企业的引领、示范、规范作用,由"链主"或龙头企业带动"专精特新"制造业企业和中小微服务业企业协同发展。

### (二) 以科技创新加速产业融合

科技创新是生产力跃迁的根本动力,但科技创新只有与产业创新深度融合,才能发挥最大作用。党的二十届三中全会提出,加强创新资源统筹和力量组织,推动科技创新和产业创新融合发展。这为中国科技和产业的创新发展指明了方向,有利于提升国家创新体系整体效能,推动实体经济高质量发展。加快发展科技服务业,催生新产业、新模式、新动能,培育壮大新兴产业、未来产业。大力发展智能制造,支持企业深化新一代信息技术、人工智能等技术应用,发展智能装备和智能工厂,建设工业互联网、共享制造平台,加快产业数字化转型、智能化升级步伐。鼓励企业加强全生命周期管理,建设智慧供应链,实现产业链全链条、全周期、全流程效率提升和价值增值。

### (三) 加快培育服务衍生制造

"两业融合"主要包括制造服务化和服务衍生制造两个方面。过去,我们比较重视制造服务化,鼓励制造企业剥离非核心业务,专注于核心制造环节。未来,我们更要专注于发展服务衍生制造,即以产需动态适配为导向,鼓励服务业企业提供大规模定制服务并向产业链上游延伸,提供研发设计、供应链金融、物流仓储、大数据分析、商务咨询、检验检测认证等集成服务,推动生产制造环节有效协同。同时,积极发展反向定制、个性设计和柔性制造,以支持服务企业向制造环节延伸,实现服务业产品化、品牌化、创意化和体验化发展。这样的拓展,既实现了以强大的生产性服务业支撑制造业高质量发展的新需求,又为服务业尤其是生产性服务业寻找到新的成长空间。

(四) 促进产业链创新链深度融合

"两业融合"不是生产性服务业和现代制造业简单相加，而是发挥各自优势实现产业链、创新链的深度融合。其一，要破除融合发展的体制机制障碍，核心是打破要素流动和地区间、行业间的各种壁垒，提高产业链关键环节的科技创新供给能力和创新要素的市场化配置能力，保障产业链供应链安全稳定，提升产业链、供应链韧性。其二，充分发挥数字技术穿透融合能力强的优势，尽力推动技术在产业间的跨界融合，促进形成新业态、新工艺和新模式，提升制造产品附加值，推动制造业向全球价值链中高端迈进。

# 第九章 数字赋能服务业高质量发展

服务业是中国国民经济中最大的部门，在国民经济和社会发展中的作用日益凸显。中国服务业发展潜力巨大，但也存在供需不匹配、生产率较低和国际竞争力较弱等问题，而数字经济则是解决这些问题的重要"利器"。数字经济对服务业创新发展和高水平开放有极为深刻的影响，服务业结构转型升级和服务业"成本病"问题在数字经济发展中迎来新解。推动服务业数字化升级是培育壮大服务业发展新动能、实现服务业高质量发展的重要举措，也是挖掘新增长点、提升高端服务业辐射能级和构建现代产业体系的关键支撑。本章旨在研究数字赋能服务业高质量发展的作用机理，探究数字赋能服务业高质量发展和高水平开放的主要路径。

## 第一节 研究进展

### 一 问题的提出

服务业是国民经济的"压舱石"，是提升经济韧性和发展活力的重要引擎。但是，长期以来，服务业大而不强的问题没有得以解决，发展质量和效益不高，生产效率、产业结构和技术创新等都有待加强。经验表明，囿于服务业的"鲍莫尔成本病"（Baumol Cost Disease）[①]的存在，以服务业为主的产业结构很可能会出现"结构性减速现象"。[②]技术进步速度较低的服务业尤其是传统服务业占比过高时常会导致产业结构虚高和增长停滞。[③]自2015年中国进入服务经济时代以来，服务业"成本病"现象已经显现，中国进入了经济缓慢下行通道。[④]

与此同时，新一轮科技革命和产业变革到来，数字经济成为全球经济增长的重要驱动力和稳定器，对服务业产生了颠覆性的变革和影响。2022年，中国数字经济规模达50.2万亿元，同比名义增长10.3%，已连续11年显著高于同期GDP增速，占GDP的比重达到41.5%。[⑤]以5G、人工智能、区块链为代表的新兴数字技术正广泛渗透和深度融入经济社会，服务业发展的内外部环境和技术条件发生了质的改变。服务业尤其是生产性服务业具备无形性、知识技术密集性等特征，与数字经济的虚拟性、渗透性、创新性等天然耦合，具有良好的数字化基础和潜力。根据相关测算，2022年中国服务业数字经济的渗透率为44.7%，同比提升1.6个百分点。[⑥]服务业数字化水平稳步提升，远超农业和工业数字化水平。服务业数字化推动了定制服务、智慧服务、在线服务等现代服务模式高速发展，促

---

[①] "鲍莫尔成本病"是指国民经济可以分为两个部门，一个是进步部门，其生产率能够快速增长；另一个是停滞部门，该部门的生产率增长缓慢。按照该理论的分析，服务业属于停滞部门，其占GDP的比重的上升主要是因为服务业的生产率增长速度低于制造业的增长速度，由此造成服务业的成本大幅度上升，相对劳动生产率下降。

[②] A. Young, "Structure Transformation, the Mismeasurement of Productivity Growth, and the Cost Disease of Services", *American Economic Review*, 2014, Vol. 104, No. 11, pp. 3635-3667.

[③] 黄莹、靳涛:《"中等收入陷阱"与服务业结构升级——一项国际比较视角的研究》，《经济管理》2021年第5期。

[④] 庞瑞芝、李帅娜:《数字经济下的"服务业成本病"：中国的演绎逻辑》，《财贸研究》2022年第1期。

[⑤] 《数字中国发展报告（2022年）》，2023年5月23日，中央网信办网站，http://www.cac.gov.cn/2023-05/22/c_1686402318492248.htm?eqid=e964285800089bd400000004646d59f6。

[⑥] 《中国数字经济发展研究报告（2023年）》，2023年4月，中国信息通信研究院网站，http://www.caict.ac.cn/kxyj/qwfb/bps/202304/t20230427_419051.htm。

进了数据分析、数据挖掘、数据要素交易、机器学习等生产性服务业持续发展。

## 二　研究进展

学术界围绕本主题的研究，主要是从三个方面展开。

### （一）服务业结构与"成本病"问题

服务业结构和效率问题会显著影响服务业高质量发展，因而受到大量学者关注。张国建等提出，中国生产性服务业增长缓慢，落后于经济增速，服务业结构升级驱动力匮乏，即存在"服务业结构升级滞后之谜"。① 余泳泽和潘妍主要从制度性和非制度性视角研究了服务业结构升级滞后的成因。② 制度性因素主要是政府行为导致的资源错配，③ 非制度性因素包括全球价值链分工、交易成本、服务业开放等。④ 服务业效率和"成本病"问题是另一个研究热点。服务业劳动生产率较低是造成"鲍莫尔成本病"与经济增速降低的底层逻辑。⑤ 庞瑞芝和李帅娜以价格效应为判断标准，发现中国服务业存在"成本病"问题。⑥ 夏杰长的研究表明，数据要素、数字技术与劳动力等传统要素融合协同，能显著提升生产效率，"成本病"问题在数字经济发展中迎来新解。⑦ 突

---

① 张国建、孙治宇、艾永芳：《土地财政、要素错配与服务业结构升级滞后》，《山西财经大学学报》2021年第8期。

② 余泳泽、潘妍：《中国经济高速增长与服务业结构升级滞后并存之谜——基于地方经济增长目标约束视角的解释》，《经济研究》2019年第3期。

③ C. P. Lp, B. J. Liu, "Why India is Mainly Engaged in Offshore Service Activities, While China is Disproportionately Engaged in Manufacturing?", *China Economic Review*, 2009, No. 2, pp. 236-245.

④ 谭洪波、郑江淮：《中国经济高速增长与服务业滞后并存之谜——基于部门全要素生产率的研究》，《中国工业经济》2012年第9期。

⑤ 姜松、林小童：《数字普惠金融对服务业劳动生产率的影响研究——兼论"鲍莫尔病"治理》，《金融发展研究》2023年第8期。

⑥ 庞瑞芝、李帅娜：《数字经济下的"服务业成本病"：中国的演绎逻辑》，《财贸研究》2022年第1期。

⑦ 夏杰长：《数据要素赋能我国实体经济高质量发展：理论机制和路径选择》，《江西社会科学》2023年第7期。

破式的技术创新会推动现代服务业颠覆式变革与发展，且相同单位的技术进步和创新对现代服务业的边际效应远超过传统服务业。① 魏作磊和刘海燕提出了"结构红利假说"，他们认为高生产率部门加速增长将促进经济增长率增长，而数字经济将促进生产率更高的生产性服务业发展，进而优化服务业结构，产生更大的边际效应和经济增长率。②

（二）服务业高质量发展与数字经济问题

主要围绕数字技术对服务业的影响方式、作用机理和对策路径等方面。第一，数字经济能够提升服务业效率。B. Peters 等认为，服务业数字化能够促进供需高效匹配，降低信息搜寻和交易成本，增强服务业生产率。③ 李晓华认为，数字技术通过结构、赋能和规模经济三条路径提升了服务业劳动生产率。④ 第二，数字经济能够优化服务业结构。徐朝阳和张斌研究发现，数字经济能通过改善服务业供给抑制来促进经济增长和服务业升级。⑤ 杨秀云等研究发现，数字经济能够显著促进服务业结构高级化转型，且随着数字经济发展其促进作用越发强烈，"服务业结构升级滞后之谜"有可能破解。⑥ 刘国武等指出，数字经济可以加速服务业内部结构转型、劳动力替代和规模经济等以促进服务业效率提升，并检验了数字经济对克服结构转型过程中低效

---

① 戴魁早、李晓莉、骆莙函：《人力资本结构高级化、要素市场发展与服务业结构升级》，《财贸经济》2020 年第 10 期。
② 魏作磊、刘海燕：《服务业比重上升降低了中国经济增长速度吗》，《经济学家》2019 年第 11 期。
③ B. Peters et al., "Internationalization, Innovation and Productivity in Service: Evidence from Germany, Ireland and the United Kingdom", *Review of World Economics*, 2018, Vol. 154, No. 3, pp. 1–31.
④ 李晓华：《数字技术与服务业"成本病"的克服》，《财经问题研究》2022 年第 11 期。
⑤ 徐朝阳、张斌：《经济结构转型期的内需扩展：基于服务业供给抑制的视角》，《中国社会科学》2020 年第 1 期。
⑥ 杨秀云、从振楠、刘岳虎：《数字经济发展能否破解服务业结构升级滞后之谜——来自中国城市面板数据的经验证据》，《山西财经大学学报》2023 年第 4 期。

率问题的作用。① 第三，数字经济能够促进服务业和制造业融合。周明生和张一兵认为，数字技术可以通过技术效应、渠道效应和需求效应促进制造业和服务业融合。② 戴魁早等指出，数字经济促进了两业深度融合发展，以此推动服务业结构升级。③

(三) 数字技术对服务贸易高质量发展的影响问题

随着数字技术的迭代发展，以数字赋能服务贸易高质量发展和竞争力提升势在必行。数字经济时代背景下，通过依托移动互联网、大数据、人工智能和云计算等新一代信息技术的创新发展，可以形成跨境服务与数据的购买、消费和支付更加轻松便捷的渠道，加快传统服务业和公共服务业的智能化与平台化的升级改造，从而有效提升服务业开放优势和贸易竞争力水平，推动服务贸易高质量发展。④ 数字经济的发展还可以通过助推服务业开放实现国民收入追赶，并助力跨越中等收入陷阱和改善国民福利。⑤

## 第二节 数字赋能服务业高质量发展的作用机理

以5G、人工智能、云计算、大数据、区块链为代表的数字技术产业快速发展，与实体经济深度融合，数字技术、数据要素和数字平台等

---

① 刘国武、李君华、汤长安：《数字经济、服务业效率提升与中国经济高质量发展》，《南方经济》2023年第1期。
② 周明生、张一兵：《数字技术发展促进制造业与服务业融合了吗》，《科技进步与对策》2022年第13期。
③ 戴魁早、黄姿、王思曼：《数字经济促进了中国服务业结构升级吗？》，《数量经济技术经济研究》2023年第2期。
④ 李俊、李西林、王拓：《数字贸易概念内涵、发展态势与应对建议》，《国际贸易》2021年第5期。
⑤ 徐紫嫣、夏杰长：《服务业开放、国民收入追赶和跨越中等收入陷阱》，《河海大学学报》（哲学社会科学版）2022年第3期。

推动服务业加速向用户规模更大、生产效率更高、内部结构更优、业态模式更智慧、发展环境更优质等方向升级优化，进而赋能服务业高质量发展。良好的数字经济发展环境为服务业数字化升级奠定了坚实的基础，为实现服务经济升级转型提供了充足的动力，有助于释放要素禀赋、地理区位、市场规模和创新能力等优势，在开拓创新中形成新的服务业发展格局，以数字化驱动服务业高质量发展。

## 一 数字化扩大服务业规模

数字化引致了一批新产业、新业态、新模式，创造了诸多生产性服务业和就业岗位，通过替代效应、协同效应与创造效应的叠加促进服务业规模扩大和结构优化。[①] 第一，替代效应。数字化的新生产和新消费方式会对部分服务业产生替代作用和巨大冲击，非接触性和重复性的程式化的岗位面临被取代的风险。替代效应一定程度上会导致服务业规模缩减。第二，协同效应。数字技术和数据要素融入服务业生产与消费过程，与原有生产要素协同作用，释放乘数效应。这部分服务业在原有基础上进行数字化升级，强化生产效率和发展动能，同时显著推动知识、技术密集的生产性服务业发展。第三，创造效应。数字经济作为一种新的主要经济形态，当其全面嵌入服务业生产价值体系后，会对体系内生产、交易、消费等各个方面产生颠覆性影响，创造大量诸如在线经济等新兴服务业。根据《数字中国发展报告（2022）》，2022年中国数字产业规模稳步增长，软件业收入达10.81万亿元，同比增长11.2%。其中，信息技术服务收入达到70128亿元，同比增长11.7%，占全行业收入的比重达64.9%；云计算、大数据服务共实现收入10427亿元，同比增长8.7%；电子商务平台技术服务收入11044亿元，同比增长18.5%。数字产业化推动

---

① D. Acemoglu, P. Restrepo, "The Race Between Man and Machine: Implications of Technology for Growth, Factor Shares, and Employment", *American Economic Review*, 2018, Vol. 108, No. 6, pp. 1488-1542.

了数据分析、数据挖掘、人工智能等生产性服务业的发展，扩张了服务业行业规模和就业岗位。数字平台极大地提高了服务业交易匹配效率，支撑服务业企业针对小众化、个性化需求定制和生产服务产品，释放出长尾效应。

### 二 数字化提升服务业效率

相比于能大规模、标准化生产的制造业，服务业尤其是传统服务业劳动生产率普遍较低。随着服务业占比的持续增加，这往往会造成劳动成本增加和生产率下降等结构性低效问题，经济增长出现结构性减速现象，即"服务业成本病"。数字经济为服务业发展和生产率提高带来了新的契机。借助数字技术、数据要素和数字平台等实现结构红利效应、就业替代效应和规模经济效应等，已成为当前缓解服务业"成本病"、推动服务业高质量发展的重要途径。数字技术深刻改造生产函数并不断创造新业态，要运用数字技术促进中国服务业效率的全面提升，克服"鲍莫尔成本病"。数字技术的实时传输等功能很大程度打破了服务产品生产和储存的限制，通过全方位、全流程的升级优化显著影响服务业传统生产范式，极大改善创新和发展环境；数据成为新的生产要素进入生产、流通、分配、消费等社会再生产全过程，与传统生产要素协同联动释放数据要素内在价值；数字平台作为传统双边市场的全面升级，具有可供性、灵活性和开放性等优势，极大提升了市场和交易双方覆盖范围，显著降低双方用户的信息不对称、道德风险、搜寻成本和交易成本，提升资源配置效率和市场交易效率，更大化释放交叉网络效应。

数字化通过显著提升服务业效率，有效克服了服务业"成本病"问题。教育、医疗、文化等服务业由于需要大量的人力投入，是典型的劳动密集型行业，被认为是"鲍莫尔成本病"的重要根源，但数字化正在对这些行业产生巨大影响，数字技术极大地推动了教育、医疗和卫生行业效率提升。① 将利用数字技术录制的教育内容上传到互联网平台或者通过互联网平台实时提供教育服务，一次服务生产可以无数次消费和重复使用，教育生产端的效率得到显著提升。比如上海市2020年开展"空中课堂"，推动大规模在线教学持续平稳进行。截至2022年5月，上海微校首页累计访问量近6000万人次，"空中课堂"栏目累计点播量达6203余万人次，师生和家长可以通过钉钉、腾讯课堂等22个平台开展在线教学互动，参与互动人数日均近160万人。② 除了服务产品数字化升级，数字平台也能显著提升服务业效率，推动服务业等产业数字化，缓解结构性低效问题。当前中国生产性互联网服务平台快速发展，初步形成具备产业规模、涉及领域多元的产业赛道，未来数字化转型服务平台将发挥更强的效能，引育产业互联网平台企业，促进产业数字化转型和在线新经济发展。

### 三 数字化优化服务业结构

服务业结构升级意味着劳动力、资本、数据等生产要素实现跨行业充分流动和最优配置，从低效率、低附加值的传统服务业到高效率、高附加值的现代服务业，逐步实现服务业结构优化。数字化有助于服务业结构优化和升级。数字经济提升了生产性服务业的占比，促进生产性服务业与制造业深度融合发展，显著增强了服务业和制造业企业的竞争力。数字技术、数据要素和数字平台等有效降低了市场主体的交易成本，缓解了要素市场信息不对称性和扭曲程度，通过优化技术、劳动力等要素供给直接影响服务业结构；同时数字经济还能通过技术创新驱动效应和就业岗位创造效应等间接优化服务业结构，促进服务业高质量

---

① 徐紫嫣：《人力资本积累与服务业劳动生产率关系探究——基于服务消费与技术创新的双重视角》，《改革》2023年第2期。

② 《上海"空中课堂"，如何驶上"快车道"?》，2022年5月17日，人民网，http://sh.people.com.cn/n2/2022/0517/c134768-35272635.html。

发展。

　　服务业与制造业融合发展是顺应新一轮科技革命和产业变革，提高服务业和制造业核心竞争力，培育现代化产业体系的关键途径，而信息技术是这一过程的重要黏合剂和推动力。数字技术和数据要素促进了现代服务业和先进制造业的深度融合，有效缓解了传统经济条件下服务业的不可存储性、不可远距离贸易、生产消费共时性等制约因素，并进一步赋予其规模经济、范围经济和长尾效应。① 知识外溢对于高端服务业尤其是集聚在大城市的服务业具有重要意义。② 基于互联网、大数据等实现信息资源集聚和共享，通过信息内外共享和溢出高效促进数字技术与知识的扩散，显著提升先进技术的使用效率，促进服务业结构高级化转型。

　　数字化显著激发了服务业发展和变革新动能，促进服务业结构优化和变革跃升。数字化为服务业高质量发展带来了新的方向和可能，推动服务业内部结构优化升级。新一代信息技术与零售、商务、教育、医疗等服务业深度融合，服务业数字化转型推动服务业创新发展和内部结构优化。网上商店等在线消费方式成为居民实现消费需求的最重要渠道之一，数字技术与数字平台有效激发了生产性和生活性服务业发展动能。根据《数字中国发展报告（2022）》，2022年全国网上零售额达13.79万亿元，线上办公、线上旅游服务预订、在线医疗用户分别达5.4亿人、4.2亿人、3.6亿人。金融、互联网、文化、教育、环保、交通、医疗等多个服务行业的数据需求快速显现。基于数字经济带来的前沿科技与产业变革趋势，主动顺应全球数字化、网络化、智能化发展新趋势，推动服务业数字化升级，发展和布局一批先导产业，能够有效促进战略性新兴产业制造业与现代服务业深度融合，推动服务业战略性新兴

---

① 江小涓：《高度联通社会中的资源重组与服务业增长》，《经济研究》2017年第3期。
② M. Arzaghi, J. V. Henderson, "Networking off Madison Avenue", *Review of Economic Studies*, Vol. 75, No. 4, 2008, pp. 1011-1038.

产业快速发展，以服务业战略性新兴产业引领服务业发展。

### 四 数字化创新服务业模式

数字经济具有高创新性、强渗透性和广覆盖性等特性，能有效释放范围经济和长尾效应，为服务业创新发展模式带来新的动力和可能。不具备标准化生产流程的服务业，在数字经济的冲击下，展现出更强的适应性、生命力和可能性，新型服务品类加速涌现。数字经济赋予了服务业新的服务方式、服务内容、服务产品和服务环境，扩大了消费群体范围，提升了服务效率。基于消费提质升级、消费习惯改变、应用场景丰富等发展机遇，新兴数字技术在服务业的创新应用水平不断提升，形成消费者价值共创模式，持续释放出数字经济赋能潜力，驱动服务业高质量创新发展。以数字技术和数据要素为依托的平台经济等新经济形式与服务业相结合，对服务业进行全方位升级改造，创新了服务业发展模式，推动传统的分散和区域化产业布局向在线经济与虚拟集聚发展，构建起虚拟化、智慧化和个性化的在线服务平台与网络化模式，革新了服务产品营销与品牌口碑传播方式。

数字化推动在线新经济和数商等新产业、新业态蓬勃发展。服务业成为新经济创新发展的重要源泉，教育、医疗、文创等重点领域涌现了一批在线新经济企业。数字化有效支撑了现代服务业高质量发展，促进知识密集型服务新业态迅速发展。数字经济与金融、文化娱乐、教育、健康等服务业深度融合，涌现出一批以阿里巴巴、字节跳动、哔哩哔哩、小红书、拼多多为代表的优质互联网服务头部企业。数商新业态和数据产业集群也发展迅速。数字贸易逐渐成为全球贸易新形态，传统贸易快速向贸易数字化发展，成为基于互联网实现订购、生产或交付活动的数字订购贸易，同时推动了可数字化服务贸易稳定增长。根据《中国服务贸易发展报告（2022）》，2022年中国实现服务贸易进出口8891.1亿美元；其中，可数字化服务进出口3727.1亿美元，同比增长

3.4%，占服务进出口的41.9%。数字化突破了传统贸易的模式渠道和工具方式，扩展了交易对象的边界，提高了服务的可贸易性。根据《中国电子商务报告（2022）》，2022年全国电子商务服务业营收规模为6.79万亿元，同比增长6.1%；电子商务交易平台服务营收规模为1.54万亿元，同比增长10.7%。具备丰富创新特性的数字经济推动电子商务等服务业业态模式持续创新迭代。

### 五 数字化优化发展环境

数字化不仅能够直接影响服务业规模、效率、结构和模式，还能通过优化服务业发展的营商环境和治理体系，支撑服务业高质量发展。第一，不断完善的数字基础设施为服务业主体竞争力提升与服务创新提供了优质的发展环境。根据《数字中国发展报告（2022）》，中国已实现"市市通千兆、县县通5G、村村通宽带"。截至2022年，5G基站数量达231.2万个。5G网络基本覆盖显著推进了5G等数字技术在健康医疗、智慧教育等服务业领域的应用，支撑服务业主体不断创新服务产品，提升自身核心竞争力。第二，数字政府的发展为服务业企业创造了优质高效的政务环境。数字化重塑了政府的政务流程、组织构架、功能模块等要素，优化经济调节、市场监管、公共服务、社会管理、环境治理等功能运行。① 截至2022年，全国一体化政务服务平台实名注册用户超过10亿人，实现1万多项高频应用的标准化服务，达成"一网通办""跨省通办"。随着政务数据共享开放和平台建设的推进，政府治理数字化水平持续提升。服务业发展有赖于相对包容的制度和营商环境，数字政府和一体化政务服务平台有效解决了服务业企业主体办事难、办事繁等问题，普惠便捷的数字公共服务为市场主体营造了良好的发展环境。

---

① 刘淑春：《数字政府战略意蕴、技术构架与路径设计——基于浙江改革的实践与探索》，《中国行政管理》2018年第9期。

### 六　数字化促进服务贸易降本增效扩容

**（一）降低服务贸易交易成本，扩大贸易规模**

服务贸易的快速增长和规模扩大与数字技术的广泛应用密切相关。一方面，数字技术发展提高了数字网络的效率，形成了快速发展的基础设施，以电信服务、金融服务和其他商业服务等为代表的"可数字化服务"获得了巨大发展。另一方面，数字技术发展大大降低了通信和交易成本，减少了空间距离对贸易的制约作用。与传统贸易相比，服务贸易具有无形性、不可分离性、易复制性等特点，因而导致其生产和消费的同步性。以大数据、云计算为代表的数字技术广泛应用，放松了服务提供过程中的时空限制，增强了服务的可贸易性，使得原本局限于现场的音乐表演、体育赛事、医疗教育等服务可面向全球，进而拓展了服务贸易的空间，促使国际贸易结构中服务贸易的相对份额提升。随着平台企业兴起，以数据为核心要素的数据服务产品不断创新，有助于丰富服务产品的种类，进一步扩大服务贸易规模。

**（二）促进服务贸易多链融合，提升贸易竞争力**

贸易本质上是一种交易活动，依赖于交易技术及相应的交易成本。数字技术的发展有效缓解了贸易中的信息摩擦和信息不对称，进而降低了交易成本。以互联网平台为核心的平台经济网络将数以万计的生产者、供应商、零售商和消费者联结在一起，通过生产与需求的精准匹配，有效解决了市场信息不对称问题，提高了资源配置效率和产业分工效率，提升了产业链各个环节的增加值，促成了服务贸易产业链、供应链和价值链的多链协同发展。交易成本的下降进一步推动了产业链和价值链分工继续深化，进而加快重塑全球贸易网络和产业链分工，改变全球利益分配格局，大大提升了本国贸易竞争力。数字技术推动服务贸易向智能化、数字化、网络化转型，促使产业链和价值链走向高端，有助于提高中国服务贸易在全球服务贸易中的地位和影响力。

### (三) 赋能贸易规则变革，完善贸易治理体系

贸易规则与贸易方式密切相关。20世纪以来，传统贸易方式主要表现为"一国生产、一国销售"的最终产品贸易，贸易规则以互惠关税削减、扩大市场准入为核心。进入21世纪，国际贸易方式主要表现为"世界生产、全球销售"的价值链贸易，以服务、投资、知识产权保护、竞争政策等为代表的"边界后措施"成为贸易规则的核心。在数字经济时代，数字技术大大缓解了地理距离、基础设施等传统贸易壁垒的制约程度，扩大了交易范围，降低了交易成本，极大地促进了服务贸易发展，推动传统服务贸易向数字贸易转型。[①]

## 第三节 数字赋能服务业高质量发展的主要路径

推动服务业数字化升级是培育壮大服务业发展新动能、实现服务业高质量发展的重要举措，也是挖掘新增长点、提升高端服务业辐射能级和构建现代产业体系的关键支撑。基于"数字赋能、业态融合、规则创新、生态培育、品牌塑造"的发展方针，以数字化为核心抓手，大力培育服务业发展新动能，赋能服务业变革跃升和高质量发展。

### 一 数字赋能：紧握科技革命和产业变革机遇，推动服务业变革和创新发展

（一）加快数字技术关键领域布局，推进数字技术在服务业的创新应用

以技术创新应用为牵引，通过科技扩展服务的边界、范围和主体，增强服务效率和服务体验，形成新的价值增长点。推动5G、大数据、

---

① 夏杰长、李銮淏：《数字化赋能国际贸易高质量发展：作用机理、现实挑战和实施路径》，《国际贸易》2023年第1期。

云计算、工业互联网等新兴技术研发，促进地区间信息基础设施互联互通。优化技术转化和应用环境，加速研究成果向应用端转移，赋能服务业数字化转型，重点突破数据仓库、数据挖掘分析等关键技术，发展云操作系统、云数据库等核心产品，扩大云计算在商贸流通、金融服务、教育医疗和交通航运等重点服务业领域的应用，提升智能化云计算解决方案的应用水平。积极鼓励发展新业态，尤其是数字技术、数据要素等在与服务业融合过程中产生的新业态。

（二）增强对创新型、复合型人才的吸引力，为服务业变革提供动力支持

在以数字化推动服务业变革的进程中，应注重人力资本结构与数字技术、知识密集型服务业的匹配性，稳步推动人力资本优质积累，防止坠入"信息技术生产率悖论"的陷阱中。一方面，增强对创新型、复合型人才的吸引力。进一步出台相关政策解决中青年研发人才的落户、居住、子女教育等问题。针对快速涌现的新业态模式发展趋势和由此产生的新岗位，更新和优化社会保障、法律救济、技能认定等适配政策制度，加快职称门类等的适应性调整。建立多元的人才推荐机制，优化现存制度在适用主体、实施范围、引才渠道等方面存在的局限。另一方面，组织开展新技术、新技能培训，加大对复合型人才的培养力度。应根据服务业发展情况和实际需求，组织开展劳动技能培训和就业岗位培训，提高数字技术使用技能，培育数字经济发展思维和数字素养，强化劳动者对服务业数字化发展的适应能力。加大对互联网、人工智能等数字技术领域和服务行业复合型人才的培养力度，完善相关复合学科体系，为服务业数字化转型升级积累充足的人力资本。

（三）以数字化引领服务业变革和创新发展

数字化能够促进服务业质量、效率和动力变革，支持新产业、新业态和新商业模式持续涌现，对整个服务业产生了广泛而深刻的影响。比如，为促进金融业高质量发展，更好地服务实体经济，就必须加强大数

据技术、人工智能等金融科技研发,促进智能移动支付、数字普惠金融、金融信息系统技术等发展,从而支持数字金融、智慧金融等新业态发展,优化金融服务业价值链的价值分布,实现服务业能级提升和高端化、品质化、高效化发展。又如,数字技术革新了贸易方式,数字贸易成为对外交易和交流的新渠道,数字贸易发展出跨境电商、线上展会和智慧物流等新贸易业态,促进全球产业链变革创新。为此,要抓住数字经济发展机遇,加快贸易全链条数字化赋能,以促进传统服务贸易企业降本增效,支持智慧物流、远程医疗等领域发展,提高服务可贸易性。

## 二 业态融合:以数字化驱动生产性服务业与制造业深度融合

### (一)释放人工智能、区块链等新一代信息技术的引领驱动作用

以新兴技术消除产业间的要素流动壁垒,促进两业深度融合发展,推动服务业向数字化、专业化和高端化升级。重视数据要素的流通与共享渠道畅通,重点突破大数据基础平台、分布式存储、分析计算等关键技术,大力培育数据采集、标注、存储、分析、应用等全生命周期数据产业体系,着力打造大数据供应链,以充分流通的数据要素支撑生产性服务业与制造业深度融合。①建设垂直领域工业互联网平台,释放政府和龙头企业的引领价值,促进数据在平台和企业间的流通与联结。

### (二)建立跨行业的融合发展机制

完善"两业融合"的配套政策,协调制造业和服务业的生产运营模式与发展需求,优化数据要素在行业间的共享与流动,畅通工业互联网平台间的互联互通渠道,挖掘数据应用场景,促进形成开放的产业生态,释放平台的协同效应。推动建立具有共同适用性的行业规范和政策法规,探索新的划分标准和行业标准,推进制造业园区向"制造+服务"升级,实现制造业和服务业协同耦合发展。优化对新兴制造业和

---

① 夏杰长、肖宇:《新实体经济赋能中国经济现代化:作用机理与实施路径》,《社会科学战线》2023年第3期。

服务业企业的准入门槛设置,建立针对数字化优化的生产经营许可制度,强化质量标准,加强大数据、算法等技术在质量监督中的应用。构建多元主体参与共建的治理体系,畅通制造业、服务业相关企业和行业组织参与治理的路径。

(三)转变服务供给思维和模式

针对有数字化转型需求的制造业企业客户,服务业企业提供的服务需要从单一技术提供和维护服务向综合产品技术应用方案、数字化设备的全生命周期管理服务转变。向全球消费者提供"制造+服务"的一体化方案,弥补制造业企业在研发设计、营销物流、品牌管理等领域的短板,赋能企业降本增效,提升产品附加值,支持相关企业向附加值更高的全球价值链下游延伸,提升企业整合上下游资源的能力,推动现代产业体系建设和产业升级。

### 三 规则创新:提升政府治理效能,建设开放优质服务业新体系

(一)建设数字政府,提升政府治理效能

建设数字政府可以促进有效市场和有为政府更好地相结合,充分发挥市场在资源配置中的决定性作用的同时,有效弥补市场失灵带来的效率损失,更好地配置要素资源。因此需要以数字化赋能政府治理效能提升,高效建设数字基础设施,有效配置要素资源。政府部门需要减少对资源配置的直接干预,修订完善监管政策体系,优化服务业发展环境,完善相关法律制度,提升公共服务供给质量,提供优质的在线政务服务,优化政府监管方式和政府治理体系,促进政府信息互联互通和业务协同,简化政务流程,充分利用数字技术赋能监管,实现"放管服",为新业态发展提供制度保障。

(二)促进服务业高水平开放,推动服务贸易高质量发展

1. 加强数字贸易合作,建立合作新平台和新机制

数字贸易是数字经济催生的新贸易形态,亟待构建合作新平台和新

机制。首先，加强多层次国际合作。对标WTO新规则，及时修改和完善适应数字化经济和社会发展的法律法规等。加快推进《全面与进步跨太平洋伙伴关系协定》（CPTPP）谈判、《数字经济伙伴关系协定》（DEPA）谈判等，在区域、跨区域贸易协定框架下拓展数字经济国际合作空间。其次，重视区域合作。加强共建"一带一路"国家（地区）服务贸易区域合作，推动"数字丝绸之路"走深走实，拓展"丝路电商"全球布局。鼓励数字经济企业"走出去"，提升国际化运营能力，高质量开展智慧城市、电子商务、移动支付等领域合作。再次，鼓励国家数字经济创新发展试验区的企业开展数字贸易，发展跨境电商物流服务、整合数字货币支付技术、支持企业电子商务等新兴贸易业态创新，推动贸易模式转型升级。最后，通过对从事数字贸易和绿色技术创新的企业提供税收优惠和补贴政策等手段，鼓励企业加大对数字贸易和绿色技术创新的投入。推动数字贸易的标准化和创新，鼓励企业在数字贸易平台推广和销售符合环保标准的产品，提升绿色全要素生产率，进而提升中国服务贸易的国际竞争力。

2. 积极参与数字贸易规则谈判，提高全球制度性话语权

积极参与数字贸易规则谈判，提高全球制度性话语权，时不我待。其一，加快推动数字贸易标准化。充分发挥标准化在助力数字贸易企业合法合规经营、应对海外贸易壁垒、拓展国际市场等方面的积极作用。加快成立行业领域数字贸易标准化技术委员会，率先在能力评估、市场合规、平台建设和公共服务等领域研制和发布一系列有关贸易数字化标准体系。其二，深度参与数字贸易国际规则和标准制定。积极参与和推动全球数字贸易规则谈判，推广贸易数字化建设的中国经验、中国方案和中国智慧，致力于缩小全球范围内的"数字鸿沟"，构筑休戚与共、开放包容、"共商共建共享"的"数字命运共同体"。重点是积极利用联合国、WTO等现有多边机制，以及G20会议、"一带一路"国际合作倡议、金砖国家数字经济合作等平台，开展数字外交活动。积极研究

商签一批数字贸易专项协议或备忘录,推动建立数据确权、数据交易、数据安全等方面的标准和规则,提高中国在国际贸易中的制度性话语权。

3. 加强数字安全治理,完善协同监管治理机制

数字经济大发展,必然带来一系列新问题和新挑战,需要多方协同合作,完善科学安全的监管治理机制。首先,在政策层面,以数字化完善政府职能体系。加快和完善数字化、智能化技术在行政审批、市场监管等政务服务场景中的运用。利用数据将人、物、资本、信息等生产要素进行有效链接和跨时空协同,提高市场运行效率,提高政府政务服务的及时性和精准度,打造良好营商环境。其次,在治理层面,以数字化建立协同治理监管机制。利用数字化工具推动监管手段现代化,通过互联网+监管,建立数字化公共服务平台,推动跨部门、跨层级、跨区域协同监管,形成政府、平台、企业、行业组织和社会公众共同参与的多元协同治理体系。再次,在技术层面上,充分发挥数字技术和中国算力的相对优势,发挥技术和数据信息在局部市场中的治理、规范和监测作用。最后,在国际合作层面上,积极推动区域和全球网络数字治理合作与规则建设,在数据监管、数字货币、数字税收规则、数字知识产权、网络安全治理等国际规则和技术标准方面构建国际合作与长效沟通机制。

## 四 生态培育:营造优质的科技创新产业生态和消费环境

(一) 营造优质的科技创新产业生态,释放数字经济的知识溢出效应

数字经济具有显著的知识溢出效应,有助于知识的传播和扩散。而无论是数字经济本身的知识溢出效应,还是其作为知识溢出的助推器,通常集聚于高校、科研机构和企业研发部门,然后外溢扩散至其他主体,从而提高服务业效率。知识外溢对高端服务业尤其是地理或线上集聚的服务业具有重要作用。因此为最大化释放数字经济的知识溢出效

应,促进知识传播和共享,应该加强建设服务业企业网络协同创新平台,推动企业、高校、科研机构在平台上的产学研合作,帮助相关企业进行价值链、创新链整合,为服务业企业发展与创新提供知识和技术支持。进一步打通数据流通和共享的渠道,加速培育数据要素市场,优化数据要素管理。破除影响数据等要素自主有序流动的体制机制障碍,加速建设高质量要素市场体系,优化资本、劳动力和数据等要素配置,提高要素配置效率,推动服务业结构升级和高质量发展。

(二)以数字经济赋能国际消费中心城市建设

消费提质升级的重要表现之一是由实物消费为主向服务消费为主逐渐过渡,发展性和享乐性的服务消费规模和占比显著提升。消费需求提质升级推动了健康养老、教育培训、文化和旅游等服务消费需求快速增加和变化。一方面,以数字化促进传统资源提质升级。中国发达地区拥有丰富的先进技术应用场景,完善人工智能、5G等数字基建与数字技术,为消费模式创新升级提供了坚实的技术支撑。强化数字技术和数据要素的应用广深,助力传统消费资源向价值链高端升级。另一方面,加快新型消费资源集聚,借助数据要素、数字技术和数字平台等建设智慧消费商圈,推动数字经济赋能消费,从需求侧驱动服务业发展。要以创新为核心驱动力,支撑共享经济、平台经济等新经济发展,为新型资源集聚提供平台和环境。

## 五 品牌塑造:以数字化赋能品牌培育,打响中国服务品牌

(一)抓住数字化发展机遇,打响中国服务品牌

品牌具有高价值、稀缺性、不可替代等特点,品牌塑造有助于识别和区分产品或服务,实现差异化,成为企业的主要战略资产和经营利润的源泉与塑造国家竞争优势的重要基础。[①] 服务产品的无形性加强了其

---

① 夏杰长、刘奕:《以品牌建设促服务业高质量发展》,《经济日报》2023年8月3日。

对品牌的依赖，品牌可以向消费者立下某种承诺，减少其风险感知，促进服务消费。品牌在提升经济发展效益和供给侧结构性改革中的引领作用不断凸显。以"重在辐射广域、增值创造，关键在品牌"为指导，发展质量提级、品牌提档的服务经济。聚焦老字号本土品牌和在线新经济等优势领域，加强对品牌培育、品牌营销的支持力度，打造一系列具有本土和国际影响力的品牌。支持老字号本土品牌的数字化升级，激发品牌活力，借助互联网和数字技术提升品牌的影响力和知名度，关注消费者品牌形象感知，加强对相关大数据的分析，增强品牌的有形化、感知力和差异化。

（二）推动服务业数字化标准体系建设

标准化建设是服务质量和品牌培育的重要支撑。中国需要加快服务业数字化标准建设，引导企业树立以服务标准化、品牌化为基础的优质服务导向，保障服务质量和服务体验。高质量推进服务业发展还必须对标国际先进标准，鼓励开展服务质量认证与达标评价，推动当地政府与企业、行业协会、科研院所共建服务业数字化的行业标准和品牌标准，以指导行业数字化转型和品牌培育。以标准化促进服务质量目标化、服务方法规范化和服务过程程序化，保障优质服务体验获取和服务品牌增值。针对数字经济发展中涌现的新业态模式，根据其性质和特征，完善服务标准体系，建立一批国内领先、国际先进的中国标准。

# 第十章　数字赋能养老服务业高水平均衡

人口老龄化问题备受关注。人口老龄化意味着养老服务业的需求越来越大，但中国老龄化呈现出"未富先老"的显著特征，直接制约了中国养老服务水平的提升。在养老服务供给上，因为养老服务的专业性和长期性，供给成本居高不下。这种低水平需求与高成本供给之间的矛盾，有可能导致养老服务业陷入"低水平均衡陷阱"。数字经济在推动养老服务业高质量发展、创新发展等方面大有作为，在优化养老资源配置、降低养老服务成本和营造优质的养老生态系统方面发挥了重要的作用。在这一背景下，研究数字经济对养老服务业发展的影响；在人口老龄化不断加深的背景下，分析养老服务业发展数字化转型面临的困境，探索数字经济助力养老服务业高水平均衡和高质量发展的对策思路，有着重要的理论意义和实践价值。

## 第一节　研究进展

### 一　问题的提出

全球人口正步入老龄化阶段，世界上几乎每个国家的老龄人口数量和比例都在增加。《2022年世界人口展望》显示，65岁以上人口的占比增长速度超过65岁以下人口，到2050年，全球65岁及以上人口的比例预计将从2022年的10%升至16%。届时，全球65岁及以上人口将是5岁以下儿童人口的两倍，几乎与12岁以下儿童的数量相当。随着中国经济结构的社会变迁，中国的人口老龄化进程也在加速。[①] 国家统计局数据显示，2023年中国60岁及以上人口占总人口的比重为21.1%；65岁及以上人口为15.4%，且呈现快速增长的态势。

中国是世界上老年人口最多的国家，也是世界上老龄化速度最快的国家之一，在面临人口老龄化挑战的众多亚洲经济体中处于领先地位。中国以前曾受益于有利的年龄结构——即所谓的"人口红利"，但随着生育率下降和预期寿命延长，人口增长放缓与人口老龄化正在将这一红利转化为经济和社会负担。从短期来看，人口老龄化带来的老年人健康问题不仅会产生直接的医疗费用，还会产生大量的间接经济成本。从长期来看，老龄化会对经济增长造成损害，因为老年人口比例的增加会降低劳动参与率和每个成年人的产出（即劳动生产率下降），同时社会保障负担会增加，大量的社会资源向老年群体倾斜。

国家高度重视养老服务业的发展，近年来出台了许多相关的政策，比如《"十四五"国家老龄事业发展和养老服务体系规划》《关于加强养老服务人才队伍建设的意见》《养老和家政服务标准化专项行动方案》等。2023年5月，中共中央办公厅、国务院办公厅印发《关于推进基本养老服务体系建设的意见》，提出到2025年，基本养老服务体系要覆盖全体老年人；2023年9月1日起《中华人民共和国无障碍环境建设法》开始实施，全国有70多万户特殊困难的老年人家庭经过适老

---

① 在《人口学方法与资料》中通过用老龄化程度指标体系来划分人口年龄类型，该指标体系包括：65岁及以上人口占总人口的7%以上、0—14岁人口在30%以下、老少比达到30%以上、年龄中位数在30岁以上，达到以上标准即属于老年型人口。2000年年底，中国65岁及以上老年人口比例达到7%，0—14岁少儿比例为22.89%、老少比为30.41%、年龄中位数为30.8岁。中国上述四个指标值均已达到该指标体系的要求，这说明中国已进入老龄化社会。

化改造；2024年政府工作报告16次提及"养老"。这些政策的出台说明目前中国养老服务业的发展存在一定的不足。从供给侧来看，养老服务业供给严重供不应求。从《2023年国民经济和社会发展统计公报》提供的数据来看，截至2023年年底，全国共有养老机构4.1万个，养老床位合计820.1万张，床位占60岁和65岁以上人口的比重分别为2.8%和3.8%，每千老年人养老床位数仅为29.6。中国大多数老年人养老主要依靠家庭，即所谓的"9073"模式。① 这种模式之所以盛行，主要在于养老服务供给不足，还有一部分原因在于需求侧——大多数老年人收入水平较低，无法支付非家庭养老机构的费用，甚至没有能力支付养老用品。中国城乡老年人口追踪调查的数据显示，2010年，城镇地区老年人自我经济状况评价中有些困难和很困难的比重分别是18.1%和3.2%，很宽裕和比较宽裕的占比为17%；相应的农村地区老年人分别是30.8%、7.7%和8.7%。

所以，中国养老服务业发展面临着供需不匹配的矛盾。一方面，养老服务有效需求较低；而另一方面，养老服务需要大量的人力，且需具备专业性的技术和知识。最重要的是，养老服务大多是长期性的，这些特征决定了养老服务的供给成本相对较高，进而导致供给和需求产生矛盾。上述矛盾的存在，就可能如林宝判断的那样，导致养老服务业发展陷入"低水平均衡陷阱"。② 大多数老年人有较严格的收入约束，一方面，养老服务价格过高必然导致需求下降，需求下降必然会导致供给减少，养老服务逐步萎缩；另一方面，如果降低养老服务的价格以吸引更多的需求，在养老服务供给成本存在刚性的情况下必然导致养老服务质量的下降，而质量的下降也会导致需求的下

---

① "9073"模式是指中国式养老的一种格局，具体为约90%的老人居家养老，7%左右的老人依托社区支持养老，还有3%的老人入住机构养老。
② 林宝：《养老服务业"低水平均衡陷阱"与政策支持》，《新疆师范大学学报》（哲学社会科学版）2017年第1期。

降，同样会导致养老服务的萎缩，最终养老服务业发展必然陷入"低水平均衡陷阱"。

在全球范围内，与老龄化同样迅速增长的另一大趋势且与老龄化正在以指数级的速度交会的是数字经济的发展。根据《中国数字经济发展研究报告（2023年）》有关数据，2022年，中国数字经济占GDP的比重相当于第二产业占比，达41.5%。其中，第三产业数字经济渗透率达到了44.7%。更重要的是，数字经济显著提高了第三产业的全要素生产率。数字经济的发展为跨越"低水平均衡陷阱"提供了新思路和新路径。从需求侧来说，随着数字经济在GDP中所占比重越来越高，数字经济可以增加老年人或其所在家庭的收入，甚至直接促进老年人的消费，释放潜在需求。从供给侧来说，随着数字经济和服务业的融合，特别是和养老服务业的融合，可以优化养老资源配置、提高养老服务业整体的生产率水平、降低养老服务业的供给成本，从而实现养老服务业供给和需求在更高水平上的平衡，进而为实现养老服务业的高质量发展奠定基础。

## 二 研究进展及评述

### （一）研究进展

中国改革开放以来的经济增长奇迹很大程度上受益于有利的年龄结构，即学术界所说的"人口红利"。比如，著名经济学家蔡昉认为，在1978年以来的40余年中，中国创造了史无前例的发展奇迹，主要得益于最大规模人口及庞大的劳动年龄人口参与经济发展之中。[①] 但随着预期寿命延长以及死亡率下降，中国老龄化问题愈加严重。中国是世界上老年人口最多的国家，也是世界上老龄化速度最快的国家之一。老龄人口的快速增加使养老服务业发展面临着巨大的压力。目前，中国的养老

---

① 蔡昉：《人口红利：认识中国经济增长的有益框架》，《经济研究》2022年第10期。

主要依靠家庭式养老，社会养老主要依靠政府投入，导致养老服务业呈现出供需失衡的现象。①

许多文献从如何解决养老服务业困境的视角进行了研究。比如，从政策和制度视角看，林宝认为，解决困境的办法是政府政策的有力支持，仅靠市场无法实现养老服务业的高水平均衡发展；②李文祥和赵紫薇则从正式制度和非正式制度的角度提出了解决困境的方案；③乔晓春则认为需要从需求端直接提高老龄人口的收入。④如今，数字经济的快速发展为解决养老服务业的困境提供了新思路。比如，陈俊涛和滕飞认为，数字经济赋能养老服务业形成的智慧居家养老模式可以破解养老服务业供求失衡的难题；⑤杨一帆和王彦文同样强调智慧养老可以解决养老服务资源存在的结构性失衡问题；⑥王宏禹和王啸宇认为，借助于数字经济可以构建精细化养老服务体系，从而解决传统养老模式存在的动力不足、参与面不足等问题；⑦刁生富等认为，智慧养老模式可以解决诸多传统养老模式中存在的诸多现实难题，从而改善养老服务业面临的困境；⑧刘建兵进一步认为，随着老龄化的深入，劳动力资源逐渐短缺，劳动力成本随之上升。⑨蔡昉和王美艳提出了依靠数字技术实现智慧养老，以

---

① 盛见：《我国养老服务业数字脱困的理论逻辑、现实挑战与路径选择》，《科学发展》2022年第10期。
② 林宝：《养老服务业"低水平均衡陷阱"与政策支持》，《新疆师范大学学报》（哲学社会科学版）2017年第1期。
③ 李文祥、赵紫薇：《制度变迁视角下社会养老服务发展的困境与超越》，《河北学刊》2021年第3期。
④ 乔晓春：《如何满足未满足的养老需求——兼论养老服务体系建设》，《社会政策研究》2020年第1期。
⑤ 陈俊涛、滕飞：《智慧居家破解养老难题》，《上海信息化》2017年第7期。
⑥ 杨一帆、王彦文：《数字化普惠让独居老人安心养老》，《中国社会工作》2021年第26期。
⑦ 王宏禹、王啸宇：《养护医三位一体：智慧社区居家精细化养老服务体系研究》，《武汉大学学报》（哲学社会科学版）2018年第4期。
⑧ 刁生富、刁宏宇、吴选红：《大数据时代智慧养老服务模式比较分析》，《山东科技大学学报》（社会科学版）2018年第6期。
⑨ 刘建兵：《智慧养老：从概念到创新》，《中国信息界》2015年第5期。

解决老龄化背景下劳动力短缺问题和尽可能释放消费新需求;[①] 王鑫和王明寿也认为,数字经济具有的数据要素优势和技术优势,极大地提高了养老服务业的效率,改变了养老服务业的组织方式,是今后养老服务业发展的重要支撑;[②] 余家军和张惠雅更是认为,只有数字经济才能解决养老服务业发展面临的问题,实现养老服务业的高质量发展。[③]

（二）对已有研究的评论

现有文献已经注意到了养老服务业面临的困境,并试图从不同的视角出发提出解决问题的思路和方案,特别是,许多文献注意到了数字经济在解决养老服务业发展过程中面临的困难上发挥着重要作用。现有文献存在的不足是并没有对养老服务业面临的困境进行深入探讨,比如没有对造成养老服务业供需失衡的原因进行论述,更没有就数字经济如何从造成养老服务业供需失衡的原因的视角进行有针对性的逻辑分析,因此也无法提出克服养老服务业困境的政策建议。

## 第二节　中国养老服务业的供需特征

### 一　中国养老服务业的需求特征

（一）"未富先老"

2001 年,中国 65 岁及以上人口所占比重超过 7%,标志着中国正式进入老龄化社会阶段。这一时期,韩国也步入老龄化社会,2000 年 65 岁及以上人口占比达 7.13%。但从步入老龄化社会时的人均 GDP 来

---

[①] 蔡昉、王美艳:《如何解除人口老龄化对消费需求的束缚》,《财贸经济》2021 年第 5 期。

[②] 王鑫、王明寿:《大数据背景下社区养老服务体系的协同构建研究》,《兰州大学学报》（社会科学版）2020 年第 1 期。

[③] 余家军、张惠雅:《数字经济驱动养老产业高质量发展的理论阐释与实践路径》,《老龄科学研究》2023 年第 5 期。

看，中国不到韩国的1/7。即便从现阶段来看，中国"未富先老"的特征也很明显。中国2021年预期寿命达到英国2002年、美国2008年的水平，但是，人均GDP仅为英国2002年的44%、美国2008年的32%。① 不仅如此，中国"未富先老"的特征还表现在诸如工业化、城市化等指标上。比如，2000年中国第三产业占比为33.4%，相比日本低10.4%，而第一产业却高出9.9%；同期中国城镇化率约为36.9%，美国和日本分别为64.0%和72.1%。由此可见，老龄化社会阶段中国最显著的特征即是"未富先老"（"未富先老"的潜在含义是老年人口收入不高）。② 2018年全国老年人可支配收入为2.4万元，相比之下，2018年全国人均可支配收入是2.8万元。可以看到，老年人收入明显偏低，约为14.3%。需要注意的是，全国人均可支配收入包括老年人可支配收入，因此老年人和非老年人人均可支配收入实际差距更大。从收入结构来看，2018年养老金收入占总收入的比重虽然相比之前有所下降，但仍是占比最高的收入，达到了41%。另外，工资性收入相比之前有较大幅增加，2018年占比达30%，仅次于养老金收入。经营性净收入和财产性净收入比重则较为稳定。③ 特别是，中国老年人收入的城乡差距较大，农村老年人口收入明显较低。在此背景下，可以得到以下观点：从中国的老年人口规模来看，养老服务业市场潜力巨大；但从中国老年人口的实际收入来看，养老服务业面临的有效需求较低。

（二）老年人口照护服务需求持续上升

前文说明了养老服务业的有效需求低，但是从老年人口的客观需求来看，相关服务需求却持续上升，首要的便是照护服务需求。养老服务业相比其他服务业较为特殊的情况是，许多老年人口因为年龄原因，身

---

① 林毅夫等：《中国式老龄化：新结构经济学的新见解》，《学术论坛》2024年第1期。
② 姜向群等：《中国"未富先老"了吗？》，《人口研究》2006年第6期。
③ 夏会珍、王亚柯：《老年人收入结构与收入不平等研究》，《北京社会科学》2021年第7期；廖少宏、王广州：《中国老年人口失能状况与变动趋势》，《中国人口科学》2021年第1期。

体状况持续下滑，失能老人数量逐年增加。有研究认为，中国老年人口失能比率为9.25%—11.15%，且呈现快速增加的态势，失能老人数量将由2020年的0.25亿人增加至2050年的0.5亿人。这种背景下，老年人口照护服务需求持续上升。从2015年中国城乡老年人生活状况抽样调查提供的数据来看，2015年中国城乡老年人自报需要照护服务的比例为15.3%，相比之下，2000年仅为6.6%。分城乡来看，农村照护服务需求比例从2000年的6.2%上升到2015年的16.5%，同期城镇则从8.0%上升到14.2%。因此，无论是从增速还是从绝对值上看，目前农村照护服务需求都更大。但很显然，农村老年人口的收入显著低于城市，这进一步加剧了客观需求较大但有效需求较低的问题。

(三) 老年服务呈现消费形式多元化、服务需求分层化特征

目前中国老年人的消费形式呈现多元化特征。从消费构成来看，除了日常生活所需比如衣食住行，在非日常生活所需的教育、旅游、娱乐等方面也呈现快速增长的趋势。《2022年养老消费调查项目研究报告》发现，对于老年商品消费而言，食品、服装、保健品和健康管理产品（血糖仪、血压仪、健康监测设备）是购买率最高的产品；对于服务消费而言，老年人需求量最大的是家政、清洁等日常照料服务，占比为24.6%，其次为餐饮、老年饭桌、慢性病诊疗和康养等服务。除此之外，老年服务需求的分层化特征也越来越明显，特别体现在高中低端消费上。根据马斯洛需求层次理论，人类需求层次可分为五个级别：生理（食物和衣服）、安全（工作保障）、社交（友谊）、尊重和自我实现。对于低收入群体而言，只能满足生理和安全需求；对于中等收入群体而言，在满足基本的生理和安全需求之后，可以进一步延伸到社交需求甚至是尊重；对于高收入群体来说，其更看重的是尊重和自我实现。显然，不同需求对应的消费内容和消费要求是不同的，呈现出较为明显的分层。

总体来看，在保基本、广覆盖、低水平的基础上建立起的养老保障

制度下，中国老年人口呈现出"未富先老"的特征，潜在消费需求旺盛，但有效消费需求不足。

## 二 中国养老服务业的供给特征

### （一）养老机构与设施供给不足

近年来，中国养老机构与设施发展迅速，但供给仍然存在短缺现象。《2022年度国家老龄事业发展公报》提供的数据显示，2022年全国共有各类养老机构和设施38.7万个，养老床位合计829.4万张。截至2021年，患有慢性病的老年人已超1.9亿，失能和部分失能老年人约4000万人，远远超过了养老床位数。① 从人均养老床位数据来看，2022年每千人养老床位数为29.6张，不仅远低于发达国家50—70张的平均水平，② 且每千人养老床位数还呈现略微下降的态势，2020年每千人养老床位数为31.1。③

### （二）养老服务人才供给不足

养老床位供给不足还不是最大的问题，即使得到了一张养老床位，可能也无法实现养老服务，原因在于养老服务专业人才供给不足。养老服务相比其他服务行业最重要的区别在于，服务人员需要具备专业的知识和技能，但根据中国老龄科学研究中心发布的报告数据，目前护理相关从业人员只有50万名，而中国对养老护理员的需求达到600万名，并且随着老龄化进程加速，这一数据缺口呈扩大趋势。2023年1月，人力资源和社会保障部发布了2022年第四季度"最缺工"的100个职业排行，养老护理员从第三季度的第20名上升至第14名。一些研究认

---

① 《老年慢性病患者1.9亿 失能老人4000万解决"长寿不健康"，国家卫健委开药方》，2021年12月9日，中国青年网，https://baijiahao.baidu.com/s?id=1718645941671275418&wfr=spider&for=pc。

② 王先菊：《养老服务业供给侧结构性改革的理论基础与实践》，《中国老年学杂志》2018年第22期。

③ 根据国家统计局和《2020年度国家老龄事业发展公报》提供的数据计算得到。

为，中国每千人床位数虽然低于发达国家，但利用率较低，因此并不存在养老设施供给不足的问题，反而中国的问题是养老设施的过剩。① 这一观点一是忽略了专业护理人员的缺失。专业护理人员不足导致一些老年人虽然有在养老机构养老的需求，但并没有入住，呈现养老机构和设施过剩的错觉。二是忽视了养老设施供给成本高昂。养老设施和机构收费过高，导致许多老年人无力支付费用，从而导致供需出现失衡。

（三）养老产品供给种类不足，质量有待提升

中国是世界公认的制造业大国，制造能力比较强，但在养老产品领域并没有优势，主要表现为企业规模普遍较小，缺乏龙头企业、产品集中在中低端，缺乏中高端产品、种类和质量都有待提升，无法和国外产品竞争。从《2023—2028年中国老年用品产业全景调查及投资咨询报告》提供的数据来看，老年用品的种类繁多，共有6万多种。其中，日本和德国分别能够生产4万和2万多种，而中国能够自主生产的只有2000多种，只占德国的约10%、日本的5%，因此大多数老年用品特别是中高端老年用品大部分依赖进口。从前文提供的数据可知，老龄用品的潜在需求较大。实际上，老龄用品的使用范围也在逐渐拓展。根据2015年中国城乡老年人生活状况抽样调查提供的数据，有65.6%的老年人使用过老龄特色用品，其中城镇为71.8%，农村为59.0%。使用老花镜的比例为46.8%，使用假牙的比例为27.0%，使用血压计的比例为14.2%，使用拐杖的比例为9.3%，使用血糖仪的比例为3.9%，使用按摩器具的比例为3.3%，使用轮椅的比例为1.9%，使用助听器的比例为1.6%，使用成人纸尿裤或护理垫的比例为1.0%。从数据中可以看出，目前中国老年人口使用的老年产品主要集中在低端领域，日常生活类老年用品得到了广泛使用；与此同时，中高端医疗康复类老龄用品也开始走进老年人的生活，老年用品的需求潜力很大。但产品种类

---

① 王先菊：《养老服务业供给侧结构性改革的理论基础与实践》，《中国老年学杂志》2018年第22期。

少产生的问题是许多需求无法得到满足,更重要的是,进口产品的价格相对较高,这进一步加剧了与中国老年人口收入较低的现实之间的矛盾。

(四) 养老服务体系尚未建立、养老资源供给不均衡

中国的养老模式主要还是依靠家庭养老,但随着人口结构的变化,家庭结构也开始向小型化、核心化转变,家庭养老的照护体系发挥的作用必然下降,这就要求政府和社会承担起家庭照护下降带来的照护需求的上升。然而,中国长期护理服务体系和筹资体系并未建立起来,家庭、社区、养老机构以及政府的角色和定位并不清晰,导致社会养老服务的供给并没有大幅增加,供需失衡的矛盾便一直存在。不仅如此,养老资源服务供给还存在城乡不均衡的问题。因为种种原因,中国城市的养老体系相比农村较为完善,养老服务的供需水平均高于农村。在城市,一些老年人口已经开始选择社会养老机构养老,但农村还是依赖家庭,更有甚者,农村独居老人的比例越来越高,进一步凸显了养老资源分布的不均衡。

### 三 警惕陷入"低水平均衡陷阱"

美国经济学家 R. R. Nelson 提出"低水平均衡陷阱"理论。[①] 其核心观点是人口增速大于经济增速会导致人均收入徘徊在低水平,无法实现向高水平均衡的突破,陷入所谓的"低水平均衡陷阱"。本章借鉴低水平均衡陷阱的概念,提出养老服务业的"低水平均衡陷阱",其含义是养老服务的低收入需求与高成本供给之间的错配,导致养老服务业只能在低水平均衡上徘徊而无法实现向高水平均衡的跃迁。之所以会出现低水平均衡,主要原因在于养老服务的需求和供给之间存在矛盾。

---

① R. R. Nelson, "A Theory of the Low-Level Equilibrium Trap in Underdeveloped Economies", *The American Economic Review*, No. 5, 1956, pp. 894-908.

(一) 养老服务需求水平低

从中国的经济发展阶段和养老体系的变迁来看，目前中国已建立起基本覆盖全部居民的养老保障体系，但该体系最大的问题在于，占人口多数的老年人的养老保障水平较低。一些研究和学者指出，中国老龄化人口规模巨大，超过了世界上许多国家的总人口，并据此认为中国养老服务的需求潜力非常大。但经济学理论表明，需求和有效需求是不同的，而只有有效需求才能对行业、区域乃至整体的经济发展发挥积极作用。中国老龄化人口的服务需求确实是潜力巨大，但服务需求想要转变为有效需求，受到诸多条件的限制，其中最重要的是服务需求的意识和收入水平。

对于个人和家庭而言，中国传统的养老模式是居家养老，这种根深蒂固的思想传统不是短期内可以改变的。杨琦和罗遐的研究发现，大多数老年人不接受社会养老机构，不相信社会养老机构能提供满意的服务。[1] 因此，他们不愿意选择任何社会养老机构，宁可待在家里，这和目前中国的养老方式主要依靠家庭的现实是吻合的。所以，很多老年人并没有养老服务需求的意识。之所以会这样，可能是因为老年人对社区养老和机构养老不了解。王萍和倪娜采用杭州市的样本进行研究，结果发现，78.61%的老年人在充分了解家庭养老、社区养老和机构养老三种基本社会养老模式后，表示支持社区养老政策。[2]

在有意识对养老服务产生需求的条件下，收入水平是影响需求转变为有效需求的重要因素，只有收入水平足以负担养老服务的需求才是有效需求。但中国面临的普遍情况是，身体相对健康的老年人，由于路径依赖，并不会专门消费养老服务。而身体存在问题的老年人，虽然需要消费

---

[1] 杨琦、罗遐：《政府购买居家养老服务问题研究——基于新公共服务理论的视角》，《长春大学学报》2014年第5期。

[2] 王萍、倪娜：《政府主导下的社区居家养老服务运行困境——基于杭州市四个社区的实证分析》，《浙江学刊》2011年第6期。

养老服务，却因为收入水平的限制而无法实现或只能使用自己负担得起但低水平的服务。即使是高收入的老年人，因为其需求实现的途径较多，也未必会使用特定的养老服务。基于上述分析，中国老年人口规模巨大，真实的有效需求却较低，这导致老年人的养老服务需求只能维持在低水平，在"劣币驱逐良币"的逻辑下，最后实现的必然是低水平均衡。

（二）养老服务供给水平比较低

2023年5月，中共中央办公厅、国务院办公厅印发《关于推进基本养老服务体系建设的意见》，其中重点工作部分基本围绕供给，包括制定落实基本养老服务清单、完善基本养老服务保障机制、提高基本养老服务供给能力，以及提升基本养老服务便利化、可及化水平。而2024年出台的《民政部 国家数据局关于组织开展基本养老服务综合平台试点的通知》，其主要任务是应用统一的标准规范开展基本养老服务综合平台试点，实现全国基本养老服务信息跨层级互联互通，其主要目标是构建"养老服务+监管+资源调度""医、养、康、护"等业务一体化平台，更好满足老年人的高质量养老服务需求，着眼点依然是提高供给水平。因此，从上述两个重要政策文件的重点工作中可以判断出，目前中国的养老服务业供给水平有待提高。

养老服务供给水平低导致的直接问题是养老服务供给成本高。养老服务需要专业技能，且服务时间往往是长期的。前文提到的数据显示，中国养老服务行业的专业化程度低、人力资源短缺，对养老护理员的需求远远超过了供给，且这一缺口呈扩大趋势。需求大于供给，价格必然过高，这就导致供给只能服务有限的老年人口。此外，前文提到的数据也显示，中国养老服务机构和产业的供给存在供不应求的问题，这进一步拉高了中国养老服务的供给成本。

除了上述因素，目前社会养老服务供给成本过高还有一个重要原因在于供给错位。第一，从政府的视角看，中国的养老机构和设施大部分是政府在提供,但从委托—代理理论出发,① 信息不对称、诉求表达途径匮乏导致政府在社会养老领域处于职能错位、越位和缺位状态。第二,从社会企业的视角看,社会企业实施的社会养老模式单一,多为机构养老。很显然,老年群体的特殊性要求养老模式的多样性。目前,很多地区已经探索出了新的社会养老模式,但由于地区和财政能力对服务对象的限制,这些模式并没有得到广泛的推广和应用,存在资金和模式错配。② 第三,从个人和家庭的视角看,中国传统的养老模式是居家养老,这种根深蒂固的思想传统不是短期内可以改变的。而养老服务对个人和家庭的供给存在服务对象不准、内容不对等问题。因为道德风险的存在,大多数养老服务更加偏向健康的老年人,而忽视高龄老人以及失能、半失能老人。更有甚者,许多养老服务供给者打着养老服务的口号,服务内容和养老服务却并不相关。

养老服务供给错位导致有限的养老服务资源出现闲置,同时部分有效需求不能得到实现,最终拉低市场的供需均衡水平,导致养老服务业陷入"低水平均衡陷阱"。

## 第三节 数字经济助力养老服务业高水平均衡

养老服务"低水平均衡陷阱"主要是低水平需求和高成本供给之间的错配。跨越低水平均衡陷阱进而实现养老服务业高质量发展,就是要解决需求和供给之间的矛盾。关于如何如何从低水平的均衡陷阱中跳出来,R. R. Nelson 提出了"临界的最小努力"的方案,③ 即通过大规

---

① J. Yi et al., "The Future of Social Elderly Care in China: From the Perspective of Service-Oriented Government", *Journal of Service Science and Management*, No. 3, 2016, pp. 211–218.

② 邓汉慧、涂田、熊雅辉:《社会企业缺位于社区居家养老服务的思考》,《武汉大学学报》(哲学社会科学版)2015 年第 1 期。

③ R. R. Nelson, "A Theory of the Low-Level Equilibrium Trap in Underdeveloped Economies", *The American Economic Review*, No. 5, 1956, pp. 894–908.

模的投资，使人均收入的增长速度快于人口的增长速度。对养老服务业而言，问题的症结在于供需之间的矛盾，可从如下两个方面发力解决：其一，在需求侧，变需求潜力为有效需求，这主要依赖于收入的提高，包括所在家庭的收入以及其本人的收入；其二，降低供给的成本，这主要依赖于更加有效地配置资源、技术或生产率的提高等。在数字经济大发展的背景下，数字经济一方面可以增加收入，另一方面可以优化资源配置、促进技术进步和生产率提高，因此为实现养老服务业高质量发展提供了可行的路径选择。

## 一 需求侧分析

### （一）数字经济与经济发展

从数字经济与经济发展之间的视角看，数字经济可以显著促进经济增长，许多文献的研究结论证实了该观点。比如联合国宽带委员会的全球宽带报告指出，宽带渗透率每提高10%，可以带动中国GDP增长2.5%；刘宇的研究结论是中国互联网资源每增长1%，可以促进GDP增长0.045%；[1] 荆文君和孙宝文认为，数字经济可以促进中国经济实现高质量发展。[2] 从宏观层面看，整体的经济发展势必会提高微观家庭和个体的收入，从而为提高老年群体的消费奠定了基础。

### （二）数字经济与就业

从直接效应来看，数字经济作为有别于农业经济和工业经济的新型经济形态，自出现以来创造了许多新模式、新业态，同时带来了全新的就业机会，比如网络主播等，极大地丰富了市场主体的就业选择。从经济学理论分析，中国的数字技术进步是劳动力偏向型的，因此数字经济发展带来的是就业岗位的增加。而且，数字经济带来的不

---

[1] 刘宇：《互联网对国民经济影响的定量分析》，《中央财经大学学报》2010年第12期。
[2] 荆文君、孙宝文：《数字经济促进经济高质量发展：一个理论分析框架》，《经济学家》2019年第2期。

仅仅是知识密集型的高技术岗位，同时还会衍生出一些技术含量低的低端服务业就业岗位。① 数字经济再塑行业生机，创造多样丰富的数字化就业机会。例如，美团的"春归计划"向全国各地输送 20 多万个工作机会，为就业重点帮扶群体开放绿色通道。② 另外，从间接效应来看，对于传统行业，数字技术的发展使就业信息的传播越来越广泛，劳动者包括老年人口获取就业机会的信息渠道也越来越丰富，劳动者和就业岗位之间的匹配率也随之提高，大大促进了就业人口的增加。③ 更重要的是，数字经济时代，许多就业岗位可以居家办公，甚至许多新就业岗位本身就不需要离开家。这对以居家养老为主要模式的老年人口而言更是利好，便利了对老年人口的照护，降低了照护成本。

（三）数字经济与工资

数字经济促进就业的增加，那对收入（工资）有什么影响呢？从文献的研究结论来看，大部分文献认为数字经济发展可以提高劳动者收入。其中的逻辑在于，在劳动力数量保持不变的情况下，就业机会的增加说明对劳动力需求的增加，就业和工资的均衡水平均会提高。④ 而且，供给不变情况下的就业增加会加剧企业之间的竞争，为了得到足够的劳动力，企业会通过提高工资待遇的方式来增加自身的吸引力。⑤ 另外，数字经济作为一种全新的生产力方式，代表的是先进生产力。通过对各行业赋能，可以显著提高其生产率。工资是生产率的

---

① 戚聿东、刘翠花、丁述磊：《数字经济发展、就业结构优化与就业质量提升》，《经济学动态》2020 年第 11 期。
② 《美团启动"春归计划"开放逾 20 万个工作岗位》，《电商报》2020 年 2 月 24 日。
③ 戚聿东、褚席：《数字生活的就业效应：内在机制与微观证据》，《财贸经济》2021 年第 4 期。
④ 夏杰长、刘诚：《数字经济赋能共同富裕：作用路径与政策设计》，《经济与管理研究》2021 年第 9 期。
⑤ V. Katz, "Regulating the Sharing Economy", *Berkeley Technology Law Journal*, No. 4, 2015, pp. 1067–1126.

外在表现形式，二者高度正相关，因此生产率提升会增加劳动力的收入。① 特别是，数字经济发展对养老服务业从业人员的工资收入也会有显著提高。在后文可以看到，数字经济正在培育全链条系统式养老新模式。在新模式下，对养老服务业从业人员的技能要求除了传统的知识和护理能力，对数字技术的熟练应用也是必需的。因此，能力要求的增加会体现在收入上。有研究认为，数字经济发展可以显著改善农民工的工资收入，其中的机制：第一是提供更加灵活的工作环境，突破时间、地点和技能的束缚；其二是农民工可以通过数字平台获得更高的收入，甚至可以减少欠薪。②

（四）数字经济促进老年消费升级

数字经济通过促进经济发展、增加就业、提高工资，增加了微观主体的收入，收入的增加是不是一定会增加消费呢？一般而言，收入增加，消费会随之增加。除此之外，数字经济的发展也加速了这种趋势。首先，数字经济极大地促进了多样性。不仅是产品的多样性，也促进了消费的多样性，这其中包括消费方式的转变。③ 传统的消费方式是线下消费，但数字经济使线上消费成为可能，且越来越成为消费的主流形式。这并不局限于年轻人群体，越来越多的老年人也开始从线下转向线上。其次，数字经济突破了老年消费面临的范围限制。老年人口因为身体原因，如果是传统的线下消费，其消费范围很有限。而数字经济的发展突破了消费的范围限制，全国各地甚至全世界各地都可以在线消费；同时线上消费也极大扩展了消费范围，刺激了消费需求。再次，数字经济降低了消费价格。传统线下消费相比线上消费价格更高，因此消费方式的转变可以提高老年人口的消费剩余。线上消费可选择性的增加意味

---

① 荆文君、孙宝文：《数字经济促进经济高质量发展：一个理论分析框架》，《经济学家》2019年第2期。
② 郭凤鸣：《数字经济发展能缓解农民工过度劳动吗？》，《浙江学刊》2020年第5期。
③ 李勇坚：《数字化对服务消费的影响研究——基于符号消费、体验化与互动化视角》，《东北财经大学学报》2024年第1期。

## 第十章 数字赋能养老服务业高水平均衡

着线上消费的竞争更加激烈,同一件产品能够提供的商家可能多达上千家,因此价格会下降;同时因为线上成本更低,信息更加透明,也降低了消费的成本,从而刺激消费需求的释放。最后,数字经济可以依靠大数据优势,通过线上行为产生的海量数据来判断消费者的偏好,进而实现更加精准的推送,甚至还可以让消费者根据自己的偏好进行消费产品的定制。这些都极大满足了老年消费人口的消费需求,促进消费升级。

总之,数字经济在增加收入方面可以发挥重要的作用,而收入的增加对于有效养老需求的增加有显著的促进作用,因此可以从需求侧破解。

### 二 供给侧分析

(一)优化资源配置,增加养老服务供给

养老服务业发展需要大量资金的投入,但中国面临的第一个问题是养老机构和设施的供给主要依赖政府,市场的力量较为薄弱。由于政府提供的产品多为"准公共产品",从经济学理论分析,必然会产生供不应求的问题。同时,政府在提供养老服务机构和设施时,很难收集整合老年群体的需求偏好,导致政府的资源配置效率较低。从市场的角度看,养老服务产业的前期发展需要投入大量的资金,这和中国服务业市场主体多为中小微企业的现实形成了矛盾,市场主体往往面临着资金短缺的问题。而且,养老服务业和其他行业具有显著的特征差异,即养老服务业以需求为主导。在无法掌握老年人群体需求特点和偏好的情况下,市场投入会面临着巨大的不确定性,从而加剧风险,导致市场主体对资源分配倾向于非养老产业。

数字经济的发展则是解决上述矛盾的一把"利器"。利用数字经济的大数据优势和数字技术优势,无论是政府还是市场主体,都可以迅速准确地掌握老年群体的偏好特征,多方面、多维度整合养老服务需求信息资源,解决供需信息不对称的难题,以此来实现供给主体的理性选择、养老服务的供需均衡与精准,以及养老资源的高效率配置利用,显著优化资源配置。① 比如,2023 年中共中央办公厅、国务院办公厅印发《关于推进基本养老服务体系建设的意见》,其中提到要建立精准服务主动响应机制,而这一机制的建立需要依托全国一体化政务服务平台等数字平台系统,推进跨部门数据共享,建立老年人特别是困难老年人的精准识别和动态管理机制,逐步实现从"人找服务"到"服务找人"的资源优化,提升养老服务供给水平。

(二)降低养老服务业的成本

养老服务业面临的第二个问题是养老服务业相关供给成本较高,包括搜索成本、复制成本、运输成本、追踪成本、试错成本等。在这种背景下,如果养老服务业由政府推动,那么势必会对政府财政产生负担;如果由市场推动,市场主体的供给价格势必较高。因此,降低养老服务业的供给成本是养老服务业跨越低水平均衡的关键。

数字经济作为一种有别于农业经济、工业经济的新型经济形式,极大影响了经济活动。数字环境中的搜索成本较低,扩大了搜索的潜在范围和质量;数字商品可以零成本复制,这意味着它们通常是非竞争性的;由于数字商品和信息的运输成本约为零,地理距离的作用也随之改变;数字技术使追踪任何一个人的行为变得容易;数字验证可以使数字经济中任何个人、公司或组织的声誉和可信度更容易得到认证。数字技术通过智能产品、新型交互终端等可以让老年人口在家就能享受到优质的服务体验。这为老年人口选择独立的居家养老模式提供了诸多便利,也在一定程度上节省了去机构养老的支出。

(三)利用数据要素,借助数字技术搭建"养老服务+监管+资源调度"以及"医、养、康、护"一体化的养老服务业数字生态系统

养老服务业发展涉及多部门、多地区、多层级、多方位,而不同部

---

① 盛见:《养老服务业数字化转型:经济学逻辑与优化路径》,《宁夏社会科学》2021 年第 6 期。

门、地区、层级和方位又相互交叉，构成了复杂的养老服务业生态系统，因此养老服务业发展一旦出现问题，往往可能牵一发而动全身。这种情况下，依靠传统的人力资本和物质资本等生产要素无法构建与之相匹配的养老服务平台，更遑论构建养老服务业生态系统。只有依靠数据要素和数字技术才能实现跨部门、跨地区、跨层级的数据交换、系统对接、功能拓展，同时在统一标准、共享数据、整合资源、加强协同、赋能基层的作用下，实现养老服务供需精准对接和养老服务行为全流程智慧监管，提升基本养老服务便利化、精准化、数字化水平，构建养老服务业数字生态系统。

从政策的角度看，国务院、国家发改委等部门先后出台《国家积极应对人口老龄化中长期规划》《"十四五"积极应对人口老龄化工程和托育建设实施方案》等文件，积极布局与推进基于5G通信技术、物联网、云计算、大数据、人工智能的数字生态系统构建，将居家社区、医疗机构、养老中心、政府机关等不同部门、地区、层级和方位纳入数字养老服务生态体系，提升对老龄化群体的健康信息数字化管理、用户健康画像、慢病管理与预防、健康信息个性化推送、疾病危险因子识别、紧急救援、医疗资源调度、日常生活智慧化辅助等服务能力与服务质量，持续推动中国养老服务业的优质化、高效化、健康化、数字化和智慧化。关于"医、养、康、护"等业务一体化，数字经济也大有可为。比如，数字技术通过"医康养护"融合创新，在不增加甚至大幅减少劳动力需要的同时，通过生态化的整合策略，利用创新科技搭建智慧养老平台系统，建成了可提供全龄康养服务的"系统+服务+老人+终端"的智慧养老新模式，打造线上+线下的全场景智慧健康养老生态体系。

综上，数字经济的发展从需求侧可以提高老年人或其家庭收入，从而提高有效消费需求；另外，可以优化养老服务资源配置、降低养老服务成本以及构建养老服务数字生态系统，从而使均衡水平在大幅提高的情况下，均衡价格并不会大幅增加甚至是稳定下降，从而跨越低水平均衡的陷阱。

## 第四节 养老服务业数字化转型的挑战与对策

### 一 养老服务业数字化转型面临的挑战

从理论上分析，数字经济可以从需求和供给侧助力养老服务业跨越低水平均衡陷阱，进而为实现高水平均衡和高质量发展奠定基础。但从现实来看，数字经济赋能养老服务业跨越低水平均衡面临着诸多困难，其中最重要的是"数字鸿沟"问题。老年人口如果无法跨越"数字鸿沟"，则数字经济对养老服务业供给和需求的作用都无法有效发挥。因此，跨越"数字鸿沟"是数字经济赋能养老服务业跨越低水平均衡陷阱的必要条件。有充分的研究证明，在对数字技术的使用上存在明显的年龄鸿沟。随着年龄的增长，互联网使用率呈线性下降，甚至呈指数下降。[1]

老年人口存在数字鸿沟的原因有如下几个：第一是老年群体对传统媒体的依恋，因为这一代老年人的大部分时间都是在没有互联网的情况下度过的，他们对数字技术的接触较少；第二是身体和认知能力下降，无论是身体机能还是记忆力等，均无法支持老年人口快速学会并熟悉数字技术；第三是受教育水平。目前这一代老年人口因为种种历史原因，受教育水平较低，甚至农村许多人口还是文盲。2015年中国城乡老年人生活状况抽样调查的数据显示，中国老年人口中未上过学的占29.6%，小学文化程度的占41.5%，初中和高中文化程度的占25.8%，大专及以上文化程度的占3.1%，受教育水平低更加限制了老年人口学习和使用数字技术的能力。

---

[1] T. N. Friemel, "The Digital Divide Has Grown Old: Determinants of a Digital Divide among Seniors", *New Media & Society*, No. 2, 2016, pp. 313-331.

## 第十章　数字赋能养老服务业高水平均衡

从现实来看，随着不熟悉数字技术的老年群体的去世和熟悉数字技术的群体步入老龄化，数字鸿沟会消失吗？根据创新扩散理论，人们就数字鸿沟的动态变化提出了两种相互对立的假说——正常化假说和分层假说。① 前者认为，优势群体和劣势群体之间的差距会呈现出倒"U"形曲线。这意味着差距只会在早期阶段扩大，但最终会消失。很显然，随着当前数字化一代年龄的增长，他们会继续参与数字化活动，从而在步入老龄化之时缩小在使用数字技术方面的差距；另外，随着年龄更大的一代人去世，不熟悉数字技术的老年人会越来越少。但是，分层假说却认为，优势群体和劣势群体之间的差距会随着时间的推移而持续存在。由于社会资源的不同，优势群体和劣势群体的起点和终点也不同。因此，弱势群体可能永远跟不上，而优势群体则会在数字经济中保持优势。一些研究支持了分层假说，比如，T. Pérez-Amaral 等研究发现，2008—2016 年，西班牙使用电子商务服务的年龄绝对差距有所扩大。② 基于同一数据集，他们研究还发现，与年龄有关的差距扩大不仅限于电子商务，也出现在其他数字服务中，如电子学习、电子银行和社交网络，而且年龄差距比其他社会经济差距更为严重和持久。③ 在可预见的未来，数字鸿沟还会存在。从需求侧讲，数字鸿沟的存在使依靠数字技术收集信息以及使用数字设备线上消费等带来的福利效应受到一定的限制，数字经济发展带来的有效需求增加幅度势必会受到影响。④ 从供给侧讲，这也限制了数字技术优化资源配置和提高生产率的作用，导致养老服务业面临着市场规模较小的现实。这不仅增加了其转型成本，同时

---

① W. Ren, X. Zhu, "The Age-Based Digital Divides in China: Trends and Socioeconomic Differentials (2010–2020)", *Telecommunications Policy*, No. 3, 2024.

② T. Pérez-Amaral et al., "Digital Divides across Consumers of Internet Services in Spain Using Panel Data 2007–2019 Narrowing or Not", *Telecommunications Policy*, No. 2, 2021, pp. 102093.

③ T. Pérez-Amaral et al., "Digital Divides across Consumers of Internet Services in Spain Using Panel Data 2007–2019 Narrowing or Not", *Telecommunications Policy*, No. 2, 2021, pp. 102093.

④ 夏杰长、王鹏飞：《数字经济赋能公共服务高质量发展的作用机制与重点方向》，《江西社会科学》2021 年第 10 期。

也减少了可预期的转型收入和利润。因此，数字鸿沟从需求和供给两方面限制了数字经济赋能养老服务业跨越低水平均衡陷阱的作用，也引发了对老年群体福祉的担忧。

## 二 推动养老服务业数字化转型的对策建议

### （一）适当延长老年群体工作年限

从需求端来看，存在的主要问题是老年群体的收入较低，提高他们的收入可以从两方面入手。第一个方面是从社会保障体系入手，但社会保障体系发挥的功能是兜底作用，强调的是覆盖面广而非保障条件好，因此最根本还是第二方面，即提高老龄人口的收入。增加老年群体的收入，一个可行的办法是适当延长老年人的工作年限。比如政府和企业可以建立多年龄段的工作环境，充分发挥多代劳动力的优势，延长工作寿命。老年群体的优势在于经验阅历丰富，可以与年轻人实现技能互补，进而提高团队绩效和企业生产率。再如，利用数字技术，各地政府可以建立老年人才信息库和专门针对老年群体的就业信息库，为有劳动意愿的老年人提供职业介绍、职业技能培训和创新创业指导服务。另外，数字经济发展催生新就业形态，政府可以通过弹性退休、返聘制度、非全日制工作等灵活就业的方式，使有意愿、有能力的老人有机会重新加入工作中。

### （二）对老年人口进行数字技术培训等，助力他们跨越数字鸿沟

其一，加大科技教育在数字经济方面的投入，提高全民数字素养。尤其是，需要政府、平台和老年群体等多方面的努力，包括培养老年人将互联网视为一种新的、改进的工具的观念，让他们了解使用互联网的好处，减少上网障碍，以及为他们充分利用互联网提供实际帮助。其二，企业也需要积极参与关注老年人的需求，生产适合老年人需求的产品。比如华为和OPPO，专门为老年用户嵌入了大字体和更直观的模式，百度也有类似的做法，这种做法对老年人在数字时代的生活产生了

积极影响。因此，相关科技企业应合理细分老年市场，更好地定制产品和服务，提供竞争优势，帮助更多老年人解决数字融合问题。应特别关注在教育方面处于不利地位的老年人，支持他们参与数字生活。由于受教育程度在生命早期就已经定型，数字扫盲培训计划可能会对这些受教育程度较低的人起到直接和有益的补偿作用。特别重要的是，需要更加关注对农村老年人口的数字技术支持。由于长期处于"信息贫困"的状态，居住在农村、受教育程度低的老年人可能从互联网提供的机会中获益最多。

(三) 利用数字技术优化养老服务的资源配置

想要实现养老资源的优化配置，就需要了解老年群体的需求，不同老年群体的需求层次、需求方式并不相同，在不借助数字技术的情况下，实现养老服务资源的优化配置，无论是信息成本还是制度成本等均很高。数字经济的数据要素优势可以借助大数据实现对不同老年群体的偏好收集，因此政府层面应利用数字技术统筹现有老年人能力、健康、残疾、照护等基本信息，统一开展老年人能力综合评估，推动评估结果全国范围内互认、各部门按需使用，作为接受养老服务等的依据。在此基础上发布基本养老服务清单，对健康、失能、经济困难等不同老年人群体，分类提供养老保障、生活照料、康复照护、社会救助等适宜服务。清单要明确服务对象、服务内容、服务标准等，并根据经济社会发展和科技进步进行动态调整。

(四) 多渠道降低养老服务业成本

目前，中国养老产业处于发展初期，大量的前期费用投入和安排必不可少。由于政府在政策支持和资金分配方面没有制定规范化、长效化的规定，许多养老产业面临资金短缺的问题，自筹资金的成本较高，且许多市场主体无法自筹。因此，需要通过拓展资金来源以降低养老服务业的成本。扩大资金来源并不意味着政府要承担社会养老所需的全部资金和补贴，而是要按照"授人以鱼不如授人以渔"的古训，为社会组织和企业提供养老融资和投资环境，比如针对养老服务业提供税收优惠甚至是免费的政策；对家政服务企业的员工制家政人员提供的家政服务免征营业税。更重要的是，养老服务供给过程中运营效率的提升需要数字技术的深度支持以降低成本。例如，可将服务流程分类，编程设计，搭建成为数字化在线管理平台，形成管理新生态，降低人工运营成本。此外，养老服务供给可以融合大数据、人工智能、云计算等技术，营造智能化、标准化管理流程，大幅提高其效率，实现规模经济，从而降低成本。

### （五）提高从业人员数字素养

政府应利用数字平台大力宣传社会对养老服务行业的认可度和接受度，让公众意识到社会养老的重要性，改变公众对养老的偏见，提高参与者投身养老产业的积极性。最重要的是加强专业人才的培养。比如，可以利用校企合作的模式，利用数字化技术，开展线上专业技能培训、线下实践操作的线上与线下培育模式，充分促进相关专业优质资源的传播。在专业设置上，曾经单一的养老服务专业正向智慧化和数字化发展，在学生的基础课程中融入数字化和智慧化的内容，有针对性地提高其专业技能，贴合企业和市场对人才的需要，也能更大程度地提高其进入市场后的工资收入，吸引更多的劳动力进入该市场。还要构建相关专业技能人才，如医生、护士、康复医师、康复治疗师、社会工作者等的执业要求、注册、考核、职称评定等全国统一的数字平台，专业化认证在全国范围内形成统一的标准化体系，并在全行业和社会取得认可，推动专业人才的快速增长。

# 第十一章　数字赋能文旅产业高质量发展

　　文化和旅游业作为国民经济和社会发展的战略性支柱产业、幸福产业和绿色产业，承载着满足人民美好生活的需要、传承与弘扬中华优秀传统文化的使命。随着中国社会主要矛盾发生变化，人民对美好生活的需求日益增长，文旅产业广度逐渐扩大、产业链显著延伸、产品迭代速度加快，区域市场和产品结构分化更为明显。文旅产业进入了需求多元、个性多样、新旧交替的发展新阶段，面对有限的文旅资源和无限的旅游需求，需要发展新生产力、培育新动能。① 而数字经济的大发展，就是文旅行业创造新需求，培育新生产力和新动能的关键力量。在数字技术的加持下，文旅产业链、数据智能链、绿色金融链、政策机制链和创新人才链的深度融合正在推动文旅新质生产力的发展。② 数字技术迭代以及由此引起的新消费需求和新发展格局，正在推进文旅产业高质量发展行稳致远，加快建设文化强国、旅游强国正当其时。我们需要围绕文旅产业高质量发展进行学术和实践的再思考、再探索，深入厘清数字

---

　　① 徐金海、夏杰长：《中国式现代化视域下的现代旅游业体系构建》，《社会科学家》2023年第8期。

　　② 明庆忠、闫昕、刘宏芳：《"五链"融合赋能文旅新质生产力发展的逻辑及实现路径》，《学术探索》2024年第5期。

技术引领文旅产业高质量发展的价值内涵，科学研判数字技术对文旅产业的深刻影响和颠覆性变革。

## 第一节　数字引领文旅产业高质量发展的价值内涵

### 一　微观层面：革新劳动者、劳动资料和劳动对象及其要素组合

马克思主义生产力理论将劳动者、劳动资料和劳动对象作为生产力三要素，从技术发展的视角看，科技创新必然对劳动者、劳动资料和劳动对象进行干预和渗透。①数字技术所对应的生产力基本要素必然有新的内涵并创造出新的劳动价值，带来新产业、新业态、新模式，从而形成驱动文旅产业实现实质性突破的新动能和新优势。②

（一）数字技术以实现人的现代化为特征要求，引领文旅劳动者素质提升

人口发展是关系中华民族伟大复兴的大事，必须着力提高人口整体素质，以人口高质量发展支撑中国式现代化。③高质量发展的核心在于创新和效率，离不开高素质劳动者的参与。传统的文旅劳动者往往侧重于提供基础的服务和导览，随着颠覆性科学技术突破的涌现，在"文旅+"背景下，生产要素的深化促进了生产关系的转型，文化和旅游产品日渐丰富且呈现高技术含量。过去几年里全国各地推出的"智慧旅游""数字景区""城市一码通"等相关大数据平台，提升了文旅工作

---

①　黄顺基、郭贵春主编：《现代科学技术革命与马克思主义》，中国人民大学出版社2007年版。

②　周文、许凌云：《再论新质生产力：认识误区、形成条件与实现路径》，《改革》2024年第1期。

③　《加强人力资源开发利用　推动人口高质量发展》，2023年6月8日，中国共产党新闻网，http://cpc.people.com.cn/n1/2023/0608/c64387-40008819.html。

效率、促进了产业升级,当前 ChatGPT 掀起了生成式 AI 热潮,并不断触及旅游行程规划与推介等服务……新兴科技表现出对人力资源的乘数效应,劳动过程的复杂性和技术性增强,劳动力市场中的技能结构需要进行适应性调整,数字技术推动下的文旅产业新型劳动者则需要具备更高的专业技能、综合素质和创新能力,以科技研发与应用为新增长点,掌握大数据分析、人工智能、大模型等与新质生产力相适应的先进劳动技能,以便更好地分析游客需求、优化服务流程和提高运营效率;需要打破传统文旅线性发展模式,从数据出发进行策划、分析与营销,深入挖掘文旅资源的内在价值,设计出更具吸引力和创意的文旅产品与服务,还应具备跨文化交流能力,以适应全球化背景下文旅产业的发展需求,在技术的辅助下彰显职业的主体价值。

(二)数字技术引领文旅产业劳动资料更加智能化、高效化、高质量

劳动资料是劳动者在劳动过程中作用于劳动对象的物质资料或条件,更高技术含量的劳动资料是文旅产业高质量发展的工具保障。数字技术引领下的劳动资料是以具有革命性和颠覆性的科技创新赋能的劳动手段,既包括机器设备等硬件形态的实体性劳动手段,也包括数据库、操作系统等基础软件性质的非实体劳动手段。文旅产业是典型的服务密集型行业,从文旅资源的发掘到文旅市场开发,再到文旅产品的设计与呈现等,每一个环节都需要强大的科技支持,需要对劳动资料持续优化以适应市场需求。通过数字创新推动的劳动资料升级迭代和形成的新型劳动资料,正在被广泛运用到从文旅场景开发到价值实现环节,推动文旅产品自身使用价值与文旅价值的深度融合,极大地放大文旅产业的价值溢出效应。例如,景区通过搭建全面数字化的门票预订系统、信息管理系统、智能导览系统等数字平台,形成科学性、模块化、集成式的管理模式,进一步降低信息收集成本、优化传统要素配置效率,提升传统要素供给质量,使产业运营更高效便捷、多元化市场需求的响应速度更快。通过新兴技术撮合跨行业、跨区域人岗匹配,以海量数据的标记与

训练，形成智能预测和精准分析的技术能力，协助企业实现按需用工、灵活定制、弹性扩张或缩减用人需求，在保证合规的前提下实现用工结构的最优化，降低文旅产业季节性用工情况下的人力风险；业态呈现方面，利用虚拟现实、增强现实等技术提升文旅产品的创新性和互动性，能创造出更加沉浸式的文旅体验，助力打造更具吸引力、更贴合游客需求的旅游环境。

（三）数字技术引领文旅产业劳动对象多元化、融合化、绿色化

更广范围的劳动对象是新质生产力的物质基础，也是文旅产业的业态创新来源。劳动对象是劳动者在劳动过程中加工的对象。新质生产力赋能劳动资料的广度延伸、深度拓展、精度提高和速度加快，必然带来劳动对象范围的扩大。新质生产力以创新为主导，进一步提高了文旅资源的深度挖掘、统筹整合能力，催化更加多元跨界的文旅创新活动，促进旅游与文化、体育、农业、交通、商业、工业、航天等要素领域的深度融合，激活文旅产业的内生动力，促进文旅产业的内容增值。除了扩展原有的物质维度，劳动对象多样化还体现在知识、信息加工方面，以数字化和智能化为代表的新质生产力使数据、算法等非物质生产要素成为新型的劳动对象。数据作为新型生产要素成为重要劳动对象，既直接创造社会价值，又通过与其他生产要素的融合进一步放大价值创造效应，为文旅产业业务升级、流程再造与系统强化提供了强大的技术支持。通过数字技术采集、存储、分析和可视化应用，对文旅资源进行创意转化、价值实现，将文旅资源更好地转化为文旅资产和文旅资本。基于数字技术形成的文旅资源数据库成为游客深度感知旅游目的地的信息桥梁，将传统文旅产业推向更为创意化、精细化和定制化的前沿。新质生产力还将劳动对象充分融入绿色生态理念，绿色科技创新和先进绿色技术推动文旅产业向绿色化低碳化转型，更高效地支持产业可持续发展。

## 二 中观层面：推动产业链条现代化发展、助力产业集群发展

（一）数字技术助力文旅产业链条优化，推动产业现代化发展

《"十四五"旅游业发展规划》提出，到2025年，旅游业发展水平不断提升，现代旅游业体系更加健全……智慧旅游特征明显，产业链现代化水平明显提高。① 以新质生产力引领文旅产业链条更加完整、高效，既是现代旅游体系建设的主要任务，也是文旅产业换挡提速高质量发展的关键环节。文旅产业链围绕"吃住行游购娱"六大要素展开，包含景区规划与建设、住宿餐饮、交通运输等上游环节，景区运营商、OTA平台、旅行社、游客票务代理、文旅媒体等项目运营中游环节，以及产品分销的下游环节。颠覆性的科技创新迭代叠加式突破赋能文旅产业全链条，进而更好地满足已有市场需求并创造全新的市场需求。

1. 数字技术以科技强链，增强文旅产业协同效应

科技创新是新质生产力的核心，也是文旅产业链创新协同发展的主要驱动力。通过集成应用物联网、云计算、人工智能等数智化技术构建文旅大数据平台，依托标准化、数字化的信息收集与处理流程并运用机器学习持续优化内容与功能，实现文旅产业链各环节信息的即时共享和决策协同，使市场定位更加精准，资源配置、产品创新和服务提供更加高效高质。

2. 数字技术创新业态延链，培育文旅消费新热点

文旅产业的关联度大、综合性强，需要对文旅市场再认识、游客需求再分析，拓展文旅发展空间。通过云平台和大数据技术能实现文旅产业链上下游之间的信息互通和资源共享，通过与上下游企业、服务提供商、消费者等多方的互动合作，助力打造开放、协同的生态系统，共同创造价值，推动文旅产业的跨界融合，实现产业链结构更加多元化、综

---

① 《国务院关于印发"十四五"旅游业发展规划的通知》，2021年12月22日，中国政府网，https://www.gov.cn/gongbao/content/2022/content_5674298.htm。

合化，进一步拓展文旅产业的发展空间。

3. 数字技术促进要素活链，盘活文旅资源潜力

大数据、云计算、物联网等新兴技术提供了挖掘边隙空间的机会，以科技+跨界融合为手段，以市场为导向，细分旅游客源市场，开发新的产品、服务和业务模式。通过开发培育智慧旅游示范景区、示范村、示范民宿等数字化文旅体验新场景，以及线上节事展会等具有沉浸式体验的新形式，盘活未被充分利用的文旅空间、扩大市场份额，实现产业链价值最大化。

4. 数字技术遵循绿色融链，提升文旅产业含绿量

绿色是产业发展的重要约束和关键变量，文旅不仅追求经济效益，也注重环境效益和社会效益的协调发展。通过可再生能源、节能环保材料、清洁生产技术等绿色技术、产品及解决方案等绿色科技创新与先进绿色技术的开发和推广应用，发展绿色建筑、绿色交通、绿色服务业、绿色能源产业，将绿色低碳"关键变量"转化为高质量发展"最大增量"，"让旅游业更好服务美好生活、促进经济发展、构筑精神家园、展示中国形象"①。

(二) 数字技术引领文旅产业集链成群，推动产业规模化发展

1. 推动文旅产业集群发展，优化文旅新空间布局

随着大众旅游时代的到来，广大群众的旅游需求逐渐从单一观光转向于深度体验，科技创新推动文旅业态升级，推动了文旅空间布局从传统的散点式向立体化和全域性转变。数据是形成新质生产力的优质生产要素，通过对海量数据的收集、分析和利用，企业可以更好地了解市场需求、优化生产流程、提高产品质量和服务水平，将线下的文旅产品引入线上市场，实现线上与线下融合，扩大文旅产品的市场覆盖范围。数据驱动的生产方式使旅游资源的配置更加高效、合理，推动了产业的规

---

① 《推动旅游业高质量发展行稳致远——习近平总书记重要指示为加快建设旅游强国指明方向》，《人民日报》2024年5月19日。

模化、集群化发展，通过搭建互联互通的共享平台，促进数据、信息、人力资本跨区域的互利合作，有助于建立合理的利益分配机制，推动旅游与电商、金融等产业的融合，形成新的商业模式和产业链，强化产业配套、吸引社会和民间资本投入，形成具有地方特色的文化和旅游产业集群，使创新成果能够更快地转化为实际生产力。

2. 搭建文旅数据共享平台，建设全域统筹管理的文旅资源数据库

通过搭建文旅数据共享平台，建设全域统筹管理的文旅资源数据库，可以促进文化遗产的保护和传承工作，加强市场和社会力量的参与意识。游客不但是文旅服务的体验者，更是文旅发展的协作者，通过志愿服务、意见反馈、舆情监督以及口碑传播等途径参与文旅治理。通过互联网和社交媒体等渠道集聚各类文旅企业和相关机构，实现地域文化与品牌打造、场景建设、产品开发等深度融合，有利于迅速提升旅游景区和企业的品牌渗透力、形象力和影响力，聚链成群，以需求带动产业发展、以文化引领消费升级，推动文旅产业规模化发展，塑造高质量发展新动能。

### 三 宏观层面：契合新发展理念、构建新发展格局、助力中国式现代化建设

数字经济以科技创新为内生动力，顺应了新发展阶段中国经济社会发展的现实要求，充分体现了创新、协调、绿色、开放、共享的新发展理念，也牢牢抓住了实现高水平科技自立自强这个构建新发展格局最本质的特征，在新发展格局中不断塑造发展新动能、新优势，从而更好地为文旅产业高质量发展蓄势赋能，助力中国式现代化建设提质增效。

（一）数字技术引领的文旅产业高质量发展与新发展理念紧密契合

高质量发展是体现新发展理念的发展，也是新时代发展的硬道理。加快发展数字经济和通过数字化赋能，以劳动者、劳动资料、劳动对象及其优化组合的跃升协同推动文旅产业发展实现质量变革、效率变革、

动力变革，从而形成文旅新质生产力。

1. 数字技术引领文旅业的科技创新和产业创新

传统文旅产业生产力推动的经济增长是高度依赖生产要素投入下的数量型扩展，面临着许多资源性制约。随着经济发展水平的提升，劳动力成本也随之上升，环境承载能力的有限性日益凸显，以渐进性的增量式创新的要素规模驱动力减弱，需要新的发展模式以适应产业转型需要。以数字技术为核心的科技创新是发展新质生产力的核心要素，人工智能、未来网络等新技术能够突破自然禀赋的约束，创造出全新的生产力发展空间，为文化和旅游在内容呈现、故事传播等方面提供更加多样化的载体，推动传统文化产品向创意创新内容转型。另外，产业创新性融合也是文旅产业高质量发展的重要路径，科技创新为产业融合提供了技术支持和动力源泉。文旅产业通过与农业、工业、体育等多个产业实现深度融合并形成新的业态和商业模式，拓展发展空间、提升产业价值、创造更多元化、综合性的旅游体验，推动产业高质量发展。

2. 数字技术促进文旅业融合协调发展

数字技术可以更好地促进文旅业与农业、工业、服务业等其他产业深度融合，形成吃、住、行、游、购、娱、研、学等旅游要素均衡发展的多元化产业体系。数字技术不仅可以促进生产要素内部各要素的科学协调发展、地区之间的协调发展，还可以为生产、流通、交换、消费各环节的协调发展，传统产业与创新产业的协调发展提供坚实的技术支撑，从而契合于高质量发展协调的内生特点。新质生产力具有产业融合特性，通过改造提升传统产业、培育壮大新兴产业、布局建设未来产业，完善现代化产业体系，推动区域间的文化交流、人员流动和资本流动，优化产业布局，促进当地经济的繁荣和发展。此外，在全球化背景下，数字技术还可以推动跨界合作、产业协同，各个环节之间更为紧密衔接，形成更为有机的产业体系，推动文旅资源优化配置和协同发展。

**3. 数字技术引领文旅业低碳绿色和可持续发展**

保护生态环境就是保护生产力，改善生态环境就是发展生产力，践行"绿水青山就是金山银山"的发展理念是实现中华民族永续发展的客观需要，也是实现文化和旅游高质量发展的内在要求。绿色发展需要依靠新技术、新产业的发展来实现，而数字技术将带来更清洁、更高效的环境友好型发展模式。在文旅产业发展实践中，我们可以看到很多地方以绿色科技创新和先进绿色技术培育推动文旅产业建立健全绿色低碳循环发展的旅游经济体系，发展绿色服务业、壮大绿色能源产业，引导文化和旅游业向更加绿色清洁的方向发展。例如，运用大数据和人工智能系统，景区及企业可以实时监控能源使用情况，及时调整能源使用策略，以降低能源消耗并减少碳排放。通过智能化的客户管理系统，更好地了解客户需求，减少不必要的服务浪费。数字藏品等新型数字资产既能减少对环境的影响，也为文旅产业带来新的收入来源，实现文旅产业经济发展与生态环境发展的协同并进。

**4. 数字技术推动了文旅业开放共赢**

文旅产业发展既要加快推动国内文化和旅游资源跨地区、跨领域的有效聚集整合，以及文化和旅游市场主体的合作共赢和战略互惠互利，也要积极与世界各个国家及地区开展交流与合作。在全球化深入发展的条件下，创新要素更具有开放性和流动性。数字技术引领文旅产业的信息共享和透明度显著提升，通过大数据、云计算等技术收集、整合和分析旅游景点、旅游线路、酒店、餐饮等各类文旅资源信息，提高了市场的透明度；依托电子商务平台、线上媒体等渠道加强与国内外文旅企业的合作与交流，群策群力，共同开发旅游线路和产品，促进文旅国际化营销和品牌推广，推动文化和旅游业创新发展和品质提升。通过新兴数字平台与供应商、合作伙伴、消费者建立直接联系和交易行为，降低了中间环节的成本；通过推进文化和旅游贸易市场的开放和便利化程度，进一步拓展国际旅游市场，为高质量发展注入持续的外部动力。

**5. 数字技术促进了文旅业普惠共享**

共享既是理念也是手段，既是载体也是目的。共享不仅关乎分配，也关乎生产力发展。新质生产力的共享性要求科技进步遵循普惠路径，依靠科技创新推动文旅资源数字化转型，通过应用新技术开发出虚拟旅游、数字博物馆、智慧景区等具有创新性和吸引力的产品和服务，使文旅与科技结合的成果惠及更广泛的人群；通过互联网平台提供个性化的旅游推荐、定制化的旅游行程，为消费者提供高质量的服务，人们可以更加便捷地获取文旅信息、购买文旅产品，也促使更多的人能够参与到文旅产业中，分享产业发展成果的同时激发更广泛的创新动力，吸纳更多创新要素，为新质生产力的发展提供更为广泛的创新动力。

**（二）数字技术引领的文旅产业高质量发展助力构建新发展格局**

**1. 构建新发展格局是推进文化和旅游高质量发展的时代目标**

以数字技术创新推动文旅产业创新，通过要素创新配置实现业态升级，能够使文旅行业在新发展格局中释放更大的价值，提升国家软实力。从畅通国内循环的角度看，数字技术助力消费扩容提质、创新文旅消费场景、培育新型消费形态，推动文旅与科技、教育、体育等产业融合发展，拓展文旅市场的广度和深度，持续形成新的消费增长点和增长极，培育形成强大国内文旅市场，助力扩大内需。

**2. 积极统筹国内和国际两个市场，坚持高水平"走出去"与高质量"引进来"**

从推动国内国际"双循环"的角度看，文旅产业要积极统筹国内和国际两个市场，坚持高水平"走出去"与高质量"引进来"并重。以数字技术为底座构筑全球文旅产业互联网，进一步加强与国际文旅市场的交流和合作，统筹推进入境旅游和出境旅游发展。旅游企业可以通过互联网和社交媒体等渠道加强文旅品牌的宣传与推广，推出更多国际化程度高、中国特色鲜明、符合境外游客需求的优质旅游产品，通过举办各类文旅节庆活动、参加国内外旅游展会、开展线上和线下营销等多种方式，提高文旅品牌的知名度和美誉度，将国内文旅产业的市场从国内推向国际。依托中国超大规模市场优势，通过高水平开放深度参与全球产业分工和合作，布局新领域、开辟新赛道，依靠原创性、前沿性、颠覆性新技术为文旅产业带来创新的商业模式，推动区域协同发展，形成具有竞争力的旅游产业集群，为国际旅游市场的拓展提供了更多可能性，实现国内循环和国际循环的互促互进。

（三）数字技术引领的文旅产业高质量发展推动中国式现代化建设

高质量发展是中国式现代化的本质要求。党的二十大报告也明确提出，要"坚持以文塑旅、以旅彰文，推进文化和旅游深度融合发展"，①明晰了文化和旅游业高质量发展的根本方向和基本要求。中国式现代化视域下的文旅产业高质量发展反映着新征程上文化和旅游业鲜明的特色，关联着人们的物质生活和精神世界，涵盖了激活经济动力、满足多样需求、促进共同富裕、推进生态和谐、发挥和平纽带等深刻内涵。数字技术引领的科技创新推动文旅产业形成内容丰富、形式创新的新业态，助力推动中国式现代化建设。

1. 数字技术引领的文化和旅游业高质量发展立足于巨大的人口规模，赋能于居民日益增长的美好生活需要

中国是世界上最大的发展中国家，人口规模巨大既是中国式现代化的基本国情，更是释放人口红利、推进中国式现代化的巨大优势。②巨大的人口规模意味着需求的不断升级，文旅产业要更加重视全民更高层次、更广领域、更强品质的需求，提升文旅市场预期效应。新质生产力将人的现代化作为重中之重，对劳动者的知识和技能提出更高要求，通过引入新技术提高文旅产业数字化、智能化水平，根据市场需求和消费

---

① 习近平：《高举中国特色社会主义伟大旗帜　为全面建设社会主义现代化国家而团结奋斗——在中国共产党第二十次全国代表大会上的报告》，人民出版社2022年版。
② 王金营：《中国式现代化新征程中的人口发展和人口发展战略》，《人口与经济》2023年第1期。

者偏好，开发更具特色的文旅产品、拓展新市场，提高服务效率和质量，使资本要素、技术要素、人口资源、生态资源配置科学优化，以更加完善、便捷、高效的公共服务和市场供给，让人民群众充分享受更美好的文化生活和旅游体验。

2. 数字技术引领的文化和旅游业高质量发展助力于实现共同富裕，聚焦于共创共富创新发展

中国式现代化将实现共同富裕明确为社会主义本质要求，而共同富裕宗旨在于缩小区域、城乡、群体差异。数字技术通过建设互联网、移动通信、宽带网络等数字基础设施建设，推动数据共享和互联互通，激活偏远地区文化和旅游资源，实现资源优势更好地转化为产业优势；通过数字化平台，引导资本、技术等要素跨区域流动，促进区域间的产业协作和创新发展，打造新兴产业集群，推动供给侧结构性改革，畅通国内大循环，塑造参与国内国际"双循环"的新优势，培育新的经济增长点和经济增长极，进而保障社会财富的持续性增长，为实现全体人民共同富裕的目标提供有力支撑。

3. 数字技术引领的文化和旅游业高质量发展是实现物质文明和精神文明相协调的发展，实现物质文明和精神文明双丰收

物质文明和精神文明相协调是社会主义现代化的根本要求。文化和旅游业兼具经济功能、审美功能、文化认知功能，既推动了物质文明的有效夯实，也关联着人们对于诗与远方的美好想象，文化和旅游业发展需要实现人民物质富足、精神富有。一方面，数字技术引领的文旅产业发展能够直接促进物质文明进步。数字技术极大地丰富了文旅产业的供给，文旅产业可以利用数据、算法等生产要素，生产数字化文化和旅游产品，并通过算法优化满足游客多样化的需求，既推动了文旅产业自身的升级和转型，也提高了文旅产业的附加值。另一方面，数字技术引领的文旅产业发展还能实现精神文明的丰富和提升。文化和旅游业不仅仅是经济活动，更是文化交流和传播的重要平台，能够强化游客理

性视域下的自我认同与认知，提升公众的审美情趣和文化素养，有助于实现"人的自由而全面发展"。数字技术发展为文旅产业提供了更多的文化资源和创新手段，通过数字化技术对文物进行高清影像采集、三维建模等处理，实现文物的数字化保护和展示，为游客提供更加深入的文化体验；通过社交媒体、在线直播等方式，将文旅产品和服务推广到更广泛的受众中，促进了不同文化之间的交流和融合，也提升国家文化软实力。

4. 数字技术引领的文化和旅游业高质量发展是实现文化和旅游资源的科学合理利用、推动人与自然和谐共生的发展

中国式现代化是实现人与自然和谐共生的现代化。文化和旅游业是资源友好型产业，大多依托于山、水、林、田、湖、草、沙等生态服务系统和自然生态系统，具有鲜明的绿色性、生态性和可持续性，数字技术在新基础设施、场景设置、发展理念等方面高度渗透绿色发展理念，对传统产业实施绿色化改造，使之降低资源能源消耗、提升废物处理效能，进而弱化对自然产生的负面作用，契合"转化动力、提高效益、增强质量"的低碳发展和低碳消费的要求。[①] 此外，文化和旅游业高质量发展注重培育公众对文化与旅游资源的保护意识，利用大数据、AI等技术手段，推动节能环保型产品实现类型增加、质量提升、规模扩大，引导消费者选择低碳、环保的旅游方式，提升公众对绿色出行、环保行动、电子交易等绿色行为的积极性。

5. 数字技术引领的文化和旅游高质量发展推崇文明交流互鉴，走和平发展道路

不同国家文化基础不同、文化底蕴各异，文化和旅游业是文化交流、文明互鉴、友谊传递的纽带，依托数字技术推动文旅资源数字化转型，多元化展示和传播国家或地区的独特文化魅力，建构起多样化、立

---

① 夏杰长、刘慧：《加快发展低碳绿色消费：贯彻新发展理念的重要方略》，《国外社会科学》2022年第6期。

体式、全方位的目的地形象联想空间，向国际社会展示丰富多样的历史、艺术、建筑、饮食和生活方式，增进游客对异质文化的了解和认同，进一步夯实民族文化振兴与国家想象塑造的基础，有助于打破文化隔阂，提升国家文化软实力，扩大文化交流与商贸往来，推动建设开放、包容、普惠、平衡、共赢的新型国际关系。①

## 第二节　数字技术促进文旅融合发展

### 一　数字技术是文旅产业融合发展重要推手

数字时代的来临，推动着数字技术在产业中的加快渗透与运用，不仅会对各产业内部带来广泛而深远的影响，而且也会加快不同产业之间的融合，并对产业之间的融合方式、融合路径、融合模式等多方面都会带来重要变革。② 从人类经济社会发展的历程来看，每一次重大的技术革命都对产业演进的路径产生了深远影响，而互联网、人工智能等现代信息技术革命的来临，推动产业演进路径由产业分立向产业融合转变。③ 以数字化为核心的信息技术革命与以往历次的技术革命不同，此前的技术革命推动产业分立而形成了现代产业体系，而当前的信息技术革命则正在推动产业融合成为产业发展的新趋势。

从产业演进的历程来看，数字技术是实现产业融合与产业创新的重要推动力。此外，从文化和旅游业发展的历程可以看出，正是得益于现代数字技术的应用与发展，推动了现代旅游业的产生与发展，也让大规模的文化和旅游的消费成为可能；而随着数字技术在文旅产业的深度渗

---

①　宋瑞、宋昌耀、胥英伟：《中国式现代化背景下文化和旅游融合发展的五重逻辑与重要议题》，《旅游学刊》2024年第1期。
②　陆国庆：《基于信息技术革命的产业创新模式》，《产业经济研究》2003年第4期。
③　江小涓：《大数据时代的政府管理与服务：提升能力及应对挑战》，《中国行政管理》2018年第9期。

透,文旅产业逐步实现数字化,逐步打破了文化产业和旅游产业的边界,推动两大产业向更广范围、更深层次、更高水平实现深度融合。

## 二 数字时代文旅融合发展面临的挑战

### (一) 存在着泛数字化的倾向

面对着数字化转型的趋势,传统产业主动推动与新技术的融合是大势所趋;然而需要注意的是,数字化仅仅只是手段和工具,而不是目的。"实体为本,技术为用",新技术要有效发挥作用,应与实体经济有效结合起来。当前各行各业都存在着泛数字化的倾向,片面地认为只要推动数字化转型,就会赢得竞争。文旅产业数字化也存在着一定程度的过热倾向与非理性成分,"数字文旅""区块链文旅""元宇宙"等新概念不断涌现,但真正能够产品化并为市场接受的项目还是较为稀缺。[①] 因此,推动文旅产业数字化健康发展,必须极力避免泛数字化的倾向,应在扎实推进文旅产业发展的基础上,推动文旅数字化转型。

### (二) 相关法律法规有待完善

数字时代对既有的法律法规、网络安全以及个人信息保护都带来了重大的挑战。在数字时代,数据作为关键的生产要素参与价值创造,但数据作为一种资源,其属性、使用权如何界定以及网络安全治理都是数字时代发展面临的现实难题,特别是消费者在使用各类数字技术形成的数据,如何保护个人隐私安全,企业对数据的使用权与范围又如何界定,是影响数字技术在产业中渗透的重要制约因素,但目前相关的法律法规制度尚未成型。[②] 数据使用与个人隐私安全相关的基础性法律制度的欠缺,也制约了文旅产业向数字化转型的力度。文旅产业数字化转型

---

[①] 魏鹏举:《数字时代旅游产业高质量发展的文旅融合路径——以文博文创数字化发展作典范》,《广西社会科学》2022年第8期。

[②] 夏杰长、贺少军、徐金海:《数字化:文旅产业融合发展的新方向》,《黑龙江社会科学》2020年第2期。

是技术驱动的结果，但市场需求也是重要的推动因素。如果消费者担心个人数据安全的泄露，在使用数字文旅产品时，拒绝或有限提供关键信息，客观上会抑制数字文旅产业的发展。①

### （三）政策支持有待加强

数字文旅产业作为一种产业发展的新业态，离不开政府在政策方面给予全方位的支持与引导。近年来，随着数字技术在文旅产业的应用，政府出台的有关文化和旅游产业的文件，也多次提到推动文化、旅游和现代科技相互融合，有效地推动了文旅产业的数字化进程。但总体来看，围绕着数字文旅产业的政策支持还有待进一步加强，主要表现在顶层设计上缺乏对数字文旅产业发展的战略规划、对于一些数字技术应用于文旅产业的管理尚缺乏相关技术标准与行业规范、尚未形成适应数字文旅产业发展的统计体系、金融机构对数字文旅产业发展的支持力度还不够大、在财税政策方面还未向数字文旅企业倾斜。此外，数字文旅产业的发展涉及多个管理部门和领域，但目前各部门与各行业的协同发展机制尚未形成，一定程度上阻碍了文旅产业的数字化进程。②

## 第三节　数字引领文旅产业高质量发展的实践路径

### 一　加快数字技术创新，注入文旅产业高质量发展的核心动力

鼓励文化和旅游业围绕实施旅游景区转型提质行动，及时将科技创新成果应用到具体的文化和旅游产业链上，积极采用大数据、云计算、人工智能、虚拟现实、增强现实等现代科学技术打造一批智慧旅游新业

---

①　戴志强：《旅游大数据商业化应用中的个人隐私保护研究》，《科技资讯》2021年第29期。
②　夏杰长、贺少军、徐金海：《数字化：文旅产业融合发展的新方向》，《黑龙江社会科学》2020年第2期。

态，利用数字技术实施文旅资源、消费数据的采集、存储和分析开发，推动文化和旅游资源的大数据建设，以"互联网+""大数据+"研判客源市场、开展精准营销，提升文化和旅游服务质量和效率。还要注重以项目建设塑造文旅新引擎，支持景区、文博场馆等迭代升级，发展沉浸式旅游等演艺精品，打造一批智慧文旅体验新空间，运用全媒体技术开拓具有文化创意的旅游营销渠道，拓宽线上、线下旅行社文创产业销售渠道，推动构建线上、线下良性互动的文旅消费圈。[①] 此外，要鼓励和支持高校、科研机构、企业等各方加强合作，共同开展文旅科技创新项目的研究和开发，通过产学研用深度融合，实现科技成果的快速转化和应用，推动文旅产业的创新发展。

## 二 推动文旅产业创新，夯实文旅新质生产力的产业基础

文旅产业高质量发展的落脚点，就是形成文旅新质生产力。产业是生产力的载体，科技成果只有产业化才能成为社会生产力。因此，必须坚持以科技为驱动引擎，加大新型基础设施投资，全面提升文旅产业的硬件设施和服务水平。同时，优化营商环境，降低企业市场准入壁垒，通过税收优惠政策与财政支持，激发文旅企业的创新潜能与活力。为进一步推动文旅产业创新发展，需深化与科技、教育等产业的跨界融合，打造多元化、个性化的文旅产品与服务，以满足市场的多元化需求。此外，加快发展文旅康体装备制造用品产业，提升文化和旅游的专业化装备水平，创新拓展现代产业体系，以增强文旅产业链的内在发展动力。此外，要推动文旅产业绿色创新，文旅产业本质上是绿色产业，需要契合"双碳"战略目标。

新质生产力的发展以绿色低碳为基本原则，数字技术、人工智能、大数据等技术的创新驱动，虚拟现实旅游、数字博物馆等绿色旅游产品的开

---

① 魏翔：《数字旅游——中国旅游经济发展新模式》，《旅游学刊》2022年第4期。

发,智能化管理系统应用和有关政策的保障是新质生产力赋能文旅经济绿色发展的主要路径,要充分发挥新质生产力的绿色特质,制定严格的环保标准和监管措施,优先发展低碳技术、绿色能源系统、绿色生产系统等绿色创新生产力,鼓励旅游企业采用绿色科技,推广绿色旅游理念,以实现文旅产业的绿色化、新兴化水平全面提升。

### 三 加快体制机制创新,建立与数字时代相适应的生产关系

数字技术一定程度改变了文旅企业经营运作的内在逻辑、生产范式、活动空间和外部环境,这些变化将推动制度环境的调整和变革,建立与数字时代相适应的生产关系势在必行。[①] 数字技术要变成现实的生产力,必须有科技成果高效转化的生态和有效机制。

文旅行业在创新创业方面有着显著的活力,政府应充分发挥在基础研究和重大科技设施领域的主导作用,激发文旅民营资本在数字技术发展与科技成果转化中的活力,发挥重大项目牵引和政府投资撬动作用,减轻文旅中小企业的赋税,吸引更多民间投资者积极参与文旅项目的建设和运营,促进优质生产要素向数字文旅通畅流动,为文旅市场主体的培育、闲置低效旅游项目的盘活、文旅业态的升级,以及旅游服务质量的全面提升提供强有力的制度支撑。

### 四 加快人才创新,释放文旅新质生产力的人才红利

在推动文旅产业创新并夯实其新质生产力的产业基础过程中,加快人才创新、释放文旅新质生产力的人才红利显得尤为重要。随着旅游产品需求日益多元化,文旅产业从业者需要实现更高水平的产品创新、业态创新、服务创新以及营销创新等。因此,探索以人为中心的文旅新战略至关重要,应将人才开发作为文旅发展的新重点和软性基础设施来建

---

① 夏杰长、张雅俊:《重构数实融合的制度环境:逻辑与路径》,《学术论坛》2024 年第 3 期。

设。在行业层面,应着重培养具备数据分析与政策研究能力的专业人才,通过深入研判发展趋势,以适应并应对文旅业态模式的快速变化;在业务层面,应构建一支具备数字化创新和营销能力的高素质人才队伍;在执行层面,应提升一线服务人员的专业技能与职业素养,提升精细化服务水平,以满足文旅消费者日益多元化、高品质的需求,进一步释放文旅新质生产力的人才红利。

# 主要参考文献

## 一　中文著作

《毛泽东文集》第八卷，人民出版社 1999 年版。

《十九大以来重要文献选编》（上），中央文献出版社 2019 年版。

《习近平谈治国理政》第二卷，外文出版社 2017 年版。

《习近平谈治国理政》第四卷，外文出版社 2022 年版。

盖凯程、韩文龙：《新质生产力》，中国社会科学出版社 2024 年版。

黄顺基、郭贵春主编：《现代科学技术革命与马克思主义》，中国人民大学出版社 2007 年版。

《资本论》第一卷，人民出版社 1975 年版。

习近平：《高举中国特色社会主义伟大旗帜　为全面建设社会主义现代化国家而团结奋斗——在中国共产党第二十次全国代表大会上的报告》，人民出版社 2022 年版。

习近平：《论把握新发展阶段、贯彻新发展理念、构建新发展格局》，中央文献出版社 2021 年版。

王小鲁、樊纲、余静文：《中国分省份市场化指数报告（2016）》，社会科学文献出版社 2017 版。

［美］迈克尔·波特：《国家竞争优势》（上），李明轩、邱如美译，中信出版社 2012 年版。

[美]西奥多·W. 舒尔茨：《改造传统农业》，梁小民译，商务印书馆2006年版。

[美]约瑟夫·熊彼特：《经济发展理论》，何畏等译，商务印书馆1990年版。

[英]阿尔弗雷德·马歇尔原著：《经济学原理》，彭逸林等译，商务印书馆2010年版。

[英]卡尔·波普尔：《客观知识——一个进化论的研究》，舒炜光等译，上海译文出版社1987年版。

## 二 中文期刊文章

蔡昉：《人口红利：认识中国经济增长的有益框架》，《经济研究》2022年第10期。

蔡昉、王美艳：《如何解除人口老龄化对消费需求的束缚》，《财贸经济》2021年第5期。

陈俊涛、滕飞：《智慧居家破解养老难题》，《上海信息化》2017年第7期。

陈文通：《对"脱实向虚"的经济学分析》，《中国浦东干部学院学报》2017年第11期。

陈晓东、杨晓霞：《数字经济发展对产业结构升级的影响——基于灰关联熵与耗散结构理论的研究》，《改革》2021年第3期。

戴魁早、黄姿、王思曼：《数字经济促进了中国服务业结构升级吗?》，《数量经济技术经济研究》2023年第2期。

戴魁早、李晓莉、骆莙函：《人力资本结构高级化、要素市场发展与服务业结构升级》，《财贸经济》2020年第10期。

邓汉慧、涂田、熊雅辉：《社会企业缺位于社区居家养老服务的思考》，《武汉大学学报》（哲学社会科学版）2015年第1期。

刁生富、刁宏宇、吴选红：《大数据时代智慧养老服务模式比较分析》，

《山东科技大学学报》(社会科学版)2018年第6期。

姜向群等：《中国"未富先老"了吗?》，《人口研究》2006年第6期。

干春晖、郑若谷、余典范：《中国产业结构变迁对经济增长和波动的影响》，《经济研究》2011年第5期。

甘水玲、戴杨：《基于CAS回声模型的海外科技人才引进路径及对策研究》，《科技创业月刊》2022年第12期。

高帆：《新质生产力"的提出逻辑、多维内涵及时代意义》，《政治经济学评论》2023年第6期。

高子平：《中美竞争新格局下的我国海外人才战略转型研究》，《华东师范大学学报》(哲学社会科学版)2019年第3期。

龚艳萍、陈艳丽：《企业创新网络的复杂适应系统特征分析》，《研究与发展管理》2010年第1期。

桂黄宝等：《创新氛围对创新型企业根植的影响机制研究》，《科研管理》2024年第6期。

郭峰等：《测度中国数字普惠金融发展：指数编制与空间特征》，《经济学》(季刊)2020年第4期。

郭凤鸣：《数字经济发展能缓解农民工过度劳动吗?》，《浙江学刊》2020年第5期。

韩保江、李志斌：《中国式现代化：特征、挑战与路径》，《管理世界》2022年第11期。

韩长根、张力：《互联网是否改善了中国的资源错配——基于动态空间杜宾模型与门槛模型的检验》，《经济问题探索》2019年第12期。

何传启：《中国现代化进程的阶段划分与模式演进》，《人民论坛》2021年第24期。

洪银兴：《围绕产业链部署创新链——论科技创新与产业创新的深度融合》，《经济理论与经济管理》2019年第8期。

洪银兴、任保平：《数字经济与实体经济深度融合的内涵和途径》，《中国工业经济》2023年第2期。

胡鞍钢、鄢一龙：《迈向现代农业强国》，《当代贵州》2017年第48期。

黄光辉、林龙飞：《基于因子分析的旅游产业集群评价体系研究》，《数理统计与管理》2012年第2期。

黄群慧：《论新时期中国实体经济的发展》，《中国工业经济》2017年第9期。

黄群慧、贺俊：《"第三次工业革命"与中国经济发展战略调整——技术经济范式转变的视角》，《中国工业经济》2013年第1期。

黄群慧、倪红福：《基于价值链理论的产业基础能力与产业链水平提升研究》，《经济体制改革》2020年第5期。

黄群慧、盛方富：《新质生产力系统：要素特质、结构承载与功能取向》，《改革》2024年第2期。

黄莹、靳涛：《"中等收入陷阱"与服务业结构升级——一项国际比较视角的研究》，《经济管理》2021年第5期。

吉敏、胡汉辉：《技术创新与网络互动下的产业集群升级研究》，《科技进步与对策》2011年第15期。

贾根良：《第三次工业革命与工业智能化》，《中国社会科学》2016年第6期。

贾洪文、张伍涛、盘业哲：《科技创新、产业结构升级与经济高质量发展》，《上海经济研究》2021年第5期。

江小涓：《大数据时代的政府管理与服务：提升能力及应对挑战》，《中国行政管理》2018年第9期。

江小涓：《服务全球化的发展趋势和理论分析》，《经济研究》2008年第2期。

江小涓：《高度联通社会中的资源重组与服务业增长》，《经济研究》2017年第3期。

姜长云：《我国推进农业强国建设的战略思路和现实举措》，《社会科学辑刊》2022年第6期。

姜长云：《中国服务业发展的新方位：2021—2030年》，《改革》2020年第7期。

姜长云、李俊茹、巩慧臻：《全球农业强国的共同特征和经验启示》，《学术界》2022年第8期。

姜莱、李銮淏、杨昊雯：《即时零售赋能消费扩容升级：作用机理与优化策略》，《财经智库》2023年第3期。

姜松、林小童：《数字普惠金融对服务业劳动生产率的影响研究——兼论"鲍莫尔病"治理》，《金融发展研究》2023年第8期。

焦勇、韦倩：《平台经济反垄断的理论困境、实践偏差与创新路径》，《理论学刊》2023年第1期。

荆文君、孙宝文：《数字经济促进经济高质量发展：一个理论分析框架》，《经济学家》2019年第2期。

柯炳生：《提高农产品竞争力：理论、现状与政策建议》，《农业经济问题》2003年第2期。

李飞、陈岩、王海智：《海外资源整合、全球网络嵌入路径与知识溢出》，《科学学研究》2019年第4期。

李健、金占明：《基于生态学理论的产业集群发展》，《科学学研究》2006年第S2期。

李静、楠玉：《人力资本错配下的决策：优先创新驱动还是优先产业升级？》，《经济研究》2019年第8期。

李君华：《学习效应、拥挤性、地区的分工和集聚》，《经济学》（季刊）2009年第3期。

李俊、李西林、王拓：《数字贸易概念内涵、发展态势与应对建议》，《国际贸易》2021年第5期。

李文博、张永胜、李纪明：《集群背景下的知识网络演化研究现状评介与未来展望》,《外国经济与管理》2010年第10期。

李文祥、赵紫薇:《制度变迁视角下社会养老服务发展的困境与超越》,《河北学刊》2021年第3期。

李晓华:《数字技术与服务业"成本病"的克服》,《财经问题研究》2022年第11期。

李晓钟、刘青君:《中国信息化与产业转型升级耦合协调发展研究》,《资源开发与市场》2016年第8期。

李晓钟、吴甲戌:《数字经济驱动产业结构转型升级的区域差异》,《国际经济合作》2020年第4期。

李雪松、党琳、赵宸宇:《数字化转型、融入全球创新网络与创新绩效》,《中国工业经济》2022年第10期。

李永杰、陈世宇:《"中国式现代化"概念的渊源考释与话语创新》,《福建师范大学学报》(哲学社会科学版)2023年第1期。

梁琦、肖素萍、李梦欣:《数字经济发展提升了城市生态效率吗?——基于产业结构升级视角》,《经济问题探索》2021年第6期。

梁正:《高水平科技自立自强亟待破解的核心问题》,《国家治理》2021年第Z5期。

廖少宏、王广州:《中国老年人口失能状况与变动趋势》《中国人口科学》2021年第1期。

林宝:《养老服务业"低水平均衡陷阱"与政策支持》,《新疆师范大学学报》(哲学社会科学版)2017年第1期。

林毅夫等:《中国式老龄化:新结构经济学的新见解》,《学术论坛》2024年第1期。

刘诚、王世强、叶光亮:《平台接入、线上声誉与市场竞争格局》,《经济研究》2023年第3期。

刘诚、夏杰长:《线上市场、数字平台与资源配置效率:价格机制与数据机制的作用》,《中国工业经济》2023年第7期。

刘春林、田玲：《人才政策"背书"能否促进企业创新》，《中国工业经济》2021年第3期。

刘国武、李君华、汤长安：《数字经济、服务业效率提升与中国经济高质量发展》，《南方经济》2023年第1期。

刘建兵：《智慧养老：从概念到创新》，《中国信息界》2015年第5期。

刘军、杨渊鋆、张三峰：《中国数字经济测度与驱动因素研究》，《上海经济研究》2020年第6期。

刘强：《中国经济增长的收敛性分析》，《经济研究》2001年第6期。

刘淑春：《数字政府战略意蕴、技术构架与路径设计——基于浙江改革的实践与探索》，《中国行政管理》2018年第9期。

刘亦晴、陈宬、陈思：《人才政策驱动企业技术创新的联动效应研究》，《科研管理》2023年第4期。

刘宇：《互联网对国民经济影响的定量分析》，《中央财经大学学报》2010年第12期。

刘志彪、凌永辉、孙瑞东：《新质生产力下产业发展方向与战略——以江苏为例》，《南京社会科学》2023年第11期。

卢现祥、王素素：《要素市场化配置程度测度、区域差异分解与动态演进——基于中国省际面板数据的实证研究》，《南方经济》2021年第1期。

陆国庆：《基于信息技术革命的产业创新模式》，《产业经济研究》2003年第4期。

吕明元、苗效东：《大数据能促进中国制造业结构优化吗？》，《云南财经大学学报》2020年第3期。

吕铁：《传统产业数字化转型的趋向与路径》，《人民论坛·学术前沿》2019年第18期。

马建堂：《数字经济：助推实体经济高质量发展》，《新经济导刊》2018年第6期。

马茹、王宏伟：《科技人才红利与中国区域经济增长》，《广东社会科学》2019年第2期。

马述忠、房超、梁银锋：《数字贸易及其时代价值与研究展望》，《国际贸易问题》2018年第10期。

米旭明：《人才安居政策与企业技术创新》，《南开经济研究》2021年第3期。

明庆忠、闫昕、刘宏芳：《"五链"融合赋能文旅新质生产力发展的逻辑及实现路径》，《学术探索》2024年第5期。

欧阳娟等：《数字化如何赋能区域创新效率提升——基于创新网络的作用机制》，《科技进步与对策》2024年第6期。

潘银蓉、刘晓娟、张容旭：《移动政务服务个人信息保护水平的影响因素及生成路径——基于30省数据的模糊集定性比较分析》，《信息资源管理学报》2023年第5期。

庞瑞芝、李帅娜：《数字经济下的"服务业成本病"：中国的演绎逻辑》，《财贸研究》2022年第1期。

裴长洪、倪江飞：《我国制度型开放与自由贸易试验区（港）实践创新》，《国际贸易问题》2024年第3期。

戚聿东、褚席：《数字生活的就业效应：内在机制与微观证据》，《财贸经济》2021年第4期。

戚聿东、刘翠花、丁述磊：《数字经济发展、就业结构优化与就业质量提升》，《经济学动态》2020年第11期。

乔晓春：《如何满足未满足的养老需求——兼论养老服务体系建设》，《社会政策研究》2020年第1期。

屈小博、霍学喜：《我国农产品出口结构与竞争力的实证分析》，《国际贸易问题》2007年第3期。

任保平、王子月：《数字新质生产力推动经济高质量发展的逻辑与路径》，《湘潭大学学报》（哲学社会科学版）2023年第6期。

芮明杰：《构建现代产业体系的战略思路、目标与路径》，《中国工业经济》2018年第9期。

沈坤荣、林剑威、傅元海：《网络基础设施建设、信息可得性与企业创新边界》，《中国工业经济》2023年第1期。

盛见：《我国养老服务业数字脱困的理论逻辑、现实挑战与路径选择》，《科学发展》2022年第10期。

盛来运等：《我国经济发展南北差距扩大的原因分析》，《管理世界》2018年第9期。

石培哲、张明玉：《信任与全球价值链中产业集群的创新网络构建》，《河南社会科学》2011年第6期。

史梦昱、沈坤荣：《人才引进政策的经济增长及空间外溢效应——基于长三角城市群的研究》，《经济问题探索》2022年第1期。

宋林霖、陈志超：《创新性共生：数字产业集群营商环境治理的方向与进路》，《天津师范大学学报》（社会科学版）2024年第2期。

宋瑞、宋昌耀、胥英伟：《中国式现代化背景下文化和旅游融合发展的五重逻辑与重要议题》，《旅游学刊》2024年第1期。

孙鲲鹏、罗婷、肖星：《人才政策、研发人员招聘与企业创新》，《经济研究》2021年第8期。

孙伟增、牛冬晓、万广华：《交通基础设施建设与产业结构升级——以高铁建设为例的实证分析》，《管理世界》2022年第3期。

孙晓、罗敬蔚：《金融科技赋能乡村产业振兴的核心优势与基本模式研究》，《学习与探索》2022年第2期。

孙晓、夏杰长：《产业链协同视角下数智农业与平台经济的耦合机制研究》，《社会科学战线》2022年第9期。

谭洪波、郑江淮：《中国经济高速增长与服务业滞后并存之谜——基于部门全要素生产率的研究》，《中国工业经济》2012年第9期。

谭志雄、罗佳惠、韩经纬：《比较优势、要素流动与产业低端锁定突破：基于"双循环"新视角》,《经济学家》2022年第4期。

陶长琪、彭永樟:《经济集聚下技术创新强度对产业结构升级的空间效应分析》,《产业经济研究》2017年第3期。

陶美重、柳伊凡:《基于统计数据的留学归国影响因素实证探析》,《高教论坛》2021年第11期。

滕堂伟等:《三大城市群数字技术专利创新网络演化比较研究》,《经济地理》2024年第4期。

王定祥、李雪萍、李伶俐:《打造有国际竞争力的数字产业集群》,《上海经济研究》2024年第3期。

王宏禹、王啸宇:《养护医三位一体:智慧社区居家精细化养老服务体系研究》,《武汉大学学报》(哲学社会科学版)2018年第4期。

王缉慈:《关于发展创新型产业集群的政策建议》,《经济地理》2004年第4期。

王金营:《中国式现代化新征程中的人口发展和人口发展战略》,《人口与经济》2023年第1期。

王娟:《数字经济驱动经济高质量发展:要素配置和战略选择》,《宁夏社会科学》2019年第5期。

王萍、倪娜:《政府主导下的社区居家养老服务运行困境——基于杭州市四个社区的实证分析》,《浙江学刊》2011年第6期。

王如玉、梁琦、李广乾:《虚拟集聚:新一代信息技术与实体经济深度融合的空间组织新形态》,《管理世界》2018年第2期。

王先菊:《养老服务业供给侧结构性改革的理论基础与实践》,《中国老年学杂志》2018年第22期。

王晓红:《加快落实对接国际高标准经贸规则试点任务》,《开放导报》2024年第3期。

王欣亮、汪晓燕、刘飞:《社会福利、人才落户与区域创新绩效——对"抢人大战"的再审视》,《经济科学》2022年第3期。

王鑫、王明寿：《大数据背景下社区养老服务体系的协同构建研究》，《兰州大学学报》（社会科学版）2020年第1期。

卫兴华：《关于生产力与生产关系理论问题的研究与争鸣评析》，《经济纵横》2010年第1期。

魏后凯、崔凯：《建设农业强国的中国道路：基本逻辑、进程研判与战略支撑》，《中国农村经济》2022年第1期。

魏鹏举：《数字时代旅游产业高质量发展的文旅融合路径——以文博文创数字化发展作典范》，《广西社会科学》2022年第8期。

魏翔：《数字旅游——中国旅游经济发展新模式》，《旅游学刊》2022年第4期。

魏作磊、刘海燕：《服务业比重上升降低了中国经济增长速度吗》，《经济学家》2019年第11期。

温珺、阎志军、程愚：《数字经济与区域创新能力的提升》，《经济问题探索》2019年第11期。

吴瑞君、陈程：《我国海外科技人才回流趋势及引才政策创新研究》，《北京教育学院学报》2020年第4期。

夏会珍、王亚柯：《老年人收入结构与收入不平等研究》，《北京社会科学》2021年第7期。

夏杰长、倪红福：《服务贸易作用的重新评估：全球价值链视角》，《财贸经济》2017年第11期。

夏杰长、肖宇：《新实体经济赋能中国经济现代化：作用机理与实施路径》，《社会科学战线》2023年第3期。

夏杰长：《数据要素赋能我国实体经济高质量发展：理论机制和路径选择》，《江西社会科学》2023年第7期。

夏杰长：《以服务业开放为主要抓手形成全面开放新格局》，《财贸经济》2022年第10期。

夏杰长、贺少军、徐金海：《数字化：文旅产业融合发展的新方向》，

《黑龙江社会科学》2022年第2期。

夏杰长、李銮淏：《构建中国式现代化产业体系的现实基础、约束条件和关键突破》，《河北学刊》2023年第6期。

夏杰长、李銮淏：《贸易强国建设的关键突破和战略思路》，《价格理论与实践》2023年第1期。

夏杰长、李銮淏：《数字化赋能国际贸易高质量发展：作用机理、现实挑战和实施路径》，《国际贸易》2023年第1期。

夏杰长、李銮淏：《我国服务贸易发展成就、现实挑战与政策建议》，《价格理论与实践》2022年第5期。

夏杰长、李銮淏、刘怡君：《数字经济如何打破省际贸易壁垒——基于全国统一大市场建设的中国经验》，《经济纵横》2023年第2期。

夏杰长、刘诚：《契约精神、商事改革与创新水平》，《管理世界》2020年第6期。

夏杰长、刘诚：《数字经济赋能共同富裕：作用路径与政策设计》，《经济与管理研究》2021年第9期。

夏杰长、刘慧：《加快发展低碳绿色消费：贯彻新发展理念的重要方略》，《国外社会科学》2022年第6期。

夏杰长、孙晓：《数字化赋能农业强国建设的作用机理与实施路径》，《山西大学学报》（哲学社会科学版）2023年第1期。

夏杰长、田野：《数实融合培育和壮大制造业产业集群的理论逻辑与实施路径》，《企业经济》2024年第6期。

夏杰长、王鹏飞：《数字经济赋能公共服务高质量发展的作用机制与重点方向》，《江西社会科学》2021年第10期。

夏杰长、王曰影、李銮淏：《服务贸易高质量发展赋能共同富裕的作用机理与实施路径——以浙江省为例》，《全球化》2023年第4期。

夏杰长、肖宇、孙盼盼：《以服务业扩大开放促进中国产业升级：理论逻辑与政策思路》，《国际贸易》2020年第6期。

夏杰长、杨昊雯：《平台经济：我国经济行稳致远的重要力量》，《改革》2023年第2期。

夏杰长、袁航：《数字经济、要素市场化与中国产业结构转型升级》，《广东社会科学》2023年第4期。

夏杰长、张雅俊：《数字化赋能服务业高质量发展的内在机理与路径》，《社会科学战线》2024年第3期。

夏杰长、张雅俊：《数字经济赋能中国经济高质量发展——学习习近平总书记关于发展数字经济的重要论述》，《理论学刊》2023年第5期。

夏杰长、张雅俊：《重构数实融合的制度环境：逻辑与路径》，《学术论坛》2024年第3期。

夏怡然、陆铭：《跨越世纪的城市人力资本足迹——历史遗产、政策冲击和劳动力流动》，《经济研究》2019年第1期。

肖咏嶷、夏杰长、曾世宏：《共同富裕目标下数字经济促进农村产业融合发展的机理与路径》，《山西师大学报》（社会科学版）2022年第11期。

谢康、夏正豪、肖静华：《大数据成为现实生产要素的企业实现机制：产品创新视角》，《中国工业经济》2020年第5期。

辛璐璐：《数字产业集聚、颠覆式技术创新与城市绿色经济效率》，《学习与实践》2023年第10期。

邢春冰、贾淑艳、李实：《教育回报率的地区差异及其对劳动力流动的影响》，《经济研究》2013年第11期。

熊鸿儒：《我国融入全球创新网络的位势评估、拓展框架与政策建议》，《经济纵横》2024年第3期。

熊励、蔡雪莲：《数字经济对区域创新能力提升的影响效应——基于长三角城市群的实证研究》，《华东经济管理》2020年第12期。

徐金海、夏杰长：《中国式现代化视域下的现代旅游业体系构建》，《社会科学家》2023年第8期。

徐翔、厉克奥博、田晓轩：《数据生产要素研究进展》，《经济学动态》2021年第4期。

徐政、郑霖豪：《高质量发展促进共同富裕的内在逻辑与路径选择》，《重庆大学学报》（社会科学版）2022年第4期。

徐紫嫣：《人力资本积累与服务业劳动生产率关系探究——基于服务消费与技术创新的双重视角》，《改革》2023年第2期。

徐紫嫣、宋昌耀：《旅游业发展赋能共同富裕：作用机理与发展策略》，《财经问题研究》2022年第9期。

徐紫嫣、夏杰长、姚战琪：《人力资本对服务消费水平的提升效应——基于城乡居民服务消费差距视角》，《经济与管理研究》2024年第6期。

徐紫嫣、姚战琪、夏杰长：《协同集聚对出口技术复杂度的影响研究——基于区域创新中介效应检验》，《经济纵横》2021年第9期。

许宪春、张美慧：《中国数字经济规模测算研究——基于国际比较的视角》，《中国工业经济》2020年第5期。

薛卫、雷家骕、易难：《关系资本、组织学习与研发联盟绩效关系的实证研究》，《中国工业经济》2010年第4期。

严若森、钱向阳：《数字经济时代下中国运营商数字化转型的战略分析》，《中国软科学》2018年第4期。

杨慧梅、江璐：《数字经济、空间效应与全要素生产率》，《统计研究》2021年第4期。

杨琦、罗遐：《政府购买居家养老服务问题研究——基于新公共服务理论的视角》，《长春大学学报》2014年第5期。

杨汝岱、李艳、孟珊珊：《企业数字化发展、全要素生产率与产业链溢出效应》，《经济研究》2023年第11期。

杨秀云、从振楠、刘岳虎：《数字经济发展能否破解服务业结构升级滞后之谜——来自中国城市面板数据的经验证据》，《山西财经大学学报》2023年第4期。

杨一帆、王彦文：《数字化普惠让独居老人安心养老》，《中国社会工作》2021年第26期。

叶贞琴：《现代农业强国有五大重要标志》，《农村工作通讯》2016年第23期。

殷凤、陈宪：《国际服务贸易影响因素与我国服务贸易国际竞争力研究》，《国际贸易问题》2009年第2期。

余家军、张惠雅：《数字经济驱动养老产业高质量发展的理论阐释与实践路径》，《老龄科学研究》2023年第5期。

余文涛、吴士炜：《互联网平台经济与正在缓解的市场扭曲》，《财贸经济》2020年第5期。

余泳泽、潘妍：《中国经济高速增长与服务业结构升级滞后并存之谜——基于地方经济增长目标约束视角的解释》，《经济研究》2019年第3期。

袁航、朱承亮：《创新属性、制度质量与中国产业结构转型升级》，《科学学研究》2019年第10期。

袁航、朱承亮：《国家高新区推动了中国产业结构转型升级吗》，《中国工业经济》2018年第8期。

张国建、孙治宇、艾永芳：《土地财政、要素错配与服务业结构升级滞后》，《山西财经大学学报》2021年第8期。

张辉：《全球价值链理论与我国产业发展研究》，《中国工业经济》2004年第5期。

张杰、郑文平：《创新追赶战略抑制了中国专利质量么？》，《经济研究》2018年第5期。

张学伟、刘志峰：《产业集群创新机制的形成机理和影响因素研究》，《科技管理研究》2010年第2期。

张于喆：《数字经济驱动产业结构向中高端迈进的发展思路与主要任

务》,《经济纵横》2018 年第 9 期。

赵剑波、史丹、邓洲:《高质量发展的内涵研究》,《经济与管理研究》2019 年第 11 期。

赵丽君、吴福象:《供给侧改革、研发补贴与经济运行质量》,《广东社会科学》2018 年第 3 期。

赵涛、张智、梁上坤:《数字经济、创业活跃度与高质量发展——来自中国城市的经验证据》,《管理世界》2020 年第 10 期。

赵筱媛、苏竣:《基于政策工具的公共科技政策分析框架研究》,《科学学研究》2007 年第 1 期。

钟书华:《创新集群:概念、特征及理论意义》,《科学学研究》2008 年第 1 期。

钟腾、罗吉罡、汪昌云:《地方政府人才引进政策促进了区域创新吗?——来自准自然实验的证据》,《金融研究》2021 年第 5 期。

周茂、陆毅、符大海:《贸易自由化与中国产业升级:事实与机制》,《世界经济》2016 年第 10 期。

周茂、陆毅、李雨浓:《地区产业升级与劳动收入份额:基于合成工具变量的估计》,《经济研究》2018 年第 11 期。

周明生、张一兵:《数字技术发展促进制造业与服务业融合了吗》,《科技进步与对策》2022 年第 13 期。

周文、许凌云:《论新质生产力:内涵特征与重要着力点》,《改革》2023 年第 10 期。

朱太辉、张彧通:《产业数字化的政策框架与发展模式研究》,《智能社会研究》2023 年第 3 期。

宗良、林静慧、吴丹:《全球数字贸易崛起:时代价值与前景展望》,《国际贸易》2019 年第 10 期。

### 三 中文报纸文章

《习近平在中共中央政治局第十一次集体学习时强调　加快发展新质生产力　扎实推进高质量发展》，《人民日报》2024年2月2日。

《中共中央关于进一步全面深化改革　推进中国式现代化的决定》，《人民日报》2024年7月22日。

顾仲阳：《推动拓展脱贫攻坚成果同乡村振兴有效衔接高质量发展》，《人民日报》2023年7月4日。

郭锦辉：《加快建设以实体经济为支撑的现代化产业体系》，《中国经济时报》2023年5月8日。

刘坤：《我国成拥有全部工业门类的第一制造业大国》，《光明日报》2019年9月21日。

王政：《去年我国全部工业增加值超40万亿元》，《人民日报》2023年3月19日。

习近平：《高举中国特色社会主义伟大旗帜　为全面建设社会主义现代化国家而团结奋斗——在中国共产党第二十次全国代表大会上的报告》，《人民日报》2022年10月26日。

习近平：《谋求持久发展　共筑亚太梦想——在亚太经合组织工商领导人峰会开幕式上的演讲》，《人民日报》2014年11月10日。

习近平：《在中国科学院第二十次院士大会、中国工程院第十五次院士大会、中国科协第十次全国代表大会上的讲话》，《人民日报》2021年5月29日。

夏杰长、刘奕：《以品牌建设促服务业高质量发展》，《经济日报》2023年8月3日。

夏杰长：《打造具有国际竞争力的数字产业集群》，《经济日报》2024年5月22日。

夏杰长：《以数字经济改造农业产业化服务体系》，《经济日报》2020

年 7 月 15 日。

中央农村工作领导小组办公室、中共国家乡村振兴局党组：《抓紧抓好巩固拓展脱贫攻坚成果　促进脱贫群众生活更上一层楼》，《人民日报》2022 年 3 月 15 日。

## 四　英文文献

A. Goldfarb, C. Tucker, "Digital Economics", *Journal of Economic Literature*, Vol. 57, No. 1, 2019.

A. Young, "Structure Transformation, the Mismeasurement of Productivity Growth, and the Cost Disease of Services", *American Economic Review*, Vol. 104, No. 11, 2014.

B. Peters et al., "Internationalization, Innovation and Productivity in Service: Evidence from Germany, Ireland and the United Kingdom", *Review of World Economics*, Vol. 154, No. 3, 2018.

B. Willemsen, "Gartner Top 10 Strategic Technology Trends for 2024", Gartner, 2023.

C. Degryse, "Shaping the World of Work in the Digital Economy", Social Science Electronic Publishing, 2017.

C. Freeman, "Networks of Innovators: A Synthesis of Research Issues", *Research Policy*, No. 91, 1991.

D. B. Audretsch, M. P. Feldman, "Innovative Clusters and the Industry Life Cycle", *Review of Industrial Organization*, No. 2, 1996.

D. J. Teece, "Technology Transfer by Multinational Firms: The Resource Cost of Transferring Technological Know-How", *The Economic Journal*, Vol. 87, No. 346, 1977.

F. Perroux, "Economic Space: Theory and Applications", *Quarterly Journal of Economics*, Vol. 64, No. 1, 1950.

Fainmesser I P, Galeotti A, Momot R, "Digital Privacy", *Management Science*, Vol. 69, No. 6, 2023.

G. Evans, "Emergence of a Digital Cluster in East London: Birth of a New Hybrid Firm", *Competitiveness Review*, Vol. 29, No. 3, 2019.

H. Bathelt, A. Malmberg, P. Maskell, "Clusters and Knowledge: Local Buzz, Global Pipelines and the Process of Knowledge Creation", *Progress in Human Geography*, No. 1, 2004.

H. G. Gilbert, P. Mork, "From Data to Decisions: A Value Chain for Big Data", *IT Professional*, No. 1, 2013.

Hausmann R, Hwang J, Rodrik D, "What You Export Matters", *Journal of Economic Growth*, Vol. 12, No. 1, 2007.

J. Cai, Y. Chen, X. Wang, "The Impact of Corporate Taxes on Firm Innovation: Evidence from the Corporate Tax Collection Reform in China", NBER Working Papers, No. 25146, 2018.

J. Guerreiro, S. Rebelo, R. Teles, "Should Robots be Taxed?", *Review of Economic Studies*, Vol. 89, No. 1, 2022.

J. Ludwig, S. Mullainathan, "Machine Learning as a Tool for Hypothesis Generation", *Quarterly Journal of Economics*, Vol. 139, No. 2, 2024.

J. Yi et al., "The Future of Social Elderly Care in China: From the Perspective of Service-Oriented Government", *Journal of Service Science and Management*, No. 3, 2016.

L. G. Branstetter, M. Sakakibara, "Japanese Research Consortia: A Microeconometric Analysis of Industrial Policy", *Journal of Industrial Economics*, Vol. 46, No. 2, 1998.

L. Xiao, D. J. Wu, M. Ding, "A Smart Ad Display System", *Information Systems Research*, 2024.

M. Arzaghi, J. V. Henderson, "Networking off Madison Avenue", *Review of*

*Economic Studies*, Vol. 75, No. 4, 2008.

M. Li, L. Zhang, "Entrepreneurial Urban Governance and Talent Policy: the Case of Shanghai", *China Population and Development Studies*, Vol. 4, No. 1, 2020.

M. Porter, "Clusters and the New Economics of Competition ", *Harvard Business Review*, No. 6, 1998.

N. Nunn, D. Trefler, "The Structure of Tariffs and Long-Term Growth", *American Economic Journal: Macroeconomics*, Vol. 2, No. 4, 2010.

N. Nunn, N. Qian, "US Food Aid and Civil Conflict", *American Economic Review*, Vol. 104, No. 6, 2014.

P. Li et al., "Frontiers: Determining the Validity of Large Language Models for Automated Perceptual Analysis", *Marketing Science*, Vol. 43, No. 2, 2024.

R. G. Ian, M. Philip, "Industrial Cluster: Complex, Agglomeration and/or Social Network", *Urban Studies*, No. 3, 2000.

R. R. Nelson, "A Theory of the Low-Level Equilibrium Trap in Underdeveloped Economies", *The American Economic Review*, No. 5, 1956.

R. Rothwell, W. Zegveld, *Reindustrialization and Technology*, Longman: M. E. Sharpe, 1985.

S. M. Grant, J. L. Hobson, R. K. Sinha, "Digital Engagement Practices in Mobile Trading: The Impact of Color and Swiping to Trade on Investor Decisions", *Management Science*, Vol. 70, No. 3, 2024.

S. Noy, W. Zhang, "Experimental Evidence on the Productivity Effects of Generative Artificial Intelligence", *Science*, Vol. 381, No. 6654, 2023.

S. Tallman et al., "Knowledge Cluster and Competitive Advantage", *The Academy of Management Review*, No. 2, 2004.

T. Eloundou et al., "GPTs are GPTs: An Early Look at the Labor Market Impact Potential of Large Language Models", Working Paper, 2023.

T. Lu, Z. Zheng, Y. Zhong, "Maximizing the Benefits of an On-Demand Workforce: Fill Rate-Based Allocation and Coordination Mechanisms", *Manufacturing & Service Operations Management*, Vol. 25, No. 6, 2023.

T. N. Friemel, "The Digital Divide Has Grown Old: Determinants of a Digital Divide among Seniors", *New Media & Society*, No. 2, 2016.

T. PÉrez-Amaral et al., "Digital Divides across Consumers of Internet Services in Spain Using Panel Data 2007–2019 Narrowing or Not", *Telecommunications Policy*, No. 2, 2021.

V. Katz, "Regulating the Sharing Economy", *Berkeley Technology Law Journal*, No. 4, 2015.

W. Ren, X. Zhu, "The Age-Based Digital Divides in China: Trends and Socioeconomic Differentials (2010–2020)", *Telecommunications Policy*, No. 3, 2024.

W. Xianhua, G. Ji, "Dynamic Evaluation on the Innovation Capabilities of Industrial Clusters", *Information Science and Engineering*, No. 2, 2010.

Y. Zhang, B. Li, S. Qian, "Ridesharing and Digital Resilience for Urban Anomalies: Evidence from the New York City Taxi Market", *Information Systems Research*, Vol. 34, No. 4, 2023.

# 后　记

本书是中国社会科学院学科建设"登峰战略"重点学科产业经济学（服务经济学）资助计划（编号：DF2023ZD21）的阶段性成果。学科建设是搞好科研工作的关键抓手。这些年，我一直担任中国社会科学院学科建设"登峰战略"重点学科产业经济学（服务经济学）的带头人，对产业经济学（服务经济学）的学科建设非常重视。我所在的单位中国社会科学院财经战略研究院领导班子高度重视学科建设，为我们推进学科建设搭建了高水平学术研究平台和组织了优秀的研究团队人才，采取了很多务实的措施鼓励我们学科多出优秀学术成果。我要向财经战略研究院党委书记陈国平、院长何德旭、副院长闫小娜对我本人科研工作的大力支持表达最真诚的感谢！

学科建设是一个系统工程，需要在学术研究、教材建设、研究方法和学术话语等方面全面推进，我们正朝这个方向努力前行。学术研究是学科建设的基础和重点内容，取得高水平学术成果是我们学者的本分，我也时常以此来鞭策自己和要求学科团队的科研人员。这些年，我们在学术论文发表和学术著作出版等方面做了很多工作，取得了初步成果，当然还很不够，需要更加发奋努力。

这些年，我围绕数字经济、现代产业发展等领域做了不少研究工作，有了较好的研究积累，因此决定围绕这个主题撰写一部学术著作，经过近四年的努力写作，终于完成了《数字赋能现代化产业体系建设》这部学术著作。这部学术著作的出版，对我而言，既是前几年研究的总结，也是以后在这个领域拓展研究的开始。我的写作也得到了刘诚、王文凯、田野、孙晓、袁航、张雅俊、李銮淏、刘睿仪等青年学者的很多支持，他们在收集文献资料和处理数据等方面帮我做了不少工作，感谢他们这些年在学科建设方面做了很多基础工作，以及对我本人科研工作的许多支持。

本部学术著作的顺利出版，离不开出版方的大力支持。中国社会科学出版社的赵剑英社长、杨志勇总编辑在选题策划等方面给予许多建设性意见，智库成果出版中心主持工作副主任喻苗和责任编辑周佳在本书的编校中付出了大量心血，我要向他们表达最真诚的感谢！

本部学术著作的成果，跨越数字经济学和产业经济学两大学科领域，由于知识结构和研究能力的局限，肯定有不成熟或遗漏的地方，恳请学界同仁和相关部门的同志批评指正。

夏杰长

2024 年 7 月 24 日于北京